W0180433

Marco Frenschkowski

Die Hexen

In respektvoller Erinnerung an Henry Charles Lea (1825-1909)

Marco Frenschkowski

Die Hexen

Eine kulturgeschichtliche Analyse

marixverlag

Bibliografische Information der Deutschen Nationalbibliothek
Die Deutsche Nationalbibliothek verzeichnet diese Publikation in der
Deutschen Nationalbibliografie; detaillierte bibliografische Daten sind im
Internet über
http://dnb.d-nb.de abrufbar.

© by marixverlag GmbH, Wiesbaden 2012
Lektorat: Paulus Enke, Leipzig
Covergestaltung: Nicole Ehlers, marixverlag GmbH
Bildnachweis: Hexensabbath, Gemälde von Luis Recardo Falero
Satz und Bearbeitung: C&H Typo-Grafik, Miesbach
Gesetzt in der Palatino
Gesamtherstellung: CPI books GmbH, Ulm
Printed in Germany

ISBN: 978-3-86539-965-6

www.marixverlag.de

INHALT

Vorwort

Das Thema Hexen ist von einer vielfältigen, facetten-
reichen Faszination. Es ist ja nicht nur das grausige und
schmerzvolle Faszinans der Verfolgungsgeschichte und das
schwüle und üppige Bild ehemaliger gesellschaftlicher He-
xensabbatfantasien, es ist mehr noch das Umkippen des Hexenparadigmas, das diese Faszination ausmacht. Wie wurde
aus der „bösen Hexe" der europäischen Tradition die „gute
Hexe" der ökofeministischen Esoterikszene und der Wiccabewegung? Es war vor allem diese Frage, die mich lange
beschäftigt hat: 2008 war dazu meine Studie über Charles
Godfrey Leland erschienen, und ein erstes Zwischenergeb-
nis formuliert. In wie hohem Maße Wicca und angrenzende
Bewegungen zu einem wichtigen Segment alternativer und
esoterischer religiöser Kulturen geworden waren, habe ich
vor allem in Großbritannien gelernt. Doch auch in Deutschland ist die Bedeutung des Themas ständig angewachsen.

Damit verändert sich auch der Blick auf den historischen
Hexenglauben, und sei es in der Konfrontation stark divergierenden Hexenbilder. Hinzu kommt, dass Hexereiverdächtigungen und Hexenprozesse zu einem ausgesprochenen Modethema der Geschichts- und Kulturwissenschaften
geworden sind. Abgesehen von den wichtigen und oft überraschenden Ergebnissen dieser jüngeren Forschung ist das
Faktum dieses gesteigerten Interesses selbst erklärungsbe-
dürftig. Warum wurden Hexen zu einem Thema nicht mehr
an der Peripherie, sondern im Zentrum der kulturwissenschaftlichen Arbeit? (Es genügt ein Blick auf www.histori-
cum.net, eines der Leitportale der deutschen Geschichtswissenschaft). All dies ist in den Blick zu nehmen, wenn wir das
Thema Hexen zusammenfassend darstellen und in seinen
gesellschaftlichen Funktionen verstehen wollen.

Einige persönliche Worte seien erlaubt. In den 1990er Jahren hatte ich für eine kirchengeschichtliche Zeitschrift viele
damals neu erschienene Publikationen zum Thema rezen-

siert, ohne mich selbst als Forscher im engeren Sinn auf diesem Gebiet zu betrachten. Als nach 2000 immer mehr magische und esoterische Diskurse (vor allem die Magie der Antike) in einen Mittelpunkt meiner Arbeit rückten, eröffneten sich gleichzeitig neue Perspektiven auf das Hexenthema, und ich begann, systematisch die älteren und neueren Publikationen zum Thema zu lesen. Dabei wurde rasch klar, wie gewaltig die Fortschritte der letzten Jahre waren – aber auch, in wie hohem Maße durchaus legitime Fragen aus der älteren Forschung in der jüngeren ausgeblendet oder einfach nicht mehr gestellt wurden (oder nur noch im Teil „Forschungsgeschichte"). Das vorliegende Buch benennt daher auch einige aus der älteren Forschung „übriggebliebene" Fragen, zu denen mir der Forschungsbedarf nach wie vor erheblich zu sein scheint, und die speziell in der territorialgeschichtlichen Hexenforschung m. E. leicht aus dem Blick geraten. Vieles gelernt habe ich aus kulturanthropologischen und ethnologischen Studien zur Sache. Hexereiverdächtigungen als soziales Ventil sind ja bis in die jüngste Zeit lebendige Wirklichkeit, etwa in vielen afrikanischen Staaten. Der eurozentrische Blickwinkel wird freilich nur langsam überwunden. Hilfreich waren mir hier vor allem Studien zur Religionsgeschichte der Karibik und Westafrikas. Zumindest exemplarisch sollte diese globale Perspektive nicht ausgeblendet werden, weil sie wohl den massivsten Paradigmenwechsel in der Hexenforschung mit sich bringt: Hexereiverdächtigungen und Hexenverfolgungen nicht mehr als europäisches, sondern als globales Phänomen. In einer knappen Darstellung wie der vorliegenden kann das natürlich nur skizziert werden, aber übergangen werden durfte es nicht.

Vor allem wurde rasch deutlich, dass auch im Blick auf die europäische Geschichte des Themas die Frage nach einer historischen „Wahrheit" – so notwendig sie ist – doch nur ein Aspekt sein kann. Nicht nur „wie es wirklich gewesen ist" kann Gegenstand der Geschichtsforschung sein, sondern auch, wie sich Klischees, Vorurteile und gesellschaftliche Imaginationen entwickelt haben, welchen Platz sie im Symbolkosmos der Menschen hatten und haben.

Mit etwas Zögern folge ich daher der freundlichen Ein-
ladung des Marixverlages, eine knappe Skizze des Themas
„Hexen" zu versuchen. Ist es nicht leichtsinnig, eine – noch
dazu nicht für die Wissenschaft im engeren Sinn geschriebe-
ne – Darstellung zu wagen, wenn so vieles im Fluss ist, und
sich die Forschung in so hohem Maße ausdifferenziert? Im
Gespräch mit Kolleginnen und Kollegen vor allem aus den
Geschichtswissenschaften habe ich jedoch begriffen, dass die
religionswissenschaftliche Perspektive, die hier eingenommen wird, doch auch viel Eigenes zur Sache einzubringen
hat. Im gelungenen Fall kann sie geradezu ein Korrektiv für
den zwar präzisen, aber zuweilen auch eingeengten Blickwinkel sein, den v. a. die regional- und territorialgeschichtliche
Hexenforschung notwendig einnehmen muss. Über einem
geschärften Blick auf die einzelnen Fälle dürfen allgemeine
kulturanthropologische Fragen nicht aus dem Fragehorizont
verschwinden, wie es gelegentlich geschieht. Auch müssen
die Facetten des kulturellen Umganges mit „Hexenbildern"
in der Gegenwart selbst Gegenstand der analytischen Be-
trachtung werden, und diese Fragestellung muss mit der im
engeren Sinn historischen Beschreibung des Geschehenen
interagieren. In einem schmalen Band wie diesem ist das natürlich nur in Ansätzen möglich, aber es sollte doch gezeigt
werden, wo die Hexenforschung heute steht.

Dieses Buch kann selbstverständlich keine historische
Synthese vorlegen (dazu wäre es wirklich zu früh), versucht
aber doch ein facettenreiches Bild zu zeichnen, das vielleicht auch für die nicht ohne Interesse ist, die aus anderen
Blickwinkeln mit dem Thema beschäftigt sind. Es liegen ja
durchaus eine Reihe populärer Einführungen zur Sache vor
(jüngst etwa Malcolm Gaskill, Witchcraft: A Very Short Introduction. Oxford 2010 oder, wenig älter, Wolfgang Behringer, Hexen. Glaube, Verfolgung, Vermarktung. München
2008), die aber alle aus deutlich anderen Perspektiven geschrieben sind.

Wesentlich ist natürlich auch hier immer die Faktenverifi-
kation. Klischees und Stereotype haben unser Thema lange
beherrscht. Ungeprüft kann aus der älteren Forschung kaum

noch etwas übernommen werden. Andererseits hat die Wiederentdeckung der Hexen in neomagischen Bewegungen eine Aktualität geschaffen, an der nicht vorbeigegangen werden soll: unser Interesse ist kein einfach „archäologisches". Die Schattenseite dieser Entwicklung ist allerdings, dass „invented traditions" (Geschichtsmythen) gelegentlich auch scheinbar um Objektivität bemühte Forschung überlagern, und das zuweilen an sehr überraschenden Stellen. Mit Wolfgang Behringer – einem der bedeutendsten lebenden Forscher zur Sache – begreife ich das Thema der Hexereiverdächtigung als ein globales und durchaus auch eines der Moderne, nicht nur eines der europäischen Vergangenheit (vgl. etwa sein „Witches and Witch-Hunts. A Global History". Cambridge 2004, ein wegweisendes Buch, dessen Bedeutung kaum überschätzt werden kann, und das mittlerweile sogar ins Chinesische übersetzt wurde).

Die Wiccabewegung, die den Hexenbegriff als Leitbild aufnimmt, kommt am Ende dieses Buches zur Sprache. Ihre Anhängerinnen und Anhänger habe ich als Vertreter einer respektablen neuen (nicht: alten) Religion kennengelernt, und Missverständnisse ihnen gegenüber auszuräumen ist mir ein wichtiges Anliegen – so wenig ich ihre religiöse Überzeugungswelt teile. Das kann hier freilich nur ganz knapp und ausblickartig geschehen; vielleicht komme ich auf das Thema andernorts noch einmal ausführlicher zurück.

„Schwesternprojekt" dieses Bandes ist eine Studie über antike Magie und ihre Wechselwirkungen mit dem entstehenden Christentum, die etwas später in einem andern Verlag erscheinen soll. Meine früheren Bände in der Reihe „marixwissen" haben allerlei Diskussionen ausgelöst, die ich meist mit Freude zur Kenntnis nehmen konnte. Freilich gab es neben Zustimmung und einiger berechtigter Kritik auch den einen oder anderen törichten Kommentar. (So beklagte sich ein Amazon-Leser darüber, dass meine „Heiligen Schriften" – für ein im Umfang festdefiniertes Buchformat geschrieben – viel zu kurz seien und sich zudem nicht auf die „klassischen" Religionen beschränkten. Nun ist der Blick über die „klassischen" Religionen hinaus auf die Vielfalt der heute gelebten Religionen gerade ein wesentlicher Erkenntnisfortschritt der jüngeren Religionswissenschaft gegenüber ihrer älteren, primär den Philologien verbundenen Vorstufe. Die Forderung jenes Kommentators ging also eigentlich dahin, wieder in ein früheres Stadium der Religionswissenschaft zurückzusinken, das sich auf „klassische Texte" beschränkt hatte. Dass ich in solchen Forderungen keine seriöse Möglichkeit sehen kann, versteht sich von selbst).

Die folgende Darstellung kann nur eine Skizze des Themas sein, keine umfassende Monographie. Ich habe wie in meinen anderen Bänden in dieser Reihe Literaturangaben beigefügt, in denen mehr Arbeit und Recherche steckt, als der Laie vielleicht vermuten würde; für Leserinnen und Leser „vom Fach" wird in ihnen am ehesten weniger Bekanntes zu finden sein. Dankbar denke ich an hilfreiche Gespräche zur Sache mit Dr. Michael Siefener, Joachim Janz, Erika Haindl u. a. zurück. Mein Leipziger Mitarbeiter Paulus Enke hat dieses Buch lektoriert: seiner sorgfältigen und kritischen Lektüre gilt mein ganz besonderer Dank.

Leipzig, Juni 2012

1. Hexen: eine erste Problemanzeige

Das Hexenklischee

Hexen, Hexenverfolgungen – wie immer bei einem historischen Thema gibt es manches, was sozusagen jeder zur Sache „weiß", aus Filmen, historischen Romanen, allgemeinem kulturellem Erbe... Lassen wir einiges daraus Revue passieren!

– Hexenverfolgung war primär eine Sache des Mittelalters.

– Hexenverfolgung ist eine typisch europäische Erscheinung, in erster Linie ein düsteres Kapitel abendländischer Geschichte.

– Es wurden fast nur Frauen als Hexen hingerichtet.

– Christliche Kleriker haben ihre Hexenbilder einer unterdrückten Bevölkerung übergestülpt.

– Die Hexen waren Bewahrerinnen einer vorchristlichen Naturreligion.

– Der Glaube an Hexerei ist etwas Konservatives, etwas, das über Jahrhunderte mehr oder weniger unverändert tradiert wurde.

– Das Bild der „bösen" Hexe ist vor allem ein Resultat der christlich-kirchlichen Frauen- und Leibfeindlichkeit.

– Vor allem Hebammen, „weise Frauen", Kräutersammlerinnen und ähnliche wurden als Hexen verdächtigt.

– Hexenverfolgungen geschahen von oben nach unten, d. h. sie wurden der Bevölkerung von fanatisierten Machthabern und Klerikern aufgedrängt.

– Wer einmal in den Klauen der Verfolger war, hatte keine Chance auf Freilassung.

– Rothaarige und andere auffällige Frauen galten sofort als Hexen.

– Die Intensität der Hexenverfolgungen war da am größten, wo die Macht der Kirchen ungebrochen war.

- Hexen wurden lebend verbrannt, während eine gaffende Menge ihnen ins Angesicht schaute.
- Millionen von Frauen wurden hingerichtet.
- Im 18. Jhdt. waren die Hexenverfolgungen endgültig zu Ende.

Alle diese Sätze entsprechen gängigen Hexenklischees, die man – mehr oder weniger entfernt von der akademischen Geschichtswissenschaft – nach wie vor hören und gelegentlich lesen kann. *Und jeder dieser Sätze ist zumindest in dieser schlichten Form nachweislich falsch, zum Teil sogar sehr weit ab von den geschichtlichen Realitäten.* Obwohl manches umstritten ist, konnte die historische Forschung doch auch eine große Zahl an Fakten bereitstellen und dokumentieren, welche ältere Klischees und Stereotypen definitiv überholen, und für manche Fragestellung einen stabilen Boden bereiten. Vor allem wurde das Bild sehr viel differenzierter: Unterschiede überwiegen die Gemeinsamkeiten. Das macht die jüngere Hexenforschung so spannend: Ihre Ergebnisse haben unser Geschichtsbild wesentlich verändert. Manches ältere „Schulbuchwissen" ist darunter zerbrochen. Sozialgeschichtliche und Gender-Forschungen haben ein überaus komplexes Szenario mit großen regionalen und chronologischen Unterschieden geschaffen, das allgemeine, sich auf große Geschichtsräume beziehende Aussagen immer schwieriger macht (denen die jüngere Geschichtswissenschaft gegenüber ohnehin notorisch skeptisch ist).

Um nur ein Beispiel zu nennen, wie sich populäre Vorstellungen völlig von den Fakten abgekoppelt haben: Zahlreiche Filme und Bücher visualisieren die Szene sich im Feuer windender lebender Frauen, denen eine gaffende Menge zuschaut. Tatsächlich hat es Lebend-Verbrennungen nur sehr selten gegeben; wo verbrannt wurde, war es die Regel, dass (männliche und weibliche) „Hexen" vorher getötet (oft erwürgt) wurden und der Körper dann verbrannt wurde. Wie meist bei Hinrichtungen, war das Gesicht verhüllt (dazu gab es allerdings viele Ausnahmen). In vielen Regionen wurde gar nicht verbrannt: In England, auch in Neuengland (Salem) etwa wurden die Opfer gehängt. Solche Korrekturen nehmen den Ereignissen nichts von ihrem Schrecken. Sie warnen aber davor, sich die populären Hexenimaginationen allzu naiv als geschichtliche Wirklichkeit vorzustellen. Sie stammen zum Teil eben aus den Mittelalterfantasien, mit denen sich die aufgeklärte „Neuzeit" abgrenzend gegenüber einer „dunklen" Vergangenheit definieren wollte, um den eigenen Fortschrittsdiskurs aufrecht erhalten zu können. Wir werden diesen Aspekt der Sache im Laufe dieses Buches noch genauer profilieren.

Vor allem können wir in einem heutigen kulturwissenschaftlichen Kontext vielleicht ein wenig besser verstehen, wie es im Kontext gesellschaftlicher Imaginationen zu den genannten Klischees und Stereotypen kommen konnte. Wir können zumindest partiell begreifen, welche Interessen (etwa der Abgrenzung von einer vergangenen Epoche der Geschichte, oder von bestimmten Institutionen) das gesellschaftliche Hexenimaginarium geschaffen und bewegt haben. Dieses tritt uns nicht mehr als einheitliche und überwundene Größe der Vergangenheit, sondern als komplexes Überzeugungsgeflecht mit zum Teil beklemmenden Gegenwartsbezügen in den Blick. Die Forschung wird damit selbst zum Gegenstand der Ideologiekritik; Forschungsgeschichte wird zur Anfrage an unsere Gegenwart.

Das Thema „Hexen" ist ein Gebiet voller Überraschungen. Plakativ gesagt kann aus der älteren Hexenforschung (etwa vor 1970) heute fast nichts mehr unbesehen übernommen werden. Es ist von daher nicht unproblematisch, dass ältere Darstellungen wie die ehemals sehr gute und materialreiche von Wilhelm Gottlieb Soldan (1803–1869) und Heinrich Ludwig Julius Heppe (1820–1879) nach wie vor immer wieder nachgedruckt werden. Das Werk dieser beiden studierten Theologen (Soldan arbeitete allerdings als Gymnasiallehrer) erschien zuerst 1843 in Soldans Erstfassung, wurde immer wieder bearbeitet, und hat lange das deutsche Hexenbild geprägt. Für Soldan war Hexerei schlicht ein Verbrechen, das es nicht gab. Alle Urteile gegen Hexen waren Justizmorde (ein Begriff, den August Ludwig Schlözer 1783 eingeführt hatte). Hexengeschichtsschreibung war hier eine Form der liberalen Kirchenkritik, die sich vor allem auf die katholische Kirche bezog. Die Hexenverfolgungen waren ein „Hexenwahn", auf den man aus einem überlegenden geschichtlichen und aufgeklärten Abstand zurückblicken konnte. In dieser Hinsicht waren beide Autoren dem Historismus und Geschichtspositivismus des 19. Jhdts. verpflichtet, die in großer Zahl und in einer kritischen Perspektive zahlreiche Quellen benutzt haben. Kritische Reflexion des eigenen Blickwinkels war aber nicht eine Stärke dieser Forschung.

Es ist erst aus unserem forschungsgeschichtlichen Abstand so, dass wir die Grenzen ihrer Analyse sehen können. Vor allem Heppe – der Soldans Schwiegersohn und ein ausgesprochen liberaler Theologe war – hatte leider eine Tendenz zu allgemeinen und auch quantitativen Aussagen (Soldan selbst war hier sehr viel vorsichtiger), die von seinen Quellen nicht getragen werden. Es sind aber gerade diese generalisierenden Aussagen, Zahlen und „plausiblen Erklärungsmuster", die einer kritischen Analyse in Hinsicht auf die ihnen zugrunde liegenden tatsächlichen Quellen und deren Aussagewert bedürfen. Quantitative Schätzungen, die nicht direkt aus klar definierten Aktencorpora erhoben werden können, sind praktisch wertlos. Die berüchtigten „9 Millionen Opfer", eine erfundene und maßlos überhöhte Zahl, sind zwar weithin aus der Literatur verschwunden. Und „was unmittelbar einleuchtet", muss noch lange nicht wahr sein. Was dem heutigen Menschen plausible Motive, etwa hinter befremdlichen Verhaltensmustern sind, müssen solche noch lange nicht unter anderen kulturellen Bedingungen gewesen sein. Gerade wenn es um unsere eigene europäische, nicht überaus weit entfernte Geschichte geht, setzt der Versuch des Verstehens oft viel zu früh ein: nämlich bevor wirklich die Fakten erhoben sind, die es zu verstehen gilt (um die Problematik einer Rede von historischen „Fakten" hier noch außen vor zu lassen, die uns freilich später wieder einholen wird).

EIN BEISPIEL: „9 MILLIONEN FRAUEN"

Als Beispiel für die Destruktion einer Behauptung aus dem Bereich der Hexenprozesse wenden wir uns für einen Augenblick der diesbezüglich sehr lehrreichen „Neun-Millionen-Opfer"-Theorie zu. Als im 18. Jhdt. im Zuge der Aufklärung erste Versuche einer Schätzung der Zahlen als Hexen und Zauberer getöteter Menschen formuliert wurden, sind Zahlen von 30 000 (Jakob Anton Kollmann) oder auch 100 000 Opfern (so Voltaire, für den Hexenglaube ein Kennzeichen des „Mittelalters" war) für ganz Europa genannt worden. Doch wurde eine Quantifizierung des „Hexenwahns" – in dem man nur einen finsteren Aberglauben sehen konnte – zum Mittel, die eigene Überlegenheit über das „Mittelalter" und den Abstand diesem gegenüber zu veranschaulichen (das Folgende weitgehend nach der Darstellung von Wolfgang Behringer, die für weitere Details zu vergleichen ist). Eine Schlüsselrolle nimmt dazu der Quedlinburger Stadtsyndikus Gottfried Christian Voigt (1740–1791) ein, der über die Zeit der Verfolgungen schrieb, um sie mit einer umfassenden Aberglaubenskritik zu verbinden, die sich vor allem gegen die katholische Kirche richtete. Kirchenkritisches war im Fürstentum Quedlinburg – unter der Schutzvogtei Kurbrandenburg-Preußens – durchaus angesagt. 1783 schrieb Voigt einen Aufsatz „Etwas über die Hexenprozesse in Deutschland", in dem Hexenprozesse und Folter beispielhaft für die in Preußen nun Gott sei Dank überwundene Vergangenheit stehen. Doch bestehe nach wie vor „wahrlich die Gefahr, in die vorige Barbarei und Unwissenheit zurück zu fallen, und den Ruhm der Aufklärung zu verlieren, wenn wir nicht auf der Hut sind … Denn es herrscht noch überall, bei Gelehrten und Ungelehrten – bei Juristen und Theologen – nicht nur in katholischen Ländern allein, sondern selbst mitten in protestantischen Provinzen – nicht allein in finstern entlegenen Dörfern, sondern auch in den ansehnlichsten Städten – unter dem vornehmen und geringen Pöbel – der dickste, dümmste und schändlichste Aberglaube."

Um diese Kritik zu stützen, stellt er nun eine eigene Bestimmung des Umfangs der Prozesse in Form einer Hochrechnung an. In Quedlinburg (dessen Akten ihm allein zur Hand waren) fanden zwischen 1569 und 1598 insgesamt 30 Hexenprozesse mit Todesurteil statt. Ohne weitere Begründung rechnet er nun mit einem Aktenverlust und rät auf 40 bis 60 Todesurteile in diesen Jahren. Ohne irgendeinen Beleg für Hexenprozesse außerhalb dieser speziellen Jahre nimmt er nun weiter an, diese Quote sei der Regelfall für die gesamte Existenzdauer des Fürstentums Quedlinburg, womit er für 650 Jahre auf „wenigstens 866 Menschen" kommt (von denen, wir erinnern uns, nur 30 tatsächlich belegt sind). Diese krude und absurde Berechnung wird nun aber noch auf ganz Europa weitergerechnet: „In Deutschland, Frankreich, Spanien, Italien und England, und überhaupt in dem Theile Europens, welcher seit dem Ausgang des 6. Jahrhunderts sich zur christlichen Religion bekannt hat, sind wenigstens 71 Millionen Einwohner anzunehmen. Wenn nun in einem so kleinen Bezirk Deutschlands, welcher kaum 11 bis 12000 Menschen fasset, in einem Jahrhunderte auf 133 Personen als Hexen hingerichtet sind; so beträgt dieses in der ganzen christlichen Kirche auf jedes Jahrhundert 858.454, und auf den von mir bezeichneten Zeitraum von elf Jahrhunderten 9 Millionen vierhundert zwei und vierzigtausend neunhundert vier und neunzig Menschen." Wie er auf den zugrunde gelegten Zeitraum kommt (1100 Jahre statt der zuvor angesetzten 650), begründet er nicht. „Wollte ich die unglücklichen Schlachtopfer mitzählen, welche theils vorher, nämlich vom dritten bis zum sechsten Jahrhundert, theils nachher, nämlich noch in dem gegenwärtigen Jahrhunderte, theils im übrigen Europa, als Polen, Schweden, Dännemarck etc. auf eben diese Weise hingerichtet sind; so könnte ich diese Berechnung noch weit höher treiben." Voigts Aufsatz erschien im nächsten Jahr in der Berliner Monatsschrift, einem Zentralorgan preußischer Aufklärung. Es wird heute sofort einleuchten, dass dieser ganze Gedankengang völlig absurd ist. Weder berücksichtigt er die erheblichen regionalen Unterschiede (manche Staaten Europas waren völlig verfolgungsfrei) noch die zeitlichen Unterschiede. Eine willkürlich und zufällig definierte Prozesswelle wird zum Paradigma für die ganze europäische Geschichte (und selbstverständlich sind auch die Bevölkerungszahlen für die europäischen Länder nur geraten).

Das Allererstaunlichste aber ist nun, dass diese Berechnung, vermutlich ohne Lektüre der Argumentation, rasch sozusagen Karriere machte. Das liegt ohne Frage an ihrer antiklerikalen Instrumentalisierbarkeit. Voigts Aufsatz wurde selbst mehrfach nachgedruckt, vor allem aber verselbständigte sich die Zahl bald, nicht zuletzt in romantischen Geschichtsdarstellungen wie bei Jules Michelet, der ein einflussreiches sozialromantisches Hexenbild formulierte (zu ihm später in diesem Buch). Michelet spricht aber nur sehr allgemein von „Millionen von Opfern" klerikaler Gewalt. Seriöse Forscher wie Jakob Grimm und Wilhelm Soldan wiederholten die Zahl selbstverständlich nicht. Als im Kontext von „Syllabus", Kulturkampf und 2. Vaticanum ein konservativer Ruck durch die katholische Kirche ging, bot Voigts Zahl den Gegnern dieser Entwicklungen eine willkommene Waffe der Kirchenkritik. Der Wiener Theologieprofessor Georg Gustav Roskoff (1814–1889) übernahm sie in seine hochangesehene (leider in manchem fehlerhafte) „Geschichte des Teufels" (2 Bände, Leipzig 1869), und steigerte sie sogar zu der unsinnigen Behauptung, in Quedlinburg seien 133 Hexen an einem Tag (!) verbrannt worden. Heinrich Heppe, der Überarbeiter des Werkes Soldans, erkannte die Unsolidität der Berechnung Voigts, sprach aber dennoch von „Millionen Opfern". Protestantische Theologen zitierten die Zahl im Folgenden gerne, vor allem in antikatholischer Zuspitzung, obwohl auch damals schon Fachhistoriker widersprachen (z. B. Moritz Ritter und Joseph Hansen, oder der sächsische Lokalhistoriker Johannes Moser 1894, der die Quedlinburger Quellen studiert hatte).

Im 20. Jhdt. begegnet die Fantasiezahl „neun Millionen" dann nach wie vor in außerwissenschaftlichen Kontexten, vor allem in der Esoterikszene, die sie als Mittel der Distanzierung von „Kirche" gebraucht. (Kurioserweise wird sie nicht gegen die Institution „Staat" gebraucht, obwohl Hinrichtungen immer Sache des Staates waren). Auch die feministische Bewegung hat die Zahl übernommen, u. a. durch ihre Rezeption in Matilda Joslyn Gage, „Woman, Church, and State" (1893), einem Schlüsseltext der Frauenbewegung, der im Christentum das Haupthindernis der Frauenemanzipation sah. In den USA erfahren die „Millionen Opfer" zudem noch eine europakritische Zuspitzung. So konnte man im Witchcraft Museum in Salem zumindest in den 1990ern noch hören, dass Amerika nur „ein Mal" in den Aberglauben und Hexenwahn „gefallen" sei (bei der Verfolgung 1692, die 20 Menschen den Tod brachte), in Europa – Inbegriff der Intoleranz und Unfreiheit – aber seien eben „Millionen" dem Wahn zum Opfer gefallen.

Nur der Interesse halber sei ergänzt, dass in Quedlinburg vor 1569 gar keine Hexenprozesse nachweisbar sind, und es danach in den genannten Jahren offenbar etwa 35 Todesurteile bei etwa 60 Prozessen gegeben hat (darunter drei Männer). Im 17. Jhdt. gab es noch diverse Prozesse, es wurden aber keine Todesurteile mehr vollstreckt.

Literatur: Wolfgang Behringer, Neun Millionen Hexen. Entstehung, Tradition und Kritik eines populären Mythos, Geschichte in Wissenschaft und Unterricht 49 (1998), 664–685 (auch in verbesserter Fassung im Internet unter www.historicum.net; dort auch Literatur zu den tatsächlich bezeugten Quedlinburger Prozessen) * Die Voigt-Zitate aus: Gottfried Christian Voigt, Etwas über die Hexenprozesse in Deutschland, Berlinische Monatsschrift Dritter Band. Berlin 1784, 297–311 * Über Heppe: L. H. Zuck, Heinrich Heppe. A Melanchthonian Liberal in the Nineteenth-Century German Reformed Church, Church History 51 (1982), 419–433.

Heutige Schätzungen von Opferzahlen

Zu den erstaunlichen Ergebnissen der Forschung gehört, dass mit zunehmender Erschließung des tatsächlichen Aktenmaterials die Zahlen in den letzten 50 Jahren immer weiter nach unten korrigiert werden mussten. Rossel Hope Robbins schätzte in den 1950er Jahren noch auf 200 000 Opfer, neuere deutsche Schätzungen sprechen von 60 000 Opfern (davon 20 000 im deutschen Sprachraum), eine besonders wohlinformierte neueste amerikanische Schätzung (Robin Briggs) spricht von maximal 50 000 Opfern für ganz Europa einschließlich Russland bei insgesamt etwa 100 000 Prozessen, für die gesamte Zeit zwischen etwa 1400 und 1780. Die weitaus größte Zahl dieser Verfahren gehört in den Zeitraum 1570–1630. Das nimmt den Ereignissen natürlich nicht ihren Schrecken. Es bedarf aber einer Erklärung, die offenbar darin liegt, dass die älteren Schätzungen eben auch von einer Interessenagenda geprägt waren, die zunehmend sichtbar wird. Diese Interessenagenda benutzt die Hexenprozesse, um die eigene Gegenwart von der Vergangenheit vorteilhaft zu unterscheiden.

Allerdings gibt es viele Unwägbarkeiten. Insbesondere wissen wir nicht, ob es im frühen und hohen Mittelalter nicht doch mehr Prozesse gegeben hat, als aus den Chroniken ersichtlich ist. Diese wären dann allerdings jeweils Einzelprozesse wegen Schadenzauber; das Bild einer „Hexensekte" gab es noch nicht (dazu später). Akten sind hier nur in Ausnahmefällen überliefert. Erst im 15. Jhdt. nimmt die schriftliche Überlieferung eine Gestalt an, in der quantitative Aussagen in vielen Fällen möglich sind.

Einige Andeutungen zu den heute sichtbaren Zahlenverhältnissen müssen hier genügen. Die systematischen Verfolgungen in der Westschweiz im späten 14. und frühen 15. Jhdt. haben mehrere hundert Menschen das Leben gekostet. Die Zahlen steigern sich in den 1420er und 1430er Jahren, dann wieder in den 1480er und 1490er Jahren, nach wie vor primär im Alpenraum, allmählich aber darüber hinausgreifend, sowohl nach Süden wie nach Norden und Westen. In den 1540ern gab es eine Verfolgungswelle in Dänemark, aber die großen Wellen beginnen in den 1560er Jahren und erfassen nun große Teile Europas. In etwa 60 Jahren könnte es hier europaweit bis zu 40 000 Hinrichtungen gegeben haben. Das 17. Jhdt. sieht noch einige extreme Wellen, so die Verfolgungen in England und Schottland, in der Region um Vaduz (ab 1648 mit nur allmählichem Abflauen) und in Schweden (1668–1676, mit etwa 300 Hinrichtungen). In Schweden wurde den Hexen vor allem „Verführung der

Jugend" zur Teilnahme am Hexensabbat vorgeworfen; die „Hexensekte" wird hier als eine Art „Jugendreligion" imaginiert. Abgesehen von dieser Welle gab es nur wenige Hexenprozesse in Schweden (sowohl vor als auch nach diesen Jahren), die meist in Freisprüchen oder geringeren Bestrafungen resultierten. Die regionalen und zeitlichen Unterschiede der Präsenz des Themas sind eben erheblich, wie an solchen Beispielen sofort sichtbar wird.

Eine berüchtigte späte Welle fand im Salzburger Land statt: die „Zauberer Jackl"-Prozesse mit 138 Toten zwischen 1675 und 1690. Auch sie waren insofern untypisch, als sie sich in erster Linie gegen Landstreicher und vor allem jugendliches fahrendes Volk richteten. 198 Personen wurden angeklagt, viele gefoltert, 138 gestanden und wurden (meist mit dem Fallbeil) hingerichtet (38 kamen frei, andere wurden Pflegeeltern übergeben, des Landes verwiesen u. ä.). Der ominöse „Zauberer Jackl" (eine nur wenig greifbare, aber doch reale Figur) erscheint hier als eine Art Bandenchef jugendlicher Krimineller, in denen man freilich auch die Ursache von Missernten, Unwetter u. ä. sah (das Ganze begann mit einer Diebstahlwelle in den kirchlichen Opferstöcken, die aufgebrochen wurden). Die vor allem bei Bauern verhassten Randgruppen der Gesellschaft wurden auf diese Weise unter dem Generalvorwurf der schwarzen Magie physisch vernichtet; etablierte Bürger waren nicht Gegenstand von Hinrichtungen. Vier Fünftel der Opfer waren Männer, zwei Drittel nicht älter als 21 (der jüngste war erst zehn Jahre alt). Dieser Fall ist wie gesagt keineswegs typisch: Der Hexereivorwurf diente aber eben auch ganz speziellen sozialen Ausgrenzungsagendas. Warum die Prozesse 1690 aufhörten, ist nicht deutlich; vielleicht überstiegen die Kosten allmählich den scheinbaren Nutzen.

Auch in Deutschland, wo zwischen 1560 und 1630 sehr viele Prozesse stattfanden, sind massive regionale und sonstige Unterschiede zwischen den Territorialstaaten zu bedenken. So war die Kurpfalz praktisch verfolgungsfrei, was vor allem auf die präzise Anwendung der gesetzlichen Grundlagen zurückzuführen ist, die eine Anwendung der

Folter nur in wenigen genau definierten Fällen erlaubte. In den Nachbarterritorien, die hier den Wortlaut des Gesetzes freier auslegten, kam es dagegen zu sehr vielen Hinrichtungen nach unter der Folter erzwungenen Geständnissen. Entsetzliche, epidemische Hexenpaniken mündeten etwa im Trierer, Bamberger und Würzburger Raum in hunderte von Hinrichtungen in kurzer Zeit.

Will man vergleichende Statistiken für Europa definieren, stößt man auf das Problem, dass wir nicht überall die Bevölkerungszahlen und damit den Rahmen der Prozesse wirklich abschätzen können. Doch hat es vielerorts schon im Spätmittelalter (etwa in Italien) genaue Zählungen der Bevölkerung gegeben, und ab dem 16. Jhdt. besitzen wir für manche Regionen durchaus reiches und solides statistisches und demographisches Zahlenmaterial, nicht zuletzt zum Zweck der Steuererhebung (gezählt wurden lange oft „Feuerstellen", d. h. Familien, nicht Personen). Nach einer jüngeren Übersicht hätte es demnach insgesamt während der Hochzeiten der Verfolgung in Luxemburg 5 Hinrichtungen auf 1000 Personen durchschnittliche Bevölkerungszahl, in der Schweiz 4, in Dänemark 1,75, in Deutschland durchschnittlich 1,5, in Schottland 1,4, in Ungarn 1,27, in Italien 0,2, in England 0,13, in Frankreich und Spanien um 0,04 auf 1000 Personen gegeben. Bestimmte Regionen stechen hervor (Köln hatte etwa 2000 Hinrichtungen auf etwa 200 000 Menschen), wobei man die zeitliche Erstreckung bedenken muss. Die Zahlen sind nicht immer wirklich vergleichbar. Sie geben aber eine Vorstellung von den divergierenden Größenordnungen. Vor dem Parlament von Paris, dem etwa die Hälfte Frankreichs jurisdiktionell unterstand, fanden im 16.–18. Jhdt. insgesamt 1300 Prozesse wegen Hexerei statt. Von diesen endeten etwas unter 10 % in einer Hinrichtung, doch mehrere hundert Menschen wurden ausgepeitscht oder sonst körperlich gezüchtigt. (Auch die Behauptung, alle Angeklagten wären mehr oder weniger automatisch abgeurteilt worden, ist nur in wenigen Regionen und Zeiträumen zutreffend). Die Verteilung der Fälle auf Einzelprozesse, Prozesscluster und Prozesswellen divergiert ebenfalls sehr stark. Weitere Beispiele werden uns begegnen. Die Hexenprozesse sind keine durchgehende, konstante Form von Staatsterror, sondern eine „Potentialis", die immer wieder ausbrechen kann. Die genauen Bedingungen, unter denen dieses geschieht, sind dabei das eigentliche schwierige und komplexe Forschungsthema.

Literatur: Robin Briggs, Number of Witches. In: Richard M. Golden (Hrg.), Encyclopedia of Witchcraft. The Western Tradition 3. Santa Barbara u. a. 2006, 839–841 * Über die schwedischen Prozesse: Birgitta Lagerlöf-Génetay, De svenska hexprocessernas utbrottskede 1668–1671: Bakgrund i Övre Dalarna – Social och ecklesiatik kontext. Stockholm 1990 (Resümee in Englisch); Per Sörlin, „Wicked Arts": Witchcraft and Magic Trials in Southern Sweden, 1635–1754. Leiden 1999; Linda Oja (Hrg.), Varken Gud eller natur: Synen på magi i 1600- och 1700-talens Sverige. Stockholm u. a. 1999 (Resümees in Englisch) * Französische Prozessstatistik: Alfred Soman, Sorcellerie et Justice Criminelle: Le Parlement de Paris (16e–18e siècles). Basingstoke 1992 (gesammelte Aufsätze zum Thema) * Bevölkerungsstatistiken: Karl Julius Beloch, Bevölkerungsgeschichte Italiens. 3 Bände. Berlin 1937–1939. Reprint 1961 (ältere Quellen u. a. der spätmittelalterlichen Zeit); Josef Ehmer, Art. Bevölkerung. In: Enzyklopädie der Neuzeit 2 (2005), 94–119 (reiche Literaturangaben).

Einiges zu Wert und Grenzen der älteren Hexenforschung

Dennoch darf und soll keine Überlegenheitsattitüde gegenüber der älteren Forschung eingenommen werden, als habe die Wissenschaft sozusagen mit unserer Generation begonnen. Davon kann gar keine Rede sein. Größten Wert behält die ältere Forschung nicht zuletzt durch ihre Quelleneditionen und ihren Sammelfleiß. Etwa die berühmte Textsammlung von Joseph Hansen (1862–1943), ehemals Direktor des Historischen Archivs der Stadt Köln (in dieser Tätigkeit 1891–1927), ist nach wie vor unverzichtbar („Quellen und Untersuchungen zur Geschichte des Hexenwahns und der Hexenverfolgung im Mittelalter". Bonn 1901, mehrere Reprints) und eine grundlegende Anschaffung für jeden, der über das Thema seriös arbeiten will.

Das gilt auch für die Arbeiten von Henry Charles Lea (1825–1909), dessen Andenken dieses Buch gewidmet ist.

Lea – um bei ihm einen Augenblick exemplarisch für diese ältere Forschung zu verweilen – entstammte einer reichen Verlegerfamilie aus Philadelphia. Das aus dem Verlagshaus Carey & Lea verdiente Geld (ab 1865 war Lea alleiniger Eigentümer) investierte er in den systematischen Aufbau der größten Mittelalter-Bibliothek auf amerikanischem Boden (auch umweltpolitisch war Lea tätig, Fragestellungen des 20. Jhdt. vorwegnehmend). Zölibat, Beichte, Ablass, Gottesurteile und vor allem die Inquisition wurden seine Arbeitsgebiete. Sukzessive traten neue Sammelgebiete hinzu, etwa die spätere Geschichte der spanischen Inquisition (die im Gegensatz zur mittelalterlichen nicht mehr eine kirchliche, sondern eine ausschließlich staatliche Behörde war) und die Geschichte der zwangskonvertierten Juden auf der Iberischen Halbinsel. (Dieses letztere Forschungsgebiet brachte ihm zahlreiche Anerkennungen von jüdischen Gelehrten ein). Da er auch spanische, portugiesische, italienische und viele andere Quellen flüssig in den Originalsprachen lesen konnte, gelang ihm ein erstaunlich europäischer Blick auf seine Arbeitsgebiete. Leas Arbeitsweise war dabei immer gleich: zu jedem der Themen, die ihn sukzessive beschäftigten, las er alle irgendwie erreichbaren Quellen vollständig durch und verzettelte alle Stellen, die ihm relevant schienen. Akten und Bücher, die er nicht erwerben konnte, ließ er von einer ganzen Zahl professioneller Kopisten in europäischen Bibliotheken abschreiben (er selbst unternahm keine Bibliotheksreisen), wofür er offenbar ein erhebliches Vermögen ausgab (Fotokopien gab es ja noch nicht). Universitätsdozent war er nie, obwohl er in seinen späteren Jahren viele akademische Ehren erhielt. Die Originalquellen ordnete er erst am Ende seiner Sammelphase unter historischen und systematischen Gesichtspunkten, während die Auseinandersetzung mit der bereits vorliegenden Sekundärliteratur (die ausnahmslos sehr viel weniger Quellen als er benutzt hatte) nur eine marginale Rolle in seiner Darstellung spielt. Diese strenge Orientierung an den Quellen hat den Wert seiner Schriften erhalten, erklärt aber auch ihre Grenzen. In gewisser Hinsicht sind seine Bücher gigantische Zettelkästen. In kulturhermeneutischen, sozialgeschichtlichen und anderen Fragen ist er aus heutiger Sicht naiv und zudem von einer extremen Polemik gegen die katholische Kirche erfüllt (obwohl seine umfassenden Arbeiten zur Geschichte des Zölibats ihm auch viele Freunde unter reformorientierten katholischen Gelehrten einbrachten). In seinen letzten Jahren nahm er sich nun des Themas Hexen und Teufelsglauben an. Dies wäre sein größtes Werk geworden, doch konnte er es nicht ganz abschließen. Erst posthum und herausgegeben von Arthur C. Howland erschienen seine monumentalen „Materials toward a History of Witchcraft" (3 Bände. Philadelphia 1939. Reprint New York 1957). Trotz des späten Erscheinungsdatums ist dies ganz ein Werk des 19. Jhdts.; manche Teile stammen noch aus den 1870er Jahren. Wie oft bei posthumen Büchern fehlen Indices, ein schwerwiegendes Defizit. Dennoch sind die drei Bände bis heute das Materialreichste, was je zur Sache geschrieben worden ist. Es ist leicht, sich über den sammelnden Zettelkastenstil Leas lustig zu machen, aber er ersetzt eine ganze Bibliothek, und vermeidet das Hauptproblem vieler jüngerer Arbeiten, über einer Flut neuer Sekundärliteratur gar nicht mehr zu den Quellen selbst vorzudringen. Leas Ansehen zu seinen Lebzeiten war enorm: Princeton, Harvard und die Pennsylvania State University verliehen ihm den Ehrendoktor und er galt unbestritten als bedeutendster Mediävist Amerikas. Als seine Sammlung 1925 von den Kindern Leas an die Pennsylvania State University übergeben wurde, war sie die umfassendste Bibliothek zu Fragen mittelalterlicher Kirchen- und Rechtsgeschichte auf dem Boden der Vereinigten Staaten. Leas dem 19. Jhdt. verpflichteter Forschrittsglauben und seine extrem kirchenkritische Position waren schon zu seinen Lebzeiten umstritten: die jüngere Forschung hat vieles korrigieren müssen, was durch diese Brille gefärbt war. Überhaupt kann man an solchen Werken die Verschiebungen der Forschung sehen. Es ist heute viel wichtiger geworden, einzelne Prozesse u. ä. in ihren präzisen Vernetzungen zu verstehen, als additiv über die Jahrhunderte Motive und Ideen zusammenzustellen. Es soll aber auch nicht verschwiegen werden, dass etwa kirchen- und theologiegeschichtliche Aussagen in jüngeren Werke oft in hohem Maße klischeehaft und korrekturbedürftig sind, weil der breite Hintergrund einer umfassenden kirchengeschichtlichen Bildung, die Lea besaß, heute eher Ausnahme als Regel ist.

Nur beiläufig und mehr als (immerhin grundgelehrtes) Kuriosum erwähne ich jenen Forscher, der sozusagen der diametrale Gegenpol zu Lea war, Montague Summers (eigentlich Alphonsus Joseph-Mary Augustus Montague Summers, 1880–1948), den sicher seltsamsten aller modernen Historiker des Hexenwesens. Manche würden ihn für einen gebildeten *crank* halten. Summers, der einer reichen Familie aus Clifton bei Bristol entstammte, hatte am Trinity College, Oxford studiert, und sich für den Beruf eines anglikanischen Geistlichen entschieden. 1909 konvertierte er jedoch zum Katholizismus und beanspruchte später, katholischer Priester zu sein. Doch hat er in England nie als solcher gewirkt; vielleicht war er in einer der nach katholischer Auffassung rechtswidrigen, aber dennoch gültigen Sukzessionslinien auf dem Kontinent geweiht worden. Sein Geld verdiente er als Schullehrer, später als Herausgeber klassischer Theatertexte (er war eine führende Autorität auf dem Gebiet des Restaurationsdramas) und Buchautor. Dabei hatten es ihm solche Themen angetan, die zu dieser Zeit kaum ernsthaft erforscht wurden: Vampire, Werwölfe, die Gothic Novel, aber auch die katholische Mystik in allen ihren Schattierungen. Und er schrieb über Hexen. Seine Bücher gehören zum gelehrtesten, was in den 1920er, 1930er Jahren zum Thema zu haben war – und lösten sofort einen Skandal und anhaltende Irritation aus. Summers vertrat nämlich die These, dass die Hexen genau das tatsächlich waren, als was sie hingerichtet wurden: Teufelsbündnerinnen, der abscheulichsten Verbrechen fähig und schuldig. Ihren Schadenszauber hielt er im Rahmen eines katholischen Supranaturalismus für völlig real, den Hexensabbat für ein tatsächlich stattfindendes Ereignis. Doch war er alles andere als einfach eine „übriggebliebene" konservativ-katholische Stimme. Seine praktizierte Homosexualität war kein Geheimnis: sein Lebensgefährte half ihm als Sekretär, lebte mit ihm offen zusammen und wurde später in seinem Grab beerdigt. Summers hatte schon als junger Mann homosexuelle Gedichte publiziert („Antinous and Other Poems", 1907), auch über den Marquis de Sade hatte er eine Studie geschrieben. Daneben weckt sein schwülstiger, extrem sinnlich-anschaulicher Sprachstil (der seine Bücher zu beliebten Sammlerobjekten gemacht hat) Assoziationen des Fin de siècle und der Dekadenz. Summers konnte schreiben wie Oscar Wilde oder Huysmans. Das Gerücht, er kenne schwarzmagische Praktiken aus erster Hand, konnte sich bei seinem Auftreten (er war ein glänzender Raconteur) leicht einstellen (obwohl es dafür keine wirklichen Belege gibt). Über sein vorhandenes oder nicht vorhandenes Verhältnis zu Aleister Crowley existiert eine ganze eigene Sekundärliteratur. Ganz sicher entsprach er nicht dem Bild, das man von einem Geistlichen hatte. Eher trat er ein wenig wie ein Renaissancebischof auf, dem nichts Menschliches fremd ist, und von dem sich leicht das Bild einstellte, er geißele sich des Nachts für seine Sünden, die er am nächsten Tag gerne wiederholen werde... 1928 publiziert Summers die erste englische Übersetzung des Hexenhammers (zu ihm s. u.), später folgen andere grundlegende Quellen zum Hexenglauben und zur Dämonologie (Remigius, Sinistrari, Madame Bovet u. a.), daneben jedoch auch Ausgaben mystischer Texte, Bücher über Stigmata, über okkulte Themen und die Geschichte der Gothic Novel (der er eine monumentale Bibliographie widmet). Oft weiß der Leser nicht so genau, wie ernst er das alles nehmen soll (auch Vampire sind für Summers völlig real). Dabei ist seine Quellenbenutzung grundgelehrt, er spricht alle relevanten Sprachen, kennt offenbar jedes je gedruckte Buch zur Sache und zitiert seine Quellen ausgiebig und verlässlich. Summers ist ein Anti-Modernist: seine kuriose, schwüle und barocke Sprache, seine Evokation einer magischen Gegenwelt gegen die Moderne, in der Hexen völlig real sind, lassen sich kaum als fehlgeleitete Wissenschaft lesen, sondern wohl eher als Kunstwerke, als dekadent-poetische Evokationen einer (fiktiven, schein-authentischen) Vormoderne.

Wir haben hier ein wenig ausführlicher von den beiden Antipoden Lea und Summers erzählt, dem kirchenkritischen Rationalisten und dem homosexuellen katholischen Decadénce-Mystiker, weil sie für das weite Spektrum stehen können, das uns in der älteren Hexenforschung begegnet (einige weitere ältere Namen werden uns andernorts in diesem Buch über den Weg laufen). Heute sind solche Gestalten selten geworden; das Thema wurde von der seriösen und methodisch reflektierten Wissenschaft eingeholt. Aber die Annahme liegt nicht fern, dass manche der heutigen Forscherinnen und Forscher zum Thema Lea, Summers und Co. sozusagen unter dem Tisch noch recht gerne lesen (nur würden sie sie wohl nicht mehr zitieren …).

Lea und Summers – so diametral entgegengesetzt ihre Denkwelten auch waren – hatten doch ihre Leidenschaft für die Quellen selbst gemeinsam, die sie souverän und aus erster Hand kannten. Diese Quellen waren damals allerdings noch weitgehend frühe Drucke dämonologischer und rechtsgeschichtlicher Literatur. Immerhin sind schon vereinzelt im 18. und 19. Jhdt. Prozessakten in aufklärerisch-kritischer Absicht publiziert worden: schon Eberhard D. Hauber, Bibliotheca Acta et Scripta Magica (3 Bände. Lemgo 1738–1745) hat in 36 „Stücken" (Kapiteln) viele einschlägige Texte zugänglich gemacht, unter denen zahlreiche Originalakten sind. In der jüngeren Forschung stehen diese Akten noch stärker im Mittelpunkt, zuweilen bis zur Vernachlässigung der juristischen und theologischen „Fachliteratur" jener Tage. Um diesen Gesichtspunkt zu unterstreichen, lassen wir noch einen weiteren älteren Autor Revue passieren, der für einen anderen Aspekt der Literatur steht, und ebenfalls hilft, über die Vereinzelungen des Themas den Blick auf größere Zusammenhänge nicht zu vernachlässigen.

Lynn Thorndike (1882–1965), zuletzt Professor an der Columbia University, hat in seiner monumentalen „A History of Magic and Experimental Science" (8 Bände. New York 1923–1958) eine immer aus den Originalquellen (viele davon ungedruckte Handschriften) geschöpfte Gesamtdarstellung magischer und okkulter Diskurse von der Antike bis zum

Ende des 17. Jhdts. vorgelegt. Besonders kommt darin das komplexe Wechselspiel zwischen den Proto-Wissenschaften der Alchemie, der Astrologie, der antiken und mittelalterlichen Medizin etc. und jenen Dynamiken zur Darstellung, aus denen heraus die modernen Naturwissenschaften entstanden sind. (Die seriösen und die unseriösen Ansätze der Erforschung des älteren Okkultismus kann man sozusagen daran unterscheiden, ob sie dieses Werk in allen seinen Teilen ernsthaft rezipiert haben oder nicht, wenn diese polemische Anmerkung hier einmal erlaubt sei). Für die Hexenforschung ist das nur scheinbar eher von beiläufigem Interesse, denn es bewahrt vor der Vorstellung, die dämonologischen, magischen und okkulten Diskurse wären nur eine Sache des „niederen Volkes" oder des „populären Aberglaubens" gewesen. Damit ist Thorndike ein Vordenker jener Grundeinsicht, dass der Okkultismus und das Esoterische mit ihren vielen Schattierungen ein wesentliches Segment der europäischen Kulturgeschichte darstellen. Forscher wie James Webb (gest. 1980) oder der 1991 ermordete Ioan P. Culianu haben schon in den 1970er und 1980er Jahren die Linien ausgezogen, die diese Einsichten heute zu wichtigen Ansätzen und Forschungsbereichen der Kulturwissenschaften machen.

Wir haben nur exemplarische Namen genannt. Eine andere Linie der Forschung (von Jakob Grimm herrührend) hatte eher einen volkskundlichen Generalnenner, der in jüngerer Zeit gerne Europäische Ethnologie genannt wird. Ihm ging es herkömmlich weniger um die Prozesse, die Opfer- und Täterdynamiken und ihre soziale Einbettung, sondern um die Bilder und Geschichten, Vorstellungen und Motive des Hexenglaubens. Dieser erweist sich als „Konfabulation", als gemeinsam erzeugtes Imaginarium zwischen den verschiedenen Beteiligten der geschichtlichen Ereignisse. Weiträumigere Vergleiche – wie sie auch die Erzählforschung kennt – spielen hier eine größere Rolle. Wieder andere ältere Forschungen sind mit Namen wie Margaret Murray verbunden, der später ein eigenes Kapitel gewidmet ist.

Literatur: Henry Charles Lea, A History of the Inquisition of the Middle Ages. 3 Bände. New York 1988. Revised ed. London 1906 (zahlreiche Ausgaben); A History of the Inquisition of Spain. 4 Bände. New York u. London 1906–1907; Materials toward a History of Witchcraft. 3 Bände. Philadelphia 1939. Reprint New York 1957 * Über Lea: Edward Sculley Bradley, Henry Charles Lea. A Biography. Philadelphia 1931 * Über seine Sammlung: Edward Peters, Henry Charles Lea and the Libraries within a Library. The Penn Library Collections at 250 (www.library.upenn.edu/collections/rbm/mss/lea/lea-library.html 1. 6. 2012) * Eine Inhaltsangabe des genannten (leider sehr seltenen) Werkes von Hauber findet sich bei: Johann Georg Theodor Graesse, Bibliotheca Magica et Pneumatica. Leipzig 1843 = Hildesheim 1986, 118–130 * Über Summers: Marco Frenschkowski, Keine spitzen Zähne. Von der interkulturellen Vergleichbarkeit mythologischer Konzepte: das Beispiel des Vampirs. In: Julia Bertschik, Christa A. Tuczay (Hrg.), Poetische Wiedergänger. Deutschsprachige Vampirismus-Diskurse vom Mittelalter bis zur Gegenwart. Tübingen 2005, 43–59 * Die beiden größeren Studien von Summers zum Thema Hexen sind: The History of Witchcraft and Demonology. New York 1926; The Geography of Witchcraft. New York 1927. Ergänzend: The Physical Phenomena of Mysticism: with Especial Reference to the Stigmata, Divine and Diabolic. London 1950 * Dazu als populäre Seitenstücke: A Popular History of Witchcraft. London 1937; Witchcraft and Black Magic. London 1946 (jeweils zahlreiche Nachdrucke) * Dazu Übersetzungen und Texteditionen durch Summers: The Discovery of Witches: A Study of Master Matthew Hopkins … with a Reprint of The Discovery of Witches. London 1928; Ludovico Maria Sinistrari, Demoniality. London 1927; (Heinrich Kramer, James Sprenger), Malleus Maleficarum. London 1928. 2. Aufl. London 1948; Henry Boguet, An Examen of Witches … London 1929; Francesco Maria Guazzo, Compendium Maleficarum. London 1929; Nicolas Remy, Demonolatry. London 1930; Reginald Scot, The Discoverie of Witchcraft. London 1930; Madeleine Bavent, The Confessions … London 1933; Frederick Kaigh, Witchcraft and Magic in Africa. London 1947; Richard Bovet, Pandaemonium. Aldington (Kent) 1951.

NEUERE ENTWICKLUNGEN DER HEXENFORSCHUNG

Die jüngere Forschung hat all diesen Ansätzen gegenüber erhebliche Paradigmenwechsel durchgemacht. Der „cultural turn" der Kulturwissenschaften seit den 1980er Jahren hat zu einer starken Aufwertung des Marginalen, der kulturellen Alteritäten, des Nicht-Kanonischen u. ä. in der Forschung geführt. Der Kulturbegriff – und das ist die eigentliche zentrale Verschiebung in den jüngeren Kulturwissenschaften – hat seinen normativen Charakter verloren und ist zu einem rein deskriptiven Begriff geworden. Damit hat das Thema Hexen einen Legitimationsschub erfahren: es ist nun nicht mehr ein kurioses Thema am Rande, für dessen akademische Behandlung man sich entschuldigen oder rechtfertigen müsste. Tatsächlich wurde es zum Modethema (mit allen Schattenseiten einer solchen Entwicklung). Schon allein die quantitative Vermehrung der Zahl der Forscherinnen und Forscher auf dem Gebiet hat zu einem ganz erheblichen Anstieg des Niveaus der Forschung geführt.

Als ein Wendepunkt in der modernen Erforschung der Hexenverfolgung in Deutschland und Europas kann hier exemplarisch das Werk von H. C. Erik Midelfort (Jg. 1942, zuletzt Professor an der University of Virginia) gelten. Midelfort beschreibt das gesellschaftliche und kulturelle System, das die Hexenverfolgungen ins Leben rief, und führt über schlichte Opfer-Täter-Szenarien hinaus. Die Mehrheit der Bevölkerung hat vielfach die Verfolgungen auch nicht einfach nur toleriert, sondern geradezu gefordert und organisiert. Die Initiativen gingen oft weniger von speziellen fanatisierten Eliten aus, sondern tatsächlich von den Dorf- und Stadtgemeinschaften, d. h. von „unten". Je besser und autarker der Justizapparat organisiert war (wie etwa in der Kurpfalz), desto eher konnte er mäßigend auf potentielle Verfolgungen einwirken.

Speziell z. B. für das Saarland ist seitdem umfassend untersucht worden, wie Prozesse nicht „von oben nach unten", sondern „von unten nach oben", also aus der Dorfgemeinschaft und zum Teil geradezu gegen den Willen einer eher aufgeklärten Obrigkeit erzwungen werden konnten. Andernorts war es wiederum umgekehrt. Midelfort hat sich auch an Debatten wie derjenigen um die „Kleine Eiszeit" beteiligt, die einen wichtigen Beitrag zum Verständnis der Krisen leistet, in denen es zu den großen epidemischen Verfolgungen kam (dazu in Kap. 3). Überhaupt ist der weite Bereich der Ursachenforschung immer komplexer geworden. Der alte Begriff des „Hexenwahns" signalisierte ja eine gewisse Fassungslosigkeit, wie es zu der Zuspitzung der großen epidemischen Verfolgungen kommen konnte, in denen insgesamt allein in Mitteleuropa mehrere Tausend Menschen starben. Später waren Sündenbocktheorien weit verbreitet: Hexen werden verantwortlich gemacht für Unglücke, deren wahre Ursachen man nicht kennt. Solche Sichtweisen behalten ein Stück Wahrheit, werden heute aber als nicht ausreichend und zu undifferenziert gesehen. Die neuere Forschung ist also durch Orientierung an den Akten, Skepsis gegen weit ausholende Generalisierungen, sozialgeschichtliche und Genderperspektiven und Anschluss an andere Fragen der Geschichtswissenschaft ausgezeichnet.

Die wichtigste jüngere Verlagerung der Forschung dürfte darüber noch hinausgehend die Globalisierung der Fragestellung sein. Die erstaunliche Ähnlichkeit der gesellschaftlichen Inszenierung von Hexereiverdächtigungen in Europa und im Afrika der jüngsten Vergangenheit und Gegenwart war schon in den 1950er, 1960er Jahren mehrfach monographisch behandelt worden. Aber erst seit etwa den 1980er Jahren ist wirklich in den Blick gekommen, dass Hexereiverdächtigungen und Hexenprozesse ein erschreckend globales Phänomen sind, natürlich jeweils mit kulturellen Variationen (dazu in Kap. 8). Dies alles sind leicht vermehrbare Beispiele, wieviel komplexer das geschichtliche Bild gegenüber den Klischees geworden ist, mit denen wir dieses Kapitel begonnen haben.

Literatur: Hildegard Gerlach, Art. Hexe. In: Enzyklopädie des Märchens 6 (1990), 960–992 * H. C. Erik Midelfort, Witch Hunting in Southwestern Germany, 1562–1684: The Social and Intellectual Foundations. Stanford, CA 1972; ders., „Melancholische Eiszeit?". In: Wolfgang Behringer, Hartmut Lehmann und Christian Pfister (Hrg.), Kulturelle Konsequenzen der 'Kleinen Eiszeit'. Göttingen 2005, 239–254 * Hexenverfolgungen im Saarland: Eva Labouvie, Verbotene Künste. Volksmagie und ländlicher Aberglaube in den Dorfgemeinden des Saarraumes (16.–19. Jahrhundert). St. Ingbert 1992; dies., Zauberei und Hexenwerk. Ländlicher Hexenglaube in der frühen Neuzeit. Frankfurt a. M. 1991 * Wolfgang Behringer, Witches and Witch Hunts. A Global History. Cambridge 2004 * Peter G. Maxwell-Stuart, Witchcraft: A History. Stroud 2000 * John Demos, The Enemy Within. New York 2008.

2. Malefica: die Hexe in der Antike

Hexen in griechischen und lateinischen Überlieferungen

Im Gegensatz zu der irrigen Vorstellung, das „Hexen-bild" sei in erster Linie eine christliche Erfindung, steht es tatsächlich in fast allen seinen Elementen bereits in vor-christlicher Zeit fest (abgesehen v. a. von der Teufelspakt-idee, die ausschließlich christlich ist). Prägend für die euro-päische Tradition ist in erster Linie die lateinische Literatur der frühen Kaiserzeit, zu deren festem Figurenrepertoire die böse, übeltätige Hexe gehört („malefica", Übeltäterin im Sinne von Schadenszauberin, daneben andere Benennun-gen wie „strix", Eule, Hexe). Sie ist allerdings eine antiso-ziale Einzelgängerin – allenfalls findet sie sich mit ein oder zwei Kolleginnen zusammen. Ihre Zeit ist die Nacht, ihr Ort das „Draußen" vor den Türen der Zivilisation: die Ödnis, der Wald, der einsame Berg, die Höhle (die mit chthonisch-mütterlichen Räumen verbindet), der Bereich der Toten (der Friedhof, die Richtstätten). Sie ist eine wilde Figur, die für sich selbst oder einzelne Klienten, die mit Schaudern zu ihr kommen, zaubert. Sie geht um mit Zauberkräutern, Salben und Tinkturen und steht damit immer ganz dicht an der Giftmischerin. Sie ist eine Kennerin geheimer Sprüche und Lieder („carmina"), in denen große Macht liegt. Als Verehre-rin der chthonischen Mächte, der Unterweltgötter, der gro-ßen Zaubergöttin Hekate steht sie auch für einen eigenen Bereich antiker Religion. Sie ist den Toten nahe: und bricht damit zahlreiche gesellschaftliche Tabus, indem sie mit Blut, Leichen, Hinrichtungen zu schaffen hat. Faszination und Schrecken gehen Hand in Hand, wenn man ihr begegnet.

Sie ist damit aber nur ein Ausschnitt aus dem breiten antiken Magie-Imaginarium. Magie – in sehr unterschiedli-chen Bedeutungen des Wortes – findet ihren sozialen Ort an vielen Stellen des gesellschaftlichen Spektrums. In unserer Literatur ist die Hexe vor allem literarische Figur. Wir können nur mit großen Fragezeichen aus den literarisch geschilderten Ritualen auf die tatsächliche magische Praxis antiker Menschen schließen. Für diese besitzen wir allerdings auch andere Quellen, etwa das große Corpus der in Ägypten gefundenen Zauberpapyri in griechischer, demotischer und koptischer Sprache, oder aus dem mesopotamischen Raum die beschrifteten „Zauberschalen" in aramäischer Sprache. Diese erlauben aber nur für begrenzte Zeiten und Räume einen Einblick in die „reale" praktizierte Magie. (Die Zauberpapyri stammen aus dem 2.–5. Jhdt. und nur aus Ägypten, die Zauberschalen aus dem 4.–7. Jhdt. und vor allem aus dem Irak; daneben gibt es natürlich noch andere authentische Quellen antiker Magie). Sehr auffällig ist insbesondere, dass unsere Erzähltexte ausführlich von weiblichen Hexen berichten, unsere „realen" magischen Texte aber, wenn es etwa um erotische Dinge geht, offenbar fast ausschließlich aus männlicher Perspektive geschrieben sind (insbesondere die Zauberpapyri). Das Bild der Hexe ist also ein Projektionsphänomen. Es spiegelt nicht einfach volkstümliche magische Praktiken (die es natürlich auch gegeben hat, und die eigener Untersuchung bedürfen). Uns interessiert hier weniger die tatsächliche antike Volksmagie, weil in der Zeit der frühneuzeitlichen Hexenverfolgungen eben in erster Linie literarische Figuren und Szenen nachwirken.

Die Hexe der lateinischen Literatur hat natürlich ihrerseits eine Vorgeschichte, in erster Linie in der griechischen Literatur, welche die kulturelle Basis Europas bildet. Die epische Tradition weiß von Frauen zu berichten, die magische Kräfte besitzen, und diese unheilvoll-gefährlich einsetzen. Diese Frauen sind aber mythische Figuren und oft göttlicher Abstammung. Kirke (lateinisch Circe; daher das Verb „becircen") lebt tief im Wald in einem einsamen Haus, um das zahme Wölfe und Löwen herumstreunen – durch ihren Zauber in Tiere verwandelte Menschen. Als Gefährten des Odysseus auf sie stoßen, werden sie bis auf den zurückhaltenden und skeptischen Eurylochus in Schweine verwandelt. Dieser kann Odysseus warnen, der eilen will seine Männer zu retten. Der Gott Hermes rät Odysseus, das Zauberkraut Moly zu verwenden, das ihn gegen die Magie der Kirke immunisiere, und so gelingt es dem Helden, Kirke zu zwingen, seine Männer zurückzuverwandeln.

Diese epische Erzählung Homers (Odyssee, 10. Gesang) geht offenbar auf ein altes Volksmärchen zurück, das mit unserem „Hänsel und Gretel" verwandt ist, wenn auch in „erwachsenerer" Form. Kirke ist mehr Hexe als Göttin (obwohl Homer sie *thea* „Göttin" nennt); in Parallelen der Geschichte (wie sie etwa in Indien in größerer Zahl bezeugt sind) wird deutlicher betont, dass sie die in Tiere verwandelten Männer dann auffrisst. Bei Homer – einem Dichter der spätarchaischen Feudalgesellschaft – liegt der Ton eher auf der Faszination der dämonischen Frau, die schon ein wenig Züge einer Femme fatale hat. Zwar wird Odysseus nicht verwandelt, aber er erliegt doch dem Charme der Hexe und verbringt ein Jahr in ihrem Haus. Als sein Heimweh zu groß wird, rät ihm Kirke, in der Unterwelt den Schatten des Sehers Teiresias aufzusuchen, der ihm den Weg in seine Heimat Ithaka zurückweisen könne, und gibt ihm noch weitere nützliche Ratschläge, so wie er unbeschadet dem Gesang der Sirenen entkommen kann. Sie ist also nicht „böse", mehr numinos-gefährlich.

Um den Blick en passant auf ein Detail zu richten: von sprachwissenschaftlichem und botanischem Interesse ist das Antizauberkraut Moly, das Odysseus zum Schutz gegen Kirkes Verwandlungszauber benutzt. Spätere antike Autoren (Theophrast, Plinius der Ältere) erwähnen es auch und beweisen, dass es mit einer realen Pflanze identifiziert wurde. Da es eine schwarze Wurzel und milchweiße Blüten hat, wollte man u. a. an das Schneeglöckchen (Galanthis nivalis L.) denken, dessen Galantaminanteil anticholinergen Vergiftungen entgegenwirken kann, was einige mit dem Zauber der Kirke verbinden wollen. Die antiken Angaben sind aber zu vage-phantastisch, als dass solche Erklärungen wirklich überzeugen könnten. Bemerkenswert ist immerhin, dass der offenbar uralte Name Moly vorgriechisch ist (die Wortformation ist nichtgriechisch). Julius Pokorny hat etymologisch mit dem Sanskrit-Wort mūla (n.) „Wurzel, Basis" verglichen (davon mūla-karman „mit Wurzeln Zauberei betreibend"), aber auch diese Beziehung ist nicht sicher. Moly ist vielleicht ein altes Wanderwort der mediterranen Welt. Das ähnliche Wort „molyza" meint griechisch eine Knoblauchart, was Theophrast auch von „moly" behauptet. Und Knoblauch ist natürlich ein altes apotropäisches (dämonenabwehrendes) Mittel, nicht erst im Vampirglauben, in dem es zum Klischee abgesunken ist. Ob man deuten darf, dass die Heftigkeit des Geruchs einen „Realitätsschub" erzeugt, der Gespenster verscheucht? Die Wirkung würde dann eher auf den Benutzer der Pflanze ausgehen als auf den „Dämon". Aber es ist kaum wirklich nachprüfbar, warum bestimmten Pflanzen magische Wirkungen nachgesagt wurden.

Für die abendländische Kulturgeschichte wurde Kirke zum Urbild der zauberkundigen „gefährlichen" Frau, die mit Kräutern und Wurzeln arbeitet, und in einem numinosen Zwischenraum zwischen göttlicher und dämonischer Welt existiert.

Eine mit Kirke vergleichbare Figur ist Medeia aus der Argonautensage (latinisiert Medea). Sie ist eine Tochter des Königs Aietes von Kolchis (am Ostrande des Schwarzen Meeres). Als Jason das von einem Drachen bewachte Goldene Vlies holen soll, auf dessen Rücken dereinst Phrixos und Helle vor den Nachstellungen ihrer Stiefmutter nach Kolchis geflohen waren, kreuzen sich ihrer beider Wege. Aietes will Jason das Vlies nur überlassen, wenn er dessen Hüter, einen Drachen, töte, und diverse phantastisch-rätselhafte Aufgaben löse. So soll er mit feuerschnaubenden Stieren ein großes Feld pflügen, in dieses die Zähne des Drachen ausstreuen, und jene Männer besiegen, die dann aus den Drachenzähnen erwachsen würden. Das Ganze ist eine magisch-märchenhafte Erzählung. Die Aufgaben haben Züge einer magisch-kriegerischen Initiation. Jason kann sie lösen, weil Medeia in Liebe zu ihm entbrannt ist, und ihm mit ihren magischen Künsten beisteht. Damit muss sie aber Vater und Heimat verlassen. Sie flieht mit Jason nach Iolkos, in das Königreich von Jasons Vater Aison. Diesen macht sie auf magischem Wege wieder zu einem jungen Mann, indem sie ihn zerstückelt und mit magischen Kräutern zusammen in einem Kessel kocht. Der Kessel als Utensil der Hexe ist also bereits antik; auch die keltische Überlieferung kennt Zauberkessel, in denen Menschen gekocht, verjüngt und wieder zum Leben gebracht werden. (Auch Zauberstab und in ersten Ansätzen der Zauberkreis sind bereits antik, und werden im christlichen Traditum nur übernommen). Die Töchter des Pelias, der einst an Jasons Familie schweres Unrecht begangen hatte, werden von ihr dazu gebracht, mit ihrem Vater das Gleiche zu versuchen. Aber Medeia betrügt sie aus Rache mit falschen Kräutern: und ihr Vater bleibt tot. Damit wird ihr „gefährlicher", dämonischer Charakter sichtbar. Aus Furcht vor weiterer Rache flieht sie mit Jason nach Korinth zum König Kreon. Dort aber verlässt Jason sie und heiratet Kreons Tochter Glauke (in manchen Überlieferungen heißt sie Kreusa). Medeia nimmt nun auch hier fürchterliche Rache. Sie lässt Jasons Frau ein vergiftetes Gewand und Diadem zukommen, durch welche diese wie von einem Feuer verzehrt wird. (Man beachte wieder die Nähe der Zauberin zur Giftmischerin). In der Theaterfassung des Euripides tötet sie auch ihre eigenen Kinder mit Jason; wir wissen aber nicht, ob dieser Zug schon zur alten Überlieferung gehörte. Wir können die Medeia-Sage nicht in allen ihren Entwicklungen in den Blick nehmen. Wie viele griechische Sagenstoffe hat sie tragische Elemente. Teil des europäischen Bildungserbes wurde Medeia durch literarische Gestaltungen, vor allem das Drama des Euripides (5. Jhdt. v. Chr.), in dem Medeia als leidenschaftliche, dann aber kühl planende Rächerin ihrer verletzten Ehre erscheint, sowie durch das davon abhängige (im Mittelalter bekanntere) Theaterstück „Medea" des jüngeren Seneca. Der Flammenzauber der Medea wird ausführlich geschildert, in dem Glauke und auch ihr Vater König Kreon auf dem Hochzeitsfest verbrennen. Für den stoischen Philosophen Seneca ist Medea der Typ der völlig von ihren Affekten beherrschten Frau, deren Rachedurst eine ganze Familie ins Verderben stürzt.

Uns interessiert hier aber weniger die Geschichte, sondern die Figur der Medea und das magische Instrumentarium, das sie umgibt. Sie hat Macht: und nutzt diese zum Unheil. Hexerei ist hier bereits ansatzweise eine geheime Macht der Frau: und wieder werden wir damit konfrontiert, dass wichtige Bausteine des christlichen Hexenbildes in Wahrheit einfach antik sind.

Noch stärker im Vorfeld der frühneuzeitlichen Hexe bewegen wir uns mit lateinischen Texten der späten Republik und frühen Kaiserzeit. Horaz (65–8 v. Chr.), ein Dichter der augusteischen Epoche, schildert in seiner 5. Epode (eine deutsche Übersetzung ist diesem Buch als Anhang beigegeben) das gräuliche Werk der Canidia, einer Hexe. Der Leser des horazischen Gedichtes kennt sie auch aus Sat. 1, 8 (und anderen Texten), wo sie mit ihrer Hexenfreundin Sagana auf dem Esquilin nach Knochen gräbt; das hat noch eher komische Züge. Anders die 5. Epode, die eine extrem makabre Evokation maximaler Tabubrüche ist. Mit ihren Mithexen Sagana, Veia und Folia hat sie einen freigeborenen Jungen entführt. Aus seiner Leber und seinen Knochen will sie einen Liebestrank brauen, um ihren Geliebten Varus zurückzugewinnen. Dazu wird der Knabe bis zum Hals vergraben, Speisen vor Augen, die er nicht erreichen kann. Die Hexen sehen ihm bei seinem Hungertod zu. Dieser Tod soll ihm gewissermaßen seine Lebensenergie rauben und diese für die Hexen verfügbar machen. Der Knabe aber spricht einen massiven Fluch gegen sie; damit endet das Gedicht. Das Hexenwerk ist hier eine Imagination maximaler Tabuverletzung. Das Ziel, der Liebeszauber, wird ganz übermalt von der makabren Intensität der Szene. Auch in Epode 17 begegnet uns noch einmal Canidia. Ein ungenannter Sprecher beschreibt hier seine Qualen, die durch den Zauber der Hexe ausgelöst sind, und bittet diese um Erlösung, die er aber nicht erfährt. Die Hexe als „unerbittliche" Frau: das alles ist ohne Frage männliche Fantasie. Ob hinter Canidia eine reale Person stehen mag? Man hat in der Spätantike (Pomponius Porphyrio, 3. Jhdt.) von einer aus Neapel stammenden Apothekerin Gratidia gesprochen (die prosodisch, also für das Versmaß, mit Canidia identisch ist). Aber wie verlässlich eine solche Überlieferung sein könnte, entzieht sich unserer Kenntnis.

Eine andere Hexe der lateinischen Literatur ist Erictho (oft auch Erichtho geschrieben). Lukan (Senecas Neffe Marcus Annaeus Lucanus), den Kaiser Nero wegen seiner Beteiligung an der Pisionischen Verschwörung 65 n. Chr. zum Selbstmord zwang, schildert in seinem epischen Gedicht „Bellum civile" (auch: „Pharsalia"), wie Sextus Pompeius, der jüngere Sohn des großen Cäsargegners, am Vorabend der Schlacht von Pharsalus den Rat der Hexe sucht. Die Szene erinnert insofern ein wenig an Saul und die Hexe von Endor (s. u.), ist aber mit einer makabren Intensität gestaltet, die in der antiken Literatur kaum Parallelen hat. Ericto (nur ihre Schilderung haben wir im Anhang abgedruckt) vollzieht eine Nekromantie, eine Totenbeschwörung an einem toten Soldaten. Wie immer in solchen Szenen wissen die Toten mehr als die Lebenden. Lukan hat sein Epos unter Verzicht auf jeden „Götterapparat" geschaffen, wie ihn sonst antike Epen aufweisen. Die Magieszene gehört also eher in das Imaginarium sich zersetzender Ordnungen, chaotischer Bedrohungen des Imperiums, wie sie das Thema des Gedichtes sind. Es geht ja insgesamt um den großen Bürgerkrieg zwischen Cäsar und Pompeius. Da Lukan im Mittelalter als einer der größten Dichter galt und mit Vergil in einem Atemzug genannt wurde, war diese Szene sehr viel einflussreicher als man heute vermuten könnte, da Lukan fast nur noch von Latinisten gelesen wird.

Die Gestalt der Erictho hat zumindest drei Quellen. Viel von ihrer äußerlichen Erscheinung verdankt sie Vergils Furie Allecto (Aeneis 7, 324 u. ö.), anderes der Lamia, die als blutsaugende, menschenfressende Schlange imaginiert werden kann, welche zum Verderben der Männer zuweilen in Frauengestalt auftritt. Das Leben bei den Gräbern, die Leichenblässe ihrer Haut, ihre Unverträglichkeit der Sonne gegenüber, ihr Kannibalismus sind solche traditionellen Züge Ericthos. Auch ist sie ein Gegenbild zu Vergils Sibylle (Aeneis 6), welche Aeneas die große Zukunft der Stadt Rom

vorhersagt und ihn von Cumae aus in die Unterwelt hinab-
führt.

Und bringen wir rasch noch eine dritte Hexe der lateinischen Literatur zur Sprache. In Apuleius´ Roman „Metamorphosen" (auch „Der goldene Esel", wie ihn zuerst Augustin
nannte) begegnen wir einem jungen Mann, den die Neugier
nach Magie, Geheimnissen und okkulten Erlebnissen nach
Thessalien treibt, dem traditionellen Land der Hexen. Dort
lebt er im Haus einer reichen Dame Pamphile, die, wie es
sich ergibt, eben eine solche Hexe ist. Neugier ist der Motor
des Geschehens: wie später im christlichen „curiositas"-Be-
griff ist sie eher eine problematische Sache. Mit Hilfe einer
Dienerin schleicht er sich des Nachts in ihre Kammer, um sie
bei ihrem Hexenwerk auszuspähen: „Sobald es Nacht war,
holt sie mich ab und führt mich leisen, unhörbaren Tritts
hinauf an die Erkerstube. Da zeigt sie mir eine verborgene
Ritze in der Tür und läßt mich hindurchgucken, wo ich denn
folgendes sah: Allererst zieht sich Pamphile fasernackt aus.
Nachher schließt sie eine Lade auf, woraus sie verschiedene Büchschen nimmt. Eines von diesen Büchschen öffnet
sie und holt daraus eine Salbe, die sie so lange zwischen
beiden Händen reibt, bis sie völlig zergangen ist, alsdann
beschmiert sie sich damit von der Ferse bis zum Scheitel.
Nun hält sie ein langes, heimliches Gespräch mit ihrer Lam-
pe. Darauf schüttelt und rüttelt sie alle ihre Glieder. Diese
sind nicht sobald in wallender Bewegung, als daraus schon
weicher Flaum hervortreibt. In einem Augenblick sind auch
starke Schwungfedern gewachsen, hornicht und krumm ist
die Nase; die Füße sind in Krallen zusammengezogen. Da
steht Pamphile als Uhu! Sie erhebt ein gräßliches Gekräch-
ze und hüpft zum Versuche am Boden hin. Endlich hebt
sie sich auf ihren Flügeln in die Höhe und in vollem Fluge
hinaus zum Erker! Also ward Pamphile vorsätzlicherweise
durch ihre magische Wissenschaft verwandelt. Sonder Zauber aber und vor bloßem Wunder über das Gesehene wußte
ich nicht, was aus mir geworden war. Die Haare standen mir
auf dem Kopfe zu Berge, ohne alle Besinnung phantasier-
te ich. Ich rieb mir lange Zeit die Augen und fragte, ob ich

wirklich wache." (Metamorphosen 3, 21 nach der alten Übersetzung von August Rode, Berlin 1783). Die Sache nimmt
allerdings ein böses Ende. Der Erzähler will es der Hexe
gleichtun und vergreift sich an den Salben der Pamphile.
Dabei aber kommt es zu einer Verwechslung, und er wird in
einen Esel verwandelt. Aus der Sehnsucht des Helden, doch
wieder seine menschliche Gestalt zu erlangen, ergeben sich
die zahlreichen Verwicklungen des Romans. Dieser verbindet religiöse, humoristische, philosophische und erotische
Elemente, und stellt im Genre eines Abenteuerromans den
Reifungsprozess einer Seele dar. Insofern kann man fragen,
ob die böse Hexe, die dies alles auslöst, im Letzten wirklich
böse ist – oder nicht gar eine Botin der großen Göttin Isis,
welche den Helden schließlich wieder zu einem Menschen
macht. Die Hexe wäre dann der dunkel-initiatorische Schatten der Isis. Dieser Interpretationsansatz muss hier nicht
vertieft werden. Für uns ist die Hexe des nordafrikanischen
Autors Apuleius (2. Jhdt. n. Chr.) ein weiteres Beispiel für
ein stabiles Imaginarium, welches das Christentum wie so
vieles andere aus der Antike einfach übernommen hat. Das
Motiv des Hexenfluges (mit Vogelverwandlung, die später
meist fehlt) hat hier eine frühe Gestalt angenommen. Ein ab-
schließendes Wort noch zu Thessalien als Land der Hexen:
Genderklischees und ethnische Zuweisungen können sich
verbinden. So waren in Rom auch die sabellischen Frauen
als Zauberinnen und Wahrsagerinnen berüchtigt (Horaz sat.
1, 9, 29s.). Aber Thessalien als Land der Hexen blieb bis in
die Neuzeit Teil des Bildungswissens.

Mit diesen im europäischen Mittelalter wohlbekannten
Texten werden zwei unserer o. g. Klischees leicht widerlegt:
das Hexenimaginarium als etwas in erster Linie Christli-
ches, und das Mittelalter als eine erste Zeit besonderer He-
xengläubigkeit. Hexengläubig war die Antike auch – aber
wie stand es im realen Leben mit Verdächtigungen und Prozessen?

Magiefurcht – Magieprozesse

Im Kontext der sozialen und religiösen Umstrukturierungen des römischen Imperiums im 4. Jhdt. kommt es zu ersten Prozesslawinen wegen Magie. Opfer dieser Prozesse waren aber nach allem, was wir sehen können, eher Männer als Frauen; doch sind quantative Aussagen nicht möglich. Diese Vorgänge, die wir vor allem aus dem Bericht des Ammianus Marcellinus (um 330–nach 395) kennen, eines der letzten großen Historikers der Antike, sind mit gutem Grund als ein erstes Beispiel der Dynamiken beschrieben worden, die dann später als Hexenverfolgungen in Erscheinung treten (so etwa Wolfgang Behringer). Etwa zwischen 350 und 380 n. Chr. fürchtet die römische Oberschicht offenbar in zunehmendem Maße Magie als gegen sie gerichtete Aktivität. Magier werden als „magische Attentäter" fantasiert, und auch vor Gericht gebracht. Offenbar gab es einen größeren Bedarf an „Schuldigen", als ihn die herkömmlichen gesellschaftlichen Verarbeitungsmechanismen bieten konnten.

Aufschlussreich ist ein Blick in die Rechtsgeschichte, der wir uns hier einmal kurz zuwenden. Viele, ja die meisten antiken Gesellschaften kennen ein Konzept illegitimen Zaubers, der oft auch Gegenstand strafrechtlicher Verfolgung ist. Schon in Mesopotamien spielt die Hexe als dämonisierte Schadenszauberin eine größere Rolle als der männliche Zauberer (den es aber auch gibt). Die „neubabylonischen Gesetze" (§ 7) stellen bestimmte Formen weiblicher Magie unter Strafe. In hethitischen Texten ist SALŠU.GI die „alte Frau" die Schadenszauberin schlechthin (genaue Nachweise bei Frenschkowski, Magie). Als König Amasis nicht mit seiner Frau verkehren kann, verdächtigt er sie sofort der Magie (Hdt. 2, 181). (Zum Hexenglauben im antiken Judentum s. unten). Inhaltlich wird illegitime Magie jedoch sehr unterschiedlich und oft nur vage abgegrenzt; zu tatsächlichen Strafverfolgungen ist es in klassischer Zeit in Griechenland offenbar nur gelegentlich gekommen. Im Rom der Frühzeit

stellt bereits das XII-Tafel-Gesetz „qui malum carmen in-
cantassit" (wer ein böses Zauberlied singt) und „qui fruges
excantassit ... neue alienam segetem pellexeris" (wer Feld-
früchte von einem Feld zum anderen durch Zaubersprüche
wegzaubert) unter Strafe (genaue Belege wieder bei Frenschkowski, Magie). Ersteres wurde im Laufe der Jahre als Gesetz gegen Schmähungen umgedeutet, letzteres meint einen
altertümlichen Ernteanlockungszauber. Sullas Lex Cornelia
de sicariis et veneficiis 5 von 81 v. Chr. richtet sich u. a. gegen
Vergiftung, worunter magische Tränke fallen. Im 1. Jhdt. n.
Chr. hören wir dann in Rom von etwa zehn Prozessen, bei
denen „magicae superstitiones" (magischer Aberglauben)
zur Anklage kommen (Hauptquelle ist Tacitus). Aber was
ist damit jeweils genau gemeint?

Ein frühkaiserzeitliches Senatus consultum sieht Minenar-
beit für Humiliores (Menschen der Unterschicht), Relegation
auf eine Insel und Vermögenskonfiskation für Honestiores
(Menschen der Oberschicht) bei Handel mit Aphrodisiaka
und anderen volksmagischen, z. B. empfängnisverhütenden
Mitteln vor. Ebenfalls kaiserzeitlich wird nach den Diges-
ten für Zauberei und mala sacrificia (mag. Menschenopfer)
Kreuzigung für Humiliores verhängt, während Honestiores
geköpft werden sollen. Ein Reskript Marc Aurels richtet sich
gegen Schadenzauber, wofür wieder Inselrelegation verhängt wird, also Verbannung, nicht Tod. Kriminalisiert wird
also die schadenbringende Magie, nicht etwa alles das, was
wir heute vielleicht Magie nennen würden. In Griechenland
verwehrt das Sakralgesetz von Philadelphia (1. Jhdt. v. Chr.)
den Zugang zum Heiligtum jenen, die Schadenzaubersprü-
che gebrauchen oder erlernen.

Manche philosophische Tradition riet zur Strafverfolgung
der Magie (Platon, resp. 364C; leg. 909B. 933CD). Auch wo
die Magie explizit verteidigt wird, geschieht dies nicht ohne
rechtliche Probleme, wie wir aus dem Prozess des Apuleius
wissen (dem Verfasser des o. g. „Goldenen Esels"). Dieser
war (Mitte des 2. Jhdts. n. Chr.) angeklagt worden, eine reiche Witwe mit magischen Mitteln umworben und geheiratet
zu haben. Seine lange Verteidigungsrede ist einer der inter-

47

essantesten antiken Texte über Magievorstellungen („Apologia sive de magia"). Sie gibt sehr gut Magieverdächtigungen als Vehikel sozialer Asymmetrien zu erkennen. Sozialneid ist hier offenbar der Motor der Verdächtigung.

Regional begrenzte Aktionen einer Verfolgung der Magie waren vermutlich häufiger als die gelegentlichen Zeugnisse verraten. 198/99 n. Chr. reagiert der Präfekt von Ägypten Q. Aemilius Saturninus auf sich häufende Betrugsdelikte im Zaubereikontext mit einem weitgehenden Verbot magischer und v. a. mantischer (wahrsagerischer) Praktiken, das sogar Teile des öffentlichen Götterkultes betrifft und bei Nichtbefolgung die Todesstrafe androht. Im Allgemeinen haben Praktizierende der Magie im 2./3. Jhdt. jedoch keine Angst vor Strafverfolgung, wie ihr buntes Treiben auf dem Markt zeigt. Im 3. Jhdt. schildert Origenes c. Cels. 1, 68 dieses (nach Kelsos) als Mischung aus Zauberei, Wahrsagung, Bühnenzauber, Illusionismus (auch Hypnose scheint es gegeben zu haben), Exorzismen, Volksmedizin und allerlei technischen Spielereien (vgl. Frenschkowski, Religion auf dem Markt). Auch die reichlich erhaltenen Zauberpapyri (2.–5. Jhdt.) demonstrieren keine Furcht vor staatlichen Behörden. Dennoch begegnen vielfach Delegitimierungen der Magie: So versucht die pagane römische Oberschicht noch im 4. Jhdt., diese als „unrömisch" auszugrenzen.

Umstritten in der Forschung ist, ob man von einer Verschärfung der Magiegesetzgebung in christlicher Zeit sprechen kann, was heute im Gegensatz zur älteren Forschung oft verneint wird. In jedem Fall ist mit großen regionalen und zeitlichen Unterschieden der juristischen Praxis selbst bei gleicher Rechtslage zu rechnen. Ende des 3. Jhdts. (Ps.-Paul. sent. 5, 29 (23), 17f.) werden in einer sehr weitgehenden Regelung bereits der Besitz magischer Schriften, die Übermittlung magischen Wissens und die Mitwisserschaft an schadenzauberischen Ritualen mit Kreuzigung oder Hinrichtung durch wilde Tiere bedroht (Inselrelegation bei bloßem Besitz von Zauberbüchern für Honestiores). Der professionelle Magier selbst solle verbrannt werden. Es ist wichtig, dass solche Bestimmungen, die gerne als charakteristisch für die späteren Hexenverfolgungen gelten, Teil der vorchristlichen römischen Rechtstradition sind. Da die Zauberpapyri jedoch keinerlei Spuren einer Angst vor Strafverfolgung zeigen, ist die Umsetzung dieser Vorschriften eher fraglich. Offenbar kommt es im 4. Jhdt. zu einem gesteigerten Interesse der Jurisprudenz am Thema. Vorbild für spätere Gesetzgebung wird Diokletians Verbot der Astrologen 294 n. Chr. und der Manichäer 291 n. Chr., das die christlichen Kaiser übernehmen. Diokletian hatte die fremde Religion des Manichäismus mit maleficium (Schadenzauber) gleichgesetzt, und das Verlassen der angestammten römischen Religion überhaupt zum Verbrechen erklärt. Ein späteres Magieverbot Konstantins, des ersten christlichen Kaisers, von 319 n. Chr. nahm noch Medizinisches und schlichte Bauernsuperstition von den Verboten aus. Schon bei Kaiser Valentinian kündigt sich 364 die faktische Gleichsetzung von Heidentum, Magie, Divination und Opferwesen der späteren Gesetze an. Im 5. Jhdt. wurden dann vor allem auch die Bischöfe in die staatlichen Aktionen gegen Magie, Heidentum und Wahrsagung einbezogen und zu eigenem Vorgehen ermächtigt.

Vor diesem allgemeinen Hintergrund sind nun auch die gerichtlichen Schritte gegen angebliche Magier und Schadenszauberinnen in der zweiten Hälfte des 4. Jhdts. zu verstehen, die uns wie gesagt v. a. der römische Historiker Ammianus Marcellinus schildert. Ammianus ist entsetzt über die Leichtigkeit, mit der Magieanschuldigungen Glauben finden (16, 8, 1; 19, 12, 14 u. ö.). Er beobachtet auch bereits ein Anwachsen der Zahl von gegen Frauen gerichteten Verdächtigungen unter Valentinian I. (28, 1), der von 364–375 römischer Kaiser war. Andere wenig jüngere Rechtsquellen schweigen dann wieder ganz von dem Thema. Offenbar haben wir mit einer Heiden wie Christen gleichermaßen umfassenden Dynamik zu tun, die sich im 4. Jhdt. aber erst in Ansätzen entfalten kann.

Zumindest zeitweise resultiert jedoch eine große Angst, mit Magie in Verbindung gebracht zu werden: Als der christliche Prediger Johannes Chrysostomus mit einem Freund am Fluß Orontes bei Antiochien ein im Wasser treibendes

Zauberbuch herauszieht, erscheinen zufällig Soldaten. Nur rasches Verstecken des Buches, das sie danach wieder ins Wasser warfen, rettet ihnen das Leben. Ein Zauberer hatte versucht, sich des gefährlichen Indizes auf diese Weise zu entledigen, wurde jedoch später überführt und hingerichtet. Scharfer Kritiker der Prozesse ist wiederum Ammianus Marcellinus, der auch von der Angst der Bevölkerung vor Magieanklagen wegen Kleinigkeiten spricht (16, 8, 1; mit der Notiz, dass viele nicht einmal erfuhren, wer sie angeklagt hatte).

Auch zu systematischen Hausdurchsuchungen nach Zauberbüchern und ihrer öffentlichen Verbrennung ist es im späteren 4. und 5. Jhdt. mehrfach gekommen, und um 490 hören wir dann von einem Skandal um den Besitz magischer Bücher unter Beiruter Rechtsstudenten (alle Belege bei Frenschkowski, Magie). Marcus Diaconus erzählt, wie Bischof Porphyrios von Gaza (Palästina) um 400 bei seinem Vernichtungszug gegen alle materiellen Relikte des Heidentums seine Schergen auch in die Privathäuser eindringen und alle Bücher mit „gesetzlosen Riten" vernichten ließ. Magie als eine Lebensform des Heidentums wird vollständig kriminalisiert, und dient außerdem zunehmend der innerchristlichen Ausgrenzung. Christlichen Häretikern wird, von Priscillian (gest. 385) angefangen, gerne ein Zusammenhang mit böser Magie nachgesagt. Das sollte sich bis in die Neuzeit durchhalten. Zugleich monopolisierte sich die entstehende katholische Kirche. Mit dem Edikt von Thessalonike 380 n. Chr. wurde nichtkatholischen Formen des Christentums die Führung des Namens „Kirche" untersagt, und alle Ausübung paganer Religion (allen voran das Opferwesen und die Wahrsagung) wurde im späten 4. Jhdt. sukzessive verboten. (Dennoch gibt es im 5. Jhdt. noch Heiden im römischen Gebiet, aber ihre Religion wurde von Staats wegen „privat"). Das Thema Magie bleibt als Kriminalisierungslabel präsent. Im Prozess gegen den Philosophen und Staatsmann Boethius 524 n. Chr. spielt der Magievorwurf eine Rolle, und am Hofe des byzantinischen Kaisers Justinian (Kaiser 527–565 n. Chr.) gingen zahlreiche

Magieverdächtigungen um, die sich v. a. gegen Antonina, die Frau des Generals Belisar und gegen Kaiserin Theodora selbst richteten.

Der Übergang zum Mittelalter ist ein fließender. In der fränkischen Geschichtsschreibung erscheinen etwa westgotische Fürstinnen regelmäßig als magische Giftmischerinnen usw. Vor allem dient die Magiegesetzgebung der gemeinsamen Unterdrückung von Paganismus und Häresie, wie bereits sichtbar wurde. Magieverdächtigungen können freilich auch Ausdrucksmöglichkeit für eine Infragestellung vorfindlicher Machtstrukturen werden, was nicht übersehen werden sollte: sie funktionieren in verschiedene Richtungen des Gemeinwesens. Dazu genauer in Kap. 3.

Literatur: Bengt Ankarloo, Stuart Clark (Hrg.), Witchcraft and Magic in Europe: Ancient Greece and Rome. Philadelphia 1999 * Fritz Graf, Gottesnähe und Schadenzauber. Die Magie in der griechisch-römischen Antike. München 1996 * Theodor Hopfner, Griechisch-ägyptischer Offenbarungszauber. 3 Bände. Neuausgabe Amsterdam u. a. 1974–1990 (zuerst in 2 Bd. Leipzig 1921–1924; unentbehrliches Standardwerk); ders., Art. Mageia. In: Paulys Realencyclopädie der classischen Altertumswissenschaft 14/1 (1928), 301–393 * Naomi Janowitz, Icons of Power: Ritual Practices in Late Antiquity. University Park, Penn. 2002; dies., Magic in the Roman World. London 2001 * Thesaurus Cultus et rituum antiquorum (ThesCRA) 3: Divination Prayer Veneration Hikesia Asylia Oath Malediction Profanation Magic Rituals. Los Angeles 2005 (grundlegende Übersicht über magische Riten in der Antike) * Marco Frenschkowski, Art. Magie. In: Reallexikon für Antike und Christentum 23 (2010), 857–957; ders., Zaubersprüche. Linguistische und sprachpsychologische Beobachtungen zur spätantiken griechischen und römischen Magie, Annali di storia dell'esegesi 24 (2007), 323–366; ders., Religion auf dem Markt. Schlangenbeschwörer, Traumdeuter, inspirierte Bauchredner als Träger „abgesunkener" Religion in paganer und christlicher Antike. Ein Beitrag zur Sozialgeschichte religiöser Berufe. In: Manfred Hutter, Wassilios Klein u. Ulrich Vollmer (Hrg.), Hairesis. Festschrift für Karl Hoheisel zum 65. Geburtstag. Münster (Westfalen) 2002, 140–158 * Klaus Thraede, Art. Hexe. In: Reallexikon für Antike und Christentum 14 (1988), 1269–1276 * Georg Luck, Arcana mundi. Magic and the Occult in the Greek and Roman Worlds. Baltimore 1985, Neuausgabe 2006 (Textsammlung).

Hexen in der biblisch-alttestamentlichen und jüdischen Überlieferung

Was haben nun Judentum und Christentum zu diesem Bild beigetragen? Wir beginnen mit einigen jüdischen Traditionen, um das Christentum stärker im folgenden Kapitel in den Blick zu nehmen. Es ist vor allem ein kleiner Vers des Alten Testaments, der sich hier als unheilvoller Verstärker ausgewirkt hat. Ex. 22, 17 steht: „Eine Hexe sollst Du nicht am Leben lassen" (hebr.: Mekaschschefá lo techajä). Gemeint war wohl ursprünglich ein wahrsagendes Trancemedium im Dienst der heidnischen Götter. Schon die Septuaginta, die griechische Fassung des Alten Testaments, ersetzt die sehr auffällige Fem. Sg.-Form durch einen Mask. Pl. (pharmakūs), ohne Frage, um den Vers allgemeingültiger zu machen. Der babylonische Talmud (Sanhedrin 67a) bezieht den Vers auch auf Männer, erklärt das Femininum aber aus einer „faktischen" Überzahl weiblicher Hexen.

Allgemeine Magieverbote sind in der biblisch-jüdischen Tradition nicht selten (z. B. Dtn. 18, 10–12; Lev. 19. 26), doch wurde daneben immer Magie in sehr verschiedenen Formen praktiziert, und es war durchaus kontrovers, was als legitime, was als illegitime Magie zu gelten habe. 2. Kön. 21, 5f. erzählt von der nach jüdischer Vorstellung illegitimen Magie des Königs Manasse. 1. Sam. 28 bietet die berühmte Nekromantieszene um den alternden König Saul. Gott hat dem ersten König Israels jede Form von Beistand entzogen, er empfängt keine Träume und Orakel mehr, und in seiner Ratlosigkeit wendet er sich an eine Hexe, die „Besitzerin einer (in die Erde eingelassenen) Totenaltargrube" (baalatow), wie wir sie auch aus der Unterweltreise des Odysseus kennen (Odyssee 11). Auf Sauls Bitte ruft sie den Geist des toten Samuel hervor, der als Prophet einst Saul zum König gesalbt hatte. Aber dieser Geist kann ihm nur das drohende Unheil bestätigen, das auf den König zukommt. Die ganze Szene hat tragische Größe, wie überhaupt der Zyklus an Erzählungen um Saul, den ersten König Israels, Züge einer

Tragödie hat. Die Szene der Beschwörung des Totengeistes gehört zu den klassischen Vorbildern späterer ähnlicher Szenen; in der Alten Kirche wurde darum gestritten, ob wirklich die Seele Samuels erschienen sei, oder etwa eine dämonische Täuschung vorgelegen habe.

Die vielleicht aufschlussreichste Stelle zur Sache im Alten Testament steht beim Propheten Hesekiel (13, 17–23), der sich polemisch gegen nestelknüpfende Frauen wendet (es spricht Gott zum Propheten): „Und du, Menschenkind, richte dein Angesicht gegen die Töchter deines Volks, die aus eigenem Antrieb als Prophetinnen auftreten, und weissage gegen sie und sprich: So spricht Gott der HERR: Weh euch, die ihr Binden näht für alle Handgelenke und Hüllen für die Köpfe der Jungen und Alten, um Seelen damit zu fangen! Wollt ihr Seelen fangen in meinem Volk und Seelen für euch am Leben erhalten? Ihr entheiligt mich bei meinem Volk für eine Hand voll Gerste und einen Bissen Brot, dadurch dass ihr Seelen tötet, die nicht sterben sollten, und Seelen am Leben erhaltet, die nicht leben sollten, durch euer Lügen unter meinem Volk, das so gern Lügen hört. Darum spricht Gott der HERR: Siehe, ich will über eure Binden kommen, mit denen ihr die Seelen fangt, und will sie von euren Armen reißen und die Seelen, die ihr gefangen habt, befreien. Und ich will eure Hüllen wegreißen und mein Volk aus eurer Hand erretten, dass ihr sie nicht mehr fangen könnt. Und ihr sollt erfahren, dass ich der HERR bin. Weil ihr das Herz der Gerechten betrübt habt, die ich nicht betrübt habe, und die Hände der Gottlosen gestärkt habt, damit sie sich von ihrem bösen Wandel nicht bekehren, um ihr Leben zu retten: darum sollt ihr nicht mehr Trug predigen und wahrsagen, sondern ich will mein Volk aus euren Händen erretten und ihr sollt erfahren, dass ich der HERR bin." (Lutherübersetzung). Wir werden hier mit magischen Praktiken wohl mit Hilfe von Knoten und Tüchern konfrontiert, von denen man offenbar glaubte, dass sie Leben beschützen, aber auch vernichten können. Am interessantesten aber ist aus heutiger Sicht die Genderkonstellation. Der männliche Prophet, Vertreter einer (wenn auch charismatisch, nicht institutionell definierten)

Instanz israelitischer Religion wendet sich polemisch gegen Frauen. Diese praktizieren für (männliche?) Klienten Magie, und zwar offenbar erfolgreich. Als illegitime Magie stellt sich ihr Handeln im Diskurssystem des männlichen Propheten dar: sie selbst sehen sich offenbar als Prophetinnen. Leider wissen wir nicht mehr über die vorausgesetzten Gruppen.

Im späteren Judentum wurde Magie immer wieder mit dem „Fall der Engel" in Zusammenhang gebracht, vor allem in den Traditionen der späthellenistischen Zeit, die im sogenannten äthiopischen Henochbuch gesammelt sind. Die „Gottessöhne" (Engel), die als Wächter der Erde eingesetzt sind, lassen sich mit menschlichen Frauen ein, zeugen mit ihnen Kinder (Riesen), stellen sich gegen Gott und lehren die Menschen alle fragwürdigen und bösen Künste (die Benutzung von Waffen, Kosmetik, Wahrsagerei, Hexerei u. a.). In der Sintflut wird dem Treiben ein Ende gemacht, die (unsterblichen) „Wächter" werden in Höhlen und Abgründen eingesperrt. Ihre Zauberkunst aber ist seitdem unter den Menschen bekannt. So erzählt es in Anschluss an Andeutungen der Genesis (6, 1–4) das äthiopische Henochbuch (3. Jhdt. v. Chr. – 1. Jhdt. n. Chr.). Im Neuen Testament waren diese Überlieferungen bekannt (der Judasbrief zitiert Henoch), spielen aber keine größere Rolle. Wichtig bleibt die Idee, dass die Magie „Dämonenwissen" sei, aus illegitimen, widergöttlichen Quellen erworben, daher unverlässlich, böse, vergleichbar mit anderen „bösen Künsten" (worunter äth. Hen. auch das Waffenhandwerk und die Astrologie zählt).

Böse Engel (Dämonen) lehren also in dieser Tradition das Hexenwesen. In dem jüngeren, aber wohl auch noch vorchristlichen Testament Ruben (5, 5f.) sind es dagegen gerade die Frauen, die mit ihrer illegitimen Hexenkunst den Kontakt zu den gefallenen Engeln erst herstellen; ihre Verantwortung wird hier noch größer. Der Jerusalemer Talmud berichtet aus dem frühen 1. Jhdt. v. Chr., der religiöse Führer Schimon ben Schetach habe im (heidnischen) Askalon, einer Küstenstadt, 80 Hexen hinrichten lassen. Diese hätten gemeinsam in einer Höhle gewohnt und die Menschheit durch Schadenzauber geschädigt (Jerusalemer Talmud, Chagiga 2, 2, 77d etc.). Wenn das historisch sein sollte (die Niederschrift erfolgte erst Jahrhunderte später), wäre es die erste große Hexenverfolgung der Weltgeschichte. Aber vermutlich hat die Geschichte (die sich aus zeitgenössischen Quellen nicht bestätigen lässt) symbolische Bedeutung, und gehört in den Kontext der Polemik gegen das Heidentum in den phönizischen Küstenstädten (während das Hinterland jüdisch war). Aryeh Kasher vermutete in den Hexen Priesterinnen der Göttin Ashtoreth (Aphrodite). In der Mischna (Traktat Abot 2, 7) heißt es dann um 200 n. Chr.: „Wo viel Besitz ist, gibt es viele Sorgen. Wo viele Frauen sind, gibt es viel Hexerei. Wo viele Sklavinnen sind, gibt es viel Unzucht". Es ist also hier bereits auch im Judentum eine Zuordnung zwischen Frauen und illegitimer Hexerei vollzogen (vgl. z. B. auch babylonischer Talmud Erubin 64b). Allerdings hat diese im Judentum niemals zu solchen extremen Auswüchsen geführt wie im christlich-kirchlichen Hexenglauben. Doch liegt dies vermutlich einfach daran, dass Juden seit der Spätantike nie in einer Machtposition waren, die ihnen organisierte Hexenverfolgungen ermöglicht hätte. Das ideologische Instrumentarium dazu besaßen sie nicht weniger als die Christen. Rabbi Schimon ben Jochai (der später als Autor des kabbalistischen Zohar angesehen wurde) soll gesagt haben, dass selbst die beste aller Frauen voller Hexerei sei (Jerusalemer Talmud Kidduschin 4, 66c). Wenn sich zwei Frauen auf einem Kreuzweg von Angesicht zu Angesicht gegenübersitzen, praktizieren sie doch gewiss Hexenwerk (babylonischer Talmud Pesachim 111a). Solche Passagen sind an Misogynie von denen des Hexenhammers (s. Kap. 7) nicht weit entfernt. In anderen Bereichen jüdischer Literatur (Qumran, Weisheitsliteratur, Josephus etc.) findet sich ein solches Frauenbild freilich nicht. Und selbstverständlich beschreibt es keine aufweisbare „Realität", sondern ist eine Funktion der ambivalenten Struktur patriarchaler Frauenfantasien. Auch die Idee, in der Endzeit nehme die Magie immer mehr zu, findet sich in antiken jüdischen und christlichen Quellen, aber noch ohne weiter entfaltet zu werden (z. B. Ascensio Isaiae 2, 5). Im Spätmittelalter wurde dieser eschatologische (endzeitliche) Rahmen dann ein Verstärker der Hexereifurcht.

Hexenwesen und antike Magietheorien

In der Spätantike wird verschiedentlich versucht, zwischen höheren und niederen, legitimen und illegitimen, achtbaren und verächtlichen Formen der Magie zu unterscheiden, v. a. im Neuplatonismus, aber auch schon früher. Apollonius von Tyana (ep. 16 und 17) verteidigt den Namen „Magier" als persischen Ehrennamen für gerechte und göttliche Männer gegen Euphrates, der damit im abfälligen Sinn alle pythagoreischen und orphischen Philosophen desavouieren will. Apuleius de magia 26 (oben erwähnt) unterscheidet die wahre Magie, welche Gemeinschaft mit den Göttern sucht, von niedriger Giftmischerei und anderen kriminellen Praktiken. Heliodor (3. Jhdt.) unterscheidet in seinem Roman Aithiopica 3, 16 eine höhere und niedere magische Weisheit der Ägypter, Letztere umfasse Schadenzauber, Nekromantie und allerlei Gaukelwerk mit Kräutern und Sprüchen, Erstere die Ekstase der Seele zum Göttlichen und das Vorherwissen der Zukunft. Der weise Magier Kalasiris in der Romanhandlung bedient sich freilich beider, um das Leben der ihm Anvertrauten zu schützen.

Eine Zweiteilung der Magie in die edlere Theurgie („Götterwerk") und die verächtliche Goetie („Zauber- und Gaukelwerk") kennt noch Augustinus, De civitate dei 10, 9 als Volksmeinung (die er natürlich ablehnt). Das war vor allem die Sicht der neuplatonischen Philosophie, die dann später in der Renaissance wiederentdeckt wurde. Die Magie selbst ist i. A. pragmatisch und entfaltet nur selten Theorien des eigenen Tuns, allenfalls Bausteine von Magietheorien, etwa zur Frage, wer genau in ihr wirkt („Kräfte", „Dämonen", „kosmische Sympathien"). Eigentliche Magietheorien kennt dann v. a. der Gelehrtenokkultismus der Spätantike, der sich im Neuplatonismus entfaltet. Seine Sicht kann als religiöse, „fromme" Interpretation v. a. graecoägyptischer Riten verstanden werden. Platon selbst hatte sich v. a. magiekritisch geäußert (leg. 909B; 932E/933A; resp. 364B etc.). Auch die antike Medizin enthält seit „De morbo sacro" („Von der heiligen Krankheit", d. h. der Epilepsie, 5. Jhdt. v. Chr.) ein magiekritisches Stratum. Doch in der spätantiken Philosophie ändert sich dieses Bild. Magie ist jetzt die automatisch oder absichtlich (etwa durch Zaubersprüche und Beschwörungen) wirkende Anwendung von Sympathiebeziehungen zwischen irdischer und himmlischer Welt, Göttern, Dämonen, Sternen, Tieren, Pflanzen, Steinen, Körperteilen etc. Die späteren Neuplatoniker Jamblich und Proklos werden dann zu ausgesprochenen Verteidigern der „höheren Magie", der Theurgie. Diese spezielle Theorie darf jedoch keinesfalls zum Generalnenner antiker Magie oder gar antiken Denkens ausgeweitet werden (skeptische Ablehnung des Sympathiegedankens z. B. bei Sextus Empiricus).

Vor allem hatte all dies kaum Einfluss auf die Wertung der „Hexerei". Der ältere Plinius (Naturalis historia 25, 10f.) kennt das Wissen um magische Kräuter und Heilpflanzen als „Wissenschaft der Frauen". Aber generell überwiegt doch ein Superstitionsdiskurs (wir hören ja immer nur die Stimme der literarischen Oberschicht, nicht die des Volkes). Das Christentum hat diese Stereotypen praktisch ungebrochen übernommen. Das frühe spanische Kirchenkonzil von Elvira (um 306 n. Chr.) verbietet Frauen, die Nacht auf dem Friedhof zu verbringen, um magische Riten auszuführen (c. 35). Diese nahezu gemeinantike Zuordnung „Frau" — „illegitime Magie" bedarf dabei differenzierter Beurteilung. Nicht immer ist reale („private") kultische Praxis von Frauen im Blick, sondern oft ist auch mit reinen männlichen Fantasieprojektionen zu rechnen, die jedenfalls nicht als Generalnenner antiker Magie zu werten sind. Unter den Göttern und Göttinnen der Antike – von denen viele in magischen Ritualen vorkommen – ist Hekate in besonderer Weise dem Zauberwesen verhaftet. Sie ist mit den Kreuzwegen, mit Schwellen und Übergängen verbunden, mit Leben und Tod, mit Initiationen, mit dem Geheimnisvollen der Götter, mit dem Spukwesen, aber auch mit Orakeln. In den eleusinischen Mysterien spielt sie eine Vermittlerrolle. Der Neuplatonismus wertet sie dann in einer überraschenden Weise auf: sie wird zur Trägerin der ambivalenten Weltseele, in der sich das Drama der Geschichte der

Welt abspielt. Im Zauber wird sie in besonderer Weise geschätzt, wie alle mit der Unterwelt verbundenen Gottheiten.

Antike Magie und die konstituierenden Elemente des Hexenimaginariums

Vor allem liefert die Antike ein stabiles, durch das Christentum dann freilich weitergeführtes und substantiell verändertes Bild dessen, was zur Magie dazugehört. Das Repertoire der Strukturen magischer Rituale ist begrenzt, und in hohem Maße interkulturell vergleichbar. Die folgenden Bemerkungen bieten nur einen ersten knappen Eindruck von der Vielfalt der hier zu bedenkenden Fragen. Sie sind für das Hexenwesen aber wichtig, weil sie eine „reale" (wenn auch durch Literatur vermittelte) Vorstellung praktizierter Magie bieten, die gerade für Renaissance und frühe Neuzeit faktisch wichtiger ist als der tatsächliche ländliche Bauernzauber u. ä., den wir gelegentlich in den Verhörprotokollen zu Gesicht bekommen. Das antike Erbe hat das Magieimaginarium ganz wesentlich geprägt, und wird daher z. B. bei den Dämonologen und Hexenautoren ausgiebig zitiert, während zeitgenössische Magie oft nur fragmentarisch in den Blick kommt.

Zum antiken magischen Ritual als einer privaten Form von „nützlicher" Religion gehört eine Vorbereitungsphase (fast immer mit Beachtung asketischer Regeln), eine sich oft zeitlich länger erstreckende Durchführungsphase, die in eine erstrebte Wirkung mündet, und im Falle einer Beschwörung eine förmliche Entlassung des Numens (der Gottheit, des Dämons). Zum Ritual gehören Worte, Handlungen (Opfer), Gegenstände (die oft im Ritual selbst hergestellt werden), besonderen Zeiten und Orte, spezifische Vorbereitungen sowie allgemeine Rahmenbedingungen. Äußerste Minimierungen sind bestimmte Gesten und Zaubersprüche. Letztere wurden oft gesungen. Daher heißen sie griech. epaoidé, epoidé, latein. carmen, incantamentum etc. Dieses „Singen" der Zaubertexte ist indogermanisches Erbe (altnordisch etwa heißt es galdr, lióð, irisch canaid, gallisch

brictom, brixtia „Lied > Zauberspruch" etc.). Man beobachtet dieses zauberische Singen auch bei fremden Völkern,
etwa beim Schneiden von Losorakeln aus Weidenstöckchen,
die dann geworfen werden. Ammianus Marcellinus 31, 2, 14
berichtet detailliert über einen entsprechenden Brauch der
Alanen (vgl. Tacitus, Germania 10 von den Germanen).

Die volkstümlichen Zaubersprüche, die u. a. aus den antiken Landwirtschaftsautoren wie Cato und Celsus, aber
auch aus Ärzten wie Marcellus von Burdigala (5. Jhdt.) überliefert sind, sind meist kurz und oft unübersetzbar. Gegen
Fremdkörper im Rachen etwa solle man sprechen: „HEI-
LEN PROSAGGERI VOME SI POLA NABULIET ONODI-
ENI IDEN ELITON" (Marcellus 15, 105), oder (im Original
auf Griechisch) „Es sende mir nicht das Haupt der Gorgo,
des furchtbaren Ungeheuers, aus dem Hades die ehrfurcht-
gebietende Persephoneia" (ebd. 108), ein Zitat aus Homers
Odyssee (11, 634f.). Bei Christen sind dann Bibelzitate nicht
selten. Längere Zaubertexte sind formal oft (keineswegs immer) Gebete mit der typischen dreiteiligen Struktur (invoca-
tio, narratio, preces: Anrufung, Erzählung, Bitte). Im Okkultismus der Zauberpapyri sind die Beschwörungen dagegen
oft lang, litaneiartig, angereichert mit synkretistischen und
mythologischen Details (oft ägyptischer Herkunft), Epitheta
und Zauberworten sowie komplizierten Ritualanweisun-
gen. Sie haben, wie z. T. erst die jüngere Forschung erkannt
hat, durchgehend „Sinn" und evozieren überaus komplexe
Symbolwelten. Fehlerfreie Rezitation ist wichtig (was auch
z. B. für römische Riten generell gilt). Plinius der Ältere, der
diesen Dingen nicht unkritisch gegenüberstand, charakteri-
siert sie im Kontext performativer Sprache (Naturalis historia
28, 10f.). Typisch gerade in volkstümlichen Zaubersprüchen
sind Historiolae, „kleine Geschichten" (oft Begegnungssze-
narios, welche Situation und Wünsche des Zaubernden ar-
chetypisch vorwegnehmen). Manche Zaubersprüche lassen
sich sprachpsychologisch als Formen regressiver Sprache
verstehen, die den seelisch-mentalen Zustand des Magiers
verändern, während komplexere Zaubertexte eine ekstatische Aufstiegserfahrung begleiten können.

Aufgeschriebene Zauberrituale sind oft mit Zeichnungen dämonischer bzw. göttlicher Wesen und magischer Symbole („Charaktere") verbunden v. a. auf Zauberpapyri und Amuletten. Verschiedene Sammlungen von Ritualgegenständen zu Zauber- und v. a. Divinationszwecken sind aus der Antike erhalten, manche davon von erheblicher Komplexibilität. Richard Wünsch, Antikes Zaubergerät aus Pergamon. Berlin 1905, beschreibt als Beispiel eine Art magischer Studioausstattung mit drehbarer Orakelscheibe (ähnlich einem Ouija-Brett), einem bronzenen Zaubertisch mit drei Abbildungen der Hekate als „dreigestaltiger Göttin", mit Zauberworten reich beschriebenen Zaubersteinen, -platten, -nägeln und -ringen aus Kleinasien (3. Jhdt., sehr gut erhalten). Unter den sonst ganz paganen Zauberworten stehen auch IAO (= Jahwe, der Gott Israels) und die Engelnamen Michael, Gabriel, Raguel und Raphael. Ebenfalls nicht selten im antiken Privatzauber sind Zauberpuppen (heute würden wir von Voodoopuppen sprechen), die für Schadensmagie gedient haben. Ansonsten dienen Pflanzen, Steine, Teile von Tierkörpern, seltener menschlichen Körpern in den Ritualen als „imaginative Anker".

Eine Gliederung der Zauberbelege nach ihrer Intention hat Theodor Hopfner vorgenommen: 1. Schutz- und Abwehrzauber, 2. Angriffs- und Schadenszauber, 3. Liebes- und Machtzauber und 4. Erkenntnis- und Offenbarungszauber (Mageia 378). Auch reine Fantasiezauber sind nicht selten, z. B. um sich unsichtbar zu machen (P. Oxyrhynchus LVIII (1991) 3931, 3./4. Jhdt.). Der Abwehrzauber kann sich auch gegen den allgemein gefürchteten „bösen Blick" richten (baskanía, fascinum). Ein eigener Typ von 2. sind Defixionen bzw. Fluchtexte, die wir in sehr großer Zahl besitzen und die eine spezifische Form der Frustrations- und Aggressionsbewältigung darstellen. Hier wird ein Gegner (etwa im Sport) oder Konkurrent (in Sachen Liebe) „verflucht" und an die Unterwelt „gebunden", das Ganze konnte etwa unter der Türschwelle begraben werden. Der „Offenbarungszauber" dagegen will höheres Wissen, die Zukunft und Umgang mit den Göttern gewinnen. Er gestaltet sich als förmliche Beschwörung von Göttern, mit deren Erscheinen gerechnet wird.

In der alltäglich praktizierten Magie sind sehr viel wichtiger schlichte Heil-, Rache- und Liebeszauber. Die sehr häufigen Fieberapotropaia – Resultat der sich spätantik rapide ausbreitenden Malaria – bedienen sich dabei z. B. gerne des Schwindezaubers. Dessen berühmtestes Beispiel ist das schon antike ABRACADABRA, bei dem sukzessive ein Buchstabe weniger geschrieben wird und damit die Krankheit (wohl ebenfalls ein Fieber) zum Schwinden gebracht werden soll (zuerst bei Quintus Serenus, liber medicinalis 935–940, 2. Jhdt.). Auch hier ist also ein Element der Imagination von Bedeutung, das nicht unbedingt als sympathetischer Zauber mit unbekannten Kräften verstanden werden muss, sondern auch als symbolische Inszenierung eines Willensaktes gedeutet werden kann.

Die erotischen Komponenten des antiken Zaubers sind eine der wichtigsten Quellen für eine Geschichte von Genderkonstruktionen, da sie Einblicke in persönliche Fantasien erlauben. Im graecoägyptischen Zauber ist auch lesbischer und homosexueller Liebeszauber öfter belegt. Die überwiegende Mehrheit der Fälle antiken Liebeszaubers soll der Gewinnung eines (meist wohl nur einmaligen) sexuellen Kontaktes mit einer sonst unerreichbaren Frau dienen; um „Liebe" geht es nur selten. Magie dient hier in der Tat einer extremen sexuellen Instrumentalisierung, allerdings nicht nur der Frau. Sehr auffällig ist der Kontrast zwischen den mehrheitlich aus männlicher Sicht geschriebenen Zaubertexten und dem literarischen Klischee der weiblichen Hexe, die Liebeszauber betreibt: ohne Frage ein Projektionsphänomen. Ein ausführliches klassisches Zeugnis hellenistischen weiblichen Liebeszaubers ist Theokrit, 2. Idylle, doch hat Fritz Graf gezeigt, dass hier keine direkte Umsetzung tatsächlich praktizierter Rituale vorliegt, sondern eine Motivkomposition, die ganz verschiedene Traditionen zusammenzieht. Liebeszauber bleibt ein häufiges Motivfeld in der Dichtung, meist als eine „törichte Verwirrung". Erst im Kontext der Hexenverfolgungen wird er ein wirklich dämonologisches Vorzeichen erhalten.

3. Hagazussa: die frühe Geschichte des mittelalterlich-europäischen Hexenbildes

Einiges zur Wortgeschichte

Wir lassen in diesem Kapitel in lockerer Folge einige allgemeine geschichtliche Aspekte unseres Themas Revue passieren, ohne sie vertiefen zu können, und beginnen mit der Begrifflichkeit. „Hexe" ist ein Wort mit westgermanischen Wurzeln. Althochdeutsch hagzissa, hagazussa, mittelhochdeutsch hecse, hesse, mittelniederländisch haghetisse, altenglisch haegtesse (im heutigen Englisch kürzer hag) haben allerdings ein etwas anders gelagertes Bedeutungsspektrum als unser modernes Wort. Oft lässt sich nicht klar entscheiden, ob ein dämonisches, gespenstisches Wesen oder ein realer Mensch gemeint ist; öfter auch ist eindeutig das Erstere der Fall. Die germanischen Hexen gehören also in die Mythologie. Sie sind z. B. nicht etwa mit den wahrsagenden Frauen identisch, von deren respektabler Position bei den Germanen schon Tacitus berichtet: Die Germanen „meinen sogar, dass etwas Heiliges und Vorherwissendes in ihnen (ihren Frauen) sei, und sie weisen weder ihre Ratschläge zurück noch missachten sie ihre Antworten. Unter dem vergöttlichten Kaiser Vespasian zeigte sich, wie Veleda bei den meisten lange gar für eine Göttin gehalten wurde; aber auch Albruna und einige andere wurden früher verehrt …" (Germania 8, m. Üb.). Diese wahrsagenden Frauen sind also nicht etwa mit der Hagazussa der späteren Quellen identisch, die sehr viel stärkere mythische Bezüge hat, und ein dämonisch-bedrohliches Wesen der Welt „am Rande" ist. Das Wort meint auch niemals Priesterinnen der paganen Religion o. ä. Der Name selbst ist nicht wirklich durchsichtig. Zwar gehört das Wort wohl zu althochdeutsch hag („Zaun, Hecke, auch: Gehege") und vielleicht zu einem

zweiten Bestandteil, der mit norwegisch tysja („Elfe, Geist")
und litauisch dvasia „Geist, Seele" verwandt ist. Dann wäre
eine Hagazussa ein auf Hecken sitzender oder lauernder
Geist. Zussa könnte auch einfach „sitzen" bedeuten. In
modernen esoterischen Deutungen wird das gerne breit
entfaltet: dann ist die Hexe diejenige, die „zwischen" den
Bereichen vermittelt, die Zaunreiterin zwischen Lebenden
und Toten, Diesseits und Jenseits, zwischen Zivilisation und
Natur, zwischen der Menschenwelt und dem (dann bevor-
zugt Weiblich-)Göttlichen. Wir haben aber keinerlei Indizien
dafür, dass es je im Kontext germanischer Religion eine solche Symbolik gegeben hat. Diese Deutungen gehen schlicht
über das hinaus, was an historischem Wissen möglich ist.
Das gilt mehr noch für die weitergehenden Interpretationen, die den „Hag" als einzelne Zaunlatte interpretieren
und diesen dann mit dem Trommelschlegel des Schamanen
verbinden wollen. Dieser Trommelschlegel ist bei den sibiri-
schen Schamanen ein symbolisches Vehikel zur ekstatischen
Jenseitsreise. Diese These ist interessant (sie lässt sich gut
mit den Ideen von Carlo Ginzburg verbinden, s. u.), aber
wir haben wiederum keinerlei Belege dafür, dass es einen
solchen Symbolismus der Trommel je bei den Germanen gegeben habe. Und ein Trommelschlegel ist eben doch auch
etwas sehr anderes als eine Zaunlatte, ganz davon abgesehen, dass es in germanischer Mythologie im Odin-Komplex
zwar schamanismusähnliche Motive, aber bei den Germanen kein uns erkennbares Schamanentum im engeren und
präzisen Sinn des Wortes gegeben hat. Die inflationäre Verwendung des Begriffs „Schamane" ist religionsgeschichtlich
wenig sinnvoll, weil sie deutliche Unterschiede der religiösen Funktionsträger verwischt, und partiell ganz falsche
Assoziationen weckt.

Neben „Hexe" treten andere Bezeichnungen wechseln-
der Streuung, vor allem in unseren Quellen solche antiker
Herkunft (umfassende Dokumentation bei Franck): *malefica*,
männlich *maleficus* („Schadenzufügerin"), *incantatrix* bzw.
incantator (mit einem Zauberspruch behexend), *fascinatrix*
bzw. *fascinator* (die den „bösen Blick" hat, abgeleitet von

griech. *báskanos* „neidisch, mit neidischem Zauberblick"), daneben stärker mythologische Begriffe wie *lamia* (Schlangen-
dämonin), *saga* (Wahrsagerin), *striga* (alte Hexe, aus griech.
strix „Eule"). Angrenzende, oft aber nahezu identische Bezeichnungen sind *venefica* (Giftmischerin), *sortilega* (Wahrsagerin, eigentlich die Erteilerin eines Losorakels), *pythonissa*
(die von einem „Python", einem wahrsagenden Dämon besessen ist, nach der Geschichte von der „Magd in Philippi",
Apg. 16) etc. Ableitungen von „Magie" (griech. *mageia*) sind
eher selten; der Magier ist bekanntlich ursprünglich ein me-
disch-persischer Priester und erst langsam nimmt das Wort
in der Antike die Bedeutung „Zauberer" an, ohne dass der
Hintergrund je völlig in Vergessenheit geriete (vgl. die Skizze einer Geschichte der Magie bei Plinius d. Ält., Naturalis
historia 30, 1ff.). Deutsch sagt man sehr häufig auch *Unholde* oder *Unholdin*, männlich *Unhold*. Im englischen Sprachraum ist heute *witch* die übliche Vokabel für die Hexe, aus
altenglisch *wicche*, angelsächsisch *wicca* (Mask.) oder *wicce*
(Fem.). Die ganze Wortfamilie gehört zu angelsächsisch *wi-
tan* „sehen, wissen" (verwandtes *witega* ist der „Seher, Wahrsager"), wie auch *wisdom* und *wit*. *Sorcerer, sorceress* gehört
zu altfranzösisch *sorcier* (Zauberer), dieses zu lateinisch *sors*
„Losorakel". Man sieht hier, wie speziell die Benennungen
zwischen Magiern und Wahrsagern leicht fluktuieren. In jedem Fall handelt es sich in christlichen Texten um Praktizierende der „nicht-etablierten" Volksfrömmigkeit, die grundsätzlich immer unter dem Aberglauben-Verdacht steht. (Der
Aberglauben-Diskurs ist bereits antik; Aberglauben gilt
meist als wahnhafte, furchtsame, übertriebene Form einer
religiösen Praxis; Cicero definierte *superstitio* als „wahnhafte
Furcht vor den Göttern"). In modernen Fantasyromanen ist
sorcerer meist ein böser Zauberer, *wizard* oder *witch* aber sind
eher gute Magierfiguren. Eine solche begriffliche Opposition
(etwa vom Typ Gandalf – Saruman) ist aber erst modern, obwohl sie der Sache nach Vorbilder in mittelalterlichen Epen
hat. *Wizard* (Zauberer) ist französischer (normannischer)
Herkunft: *guiscart* ist „der Kluge, Gewitzte, Scharfsinnige".
Zum Wortfeld „wissen" gehören z. B. auch isländisch *vitki*

(„Hexe") und *vizkr* („Kluger, Wissender"). In allen europäischen Sprachen existiert daneben ein breites Repertoire an
Begriffen mit eher folkloristischen Hintergründen, die auch
auf die Hexe angewandt werden können. Dazu gehören nie-
derdeutsch *Töversche* und *Töverer* („Zauberische", vgl. nie-
derländisch *tovenaar* „Zauberer"), süddeutsch *Drude, Trude*
und *Truderer, Trudner* (der „Drudenfuß" ist ein Pentagramm,
das als Hexenabwehrzeichen verwendet wird), norddeutsch
Galstersche und *Galsterer* (zu mittelhochdeutsch *galster* „Zauberlied"). Bezeichnungen mythischer und legendärer Wesen
wie Elbe, Elfe, Fee (Schicksalsgöttin, von lateinisch „fatum")
u. ä. stehen niemals für Hexe, obwohl man den Hexen oft
Umgang mit den Wesen des Volksglaubens nachsagte. Im
Hexereiprozess der Jeanne d´Arc (Johanna von Orléans)
1431 etwa spielt der Vorwurf eine Rolle, sie habe ihre frühen
Offenbarungen an einem „Feenbaum" empfangen. Unter
den 67 Anklagepunkten finden sich Feenzauber, der zauberische Gebrauchs der Alraunenwurzel sowie natürlich Häresie und Verehrung der Dämonen (da sie vor den Heiligen
niederzuknien pflegte, die sie in ihren Visionen sah). Auch
des Mordes wurde sie beschuldigt (da sie kein Soldat war,
galten alle von ihr in Schlachten getöteten Männer als Mord-
opfer). Der Hexereivorwurf spricht allerdings gar nicht sehr
oft von den mythischen Wesen des Volksglaubens. Meist
sind die Vorwürfe eher klischeehaft am Ideenrepertoire des
Teufelsglaubens orientiert (dazu u.).

Der Begriff „Hexereye" findet sich dann in einem Prozess-
kontext zuerst 1419 in einem Verfahren gegen einen Mann
im schweizerischen Luzern auf. Schon 1402/03 ist außerdem
in einem Rechnungsbuch aus Schaffhausen von einem „heg-
sen brand", also doch wohl einer Hexenverbrennung, die
Rede. Nur langsam setzt sich im 15. Jhdt. das Wort Hexe
allgemein durch, und trägt damit zu einer Vereinheitlichung
des Imaginariums bei.

Literatur: Claude Lecouteux, Hagazussa-Striga-Hexe, Hessische Blätter für
Volks- und Kulturforschung 18 (1985), 57–70 * Johannes Franck, Geschich-
te des Wortes Hexe. In: Joseph Hansen, Quellen und Untersuchungen zur
Geschichte des Hexenwahns und der Hexenverfolgung im Mittelalter.

Bonn 1901 (Neudruck Hildesheim 2003), 614–670 * Der Prozess Jeanne d'Arc. Akten und Protokolle 1431 und 1456, übersetzt und hrg. von Ruth Schirmer-Imhoff. 3. Aufl. München 1978 * Schaffhausener Rechnungsbuch: www.stadtarchiv-schaffhausen.ch/Schaffhausen-Geschichte/stadtrechnungen_schaffhausen.htm (2. 6. 2012).

RECHTSENTWICKLUNGEN ZWISCHEN ANTIKE UND MITTELALTER

Noch einmal blicken wir auf die rechtlichen Entwicklungen der weniger bekannten Jahre zwischen Antike und Mittelalter, die einige Überraschungen bieten. Die älteste Fassung der Lex Salica (um 510 n. Chr.), eines der ältesten germanischen Rechtssysteme, droht tit. 64 eine Geldstrafe dem an, der eine Frau Hexe (stria) nennt oder einem Mann nachsagt, er trage für eine Frau einen (Hexen-)Kessel (strioportius). Ansonsten bieten die acht erhaltenen Fassungen der Lex Salica im Wesentlichen nur Schadenzauber und Giftmischerei als Magiedelikte sowie gelegentlich Kannibalismus und Abtreibung (vgl. zu allem Zeddies). Die Lex Visigothorum, ein anderes altes germanisches Recht, verurteilt dagegen Frauen, die ihre Männer durch Magie daran hindern wollen, sie wegen eines Ehebruchs anzuklagen. Hier klingen bereits Themen der späteren Hexengesetze an, doch sind die Strafen im Gegensatz zur römischen Gesetzgebung erstaunlich niedrig (meist Geldstrafen). Nachrichten über tatsächliche Magieprozesse sind sehr verstreut (viel bietet im späten 6. Jhdt. Gregor v. Tours in seiner Historia Francorum 5; vgl. 9, 6 über den Zauberer Desiderius, dem das „ungebildete Volk" zugeströmt sei, und der in Konkurrenz zum Klerus auftrat).

Auch verschiedene Konzilien versuchen einem Überhandnehmen magischer Praktiken in der Kirche selbst zu wehren, im Osten wie im Westen. Die Synode von Laodizea (363/364 n. Chr.) hatte etwa schon verfügt: „Geistliche (Priester und Diakone) und Kleriker sollen nicht Zauberer oder Beschwörer sein, oder ‚Mathematiker' oder Sterndeuter; sie sollen auch nicht die sogenannten „Schutzmittel" machen, die vielmehr Fesselungen ihrer eigenen Seelen sind. Wir haben Anweisung gegeben, daß diejenigen, die sie tragen, aus der Kirche ausgewiesen werden sollen" (can. 36, Übersetzung nach F. J. Dölger). Ebenfalls aus dieser Übergangszeit zwischen Antike und Mittelalter stammt eine koptische Kirchenordnung: „Erlaube niemandem in einer Krankheit oder in einem Schmerz oder in einem Kummer oder nach einem Schlangenbiß an den Ort eines Beschwörers zu gehen oder eines solchen, der Phylakterien anlegt; tu dies niemals und laß nicht zu, daß jemand dir dies tut" (alle Belege bei Frenschkowski, Magie). Schon das o. g. Konzil von Elvira (can. 6) im frühen 4. Jhdt. verhängt lebenslange Exkommunikation über einen Menschen, der einen tödlichen Schadenzauber vorgenommen hat. Solche Stimmen gegen Magie und Zauberei, aber nicht unbedingt gegen ein „Hexenwesen", sind bis ins frühe Mittelalter sehr häufig. Erst sehr allmählich und in vielen Schritten bildet sich das Hexenstereotyp heraus.

Die kirchlichen Strafen sind vorerst geringer als die staatlichen. Das Konzil v. Ankyra (314 n. Chr.) can. 24 verhängt eine fünfjährige Buße für Zauber, Lustrationen, Mantik. Andernorts setzt im 4. Jhdt. Basilius v. Cäsarea Schadenzauber, Giftmischerei und Mantik sogar dem Mord gleich, wofür eine Bußstrafe von 20 Jahren verhängt wird (ähnlich Gregor v. Nyssa). Die Regeln waren im Einzelnen unterschiedlich, doch bleibt der Kampf gegen die Magie fester Bestandteil der Konzilien, z. B. Orléans (511 n. Chr.) can. 30; Auxerre (573 n. Chr.) can. 41; Clichy (626 n. Chr.) can. 16. Indem die 1. Synode von Braga 561 n. Chr. (im heutigen Portugal) eine Wirkung der Dämonen auf das Wetter ausschließt, soll Wetterzauber unsinnig gemacht werden. Das Concilium Quinisextum (691/692 n. Chr.) verfügt can. 61 eine sechsjährige Buße für Besuch von Wahrsagern, „Wolkenverfolgern", Praktizierenden von Schadenzauber, Dämonenbeschwörern und Amulettherstellern; im Fall der Wiederholung droht Exkommunikation (auch Würfelspiel und Abtreibung sind im Visier dieser kleinasiatischen Synode). Die 2. Synode von Braga (572 n. Chr.) verbietet dann can. 74 den Kräuterzauber. Grundsätzlich sind die staatlichen Magiesanktionen des

4.–7. Jhdts. schärfer als die kirchlichen, was sehr auffällt, vergleicht man die Härte des späteren Strafsystems. Wie beide zusammengewirkt haben (bzw. in welchem Umfang sie überhaupt umgesetzt werden konnten), ist im Einzelnen vielfach unklar. Viele Indizien sprechen dafür, dass die Gesetzestexte vielerorts praktisch wirkungslos waren bzw. nur zur Anwendung kamen, wenn Politisches auf dem Spiele stand oder eine lokale bischöfliche Initiative sie unterstützte.

Literatur: Nicole Zeddies, Religio et sacrilegium. Studien zur Inkriminierung von Magie, Häresie und Heidentum (4.–7. Jhdt.). Frankfurt am Main 2003 * Almuth Lotz, Der Magiekonflikt in der Spätantike. Bonn 2005.

RAHMENBEDINGUNGEN DES FRÜH- UND HOCHMITTELALTERLICHEN HEXENBILDES

Es ist bereits deutlich geworden, dass die Gleichsetzung von Hexenverfolgungen und Hexenimaginarium mit der Christentumsgeschichte nicht zutreffend ist. Jahrhundertelang hat es in kirchlichen Kontexten keine „Verfolgungen" in größerer Zahl gegeben, wenn auch das antike Erbe der gerichtlichen Verfolgung des vereinzelten Schadenzaubers weiterwirkte. Augustin am Übergang von der Antike zum Mittelalter (354–430 n. Chr.) hielt die zauberische Verwandlung der Gefährten des Odysseus in Schweine bei Homer schlicht für unglaubwürdig (De civitate dei 18, 17f.). Dennoch war der Glauben an die Realität der Magie im Allgemeinen ungebrochen, und theologisch wurde sie mit Wahrsagung, Götzendienst und überhaupt Heidentum auf eine Stufe gestellt. Im Erzählgut der Alten Kirche begegnen wir oft einem Konkurrenzszenario Magie – Evangelium. Der „böse Magier" (immer Männer) wird vom Prediger des Evangeliums überwunden (so schon in der Apostelgeschichte, Kap. 8. 12. 16).

Die regionalen Gesetzgebungen und Konzilien im Schatten des zerbrechenden Imperiums ergeben ein durchaus differenziertes Bild. Im Kontext der Missionsgeschichte begegnet die Kirche zahlreichen Formen indigener Magie,

die mit unterschiedlichen Interpretamenten und Wertungen
versehen waren. Die vorchristlichen Germanen z. B. haben
Liebeszauber für in hohem Maße schandhaft gehalten, der
in der griech.-röm. Welt herkömmlich als eher harmlos gesehen wurde. Das Thema bleibt in den Poenitentialen und
anderer Bußliteratur präsent, aber auch in den staatlichen
Gesetzen, ohne eine zentrale Rolle zu erhalten, und spielt
neben dem Schadenzauber nur eine marginale Rolle. Das
sollte sich später radikal ändern: im „Hexenhammer" etwa
ist erotischer Schadenzauber (aus Rache, verschmähter Liebe etc.) eines der häufigsten Themen. Kimberly B. Stratton
hat mit Recht darauf hingewiesen, dass in der älteren christlichen Erzählliteratur, etwa in den apokryphen Apostelak-
ten und anderen antiken christlichen Romanen, Frauen eher
Opfer von Magie als Täterinnen sind bzw. aus magischer
Verführung gerettet werden. Die Fixierung auf die Frau als
dämonisches, gefährliches Wesen hat sich erst allmählich
entwickelt, ehe sie in Texten des 14.–16. Jhdts. einen Höhepunkt findet. Sie ist auch nicht einfach mit der aus der
antiken Philosophie stammenden skeptischen Haltung dem
Leib und den Affekten gegenüber identisch. (Der allgemein
gebräuchliche Begriff einer durchgehenden „Leibfeindlichkeit" ist problematisch, da der Schöpfungsglaube immer
festgehalten wurde, und die Ehe grundsätzlich als gottgege-
bene, wenn auch gegenüber Zölibat und Virginität „minde-
re" Lebensform galt). Trotz dieser leisen Einschränkungen
bedeutet der Aufstieg der Hexenvorstellung einen zuvor
unbekannten Zuwachs misogyner Stimmen. Berüchtigt sind
vor allem Passagen aus dem „Hexenhammer", welche diesen Zug zum Ausdruck bringen: „Schlecht also ist die Frau
von Natur aus, da sie schneller am Glauben zweifelt, auch
schneller den Glauben ableugnet. Das ist die Grundlage für
die Hexen. (…) Und wie sie (die Frauen) aus dem ersten
Mangel, dem des Verstandes, leichter zur Ableugnung des
Glaubens neigen (als die Männer), so suchen, ersinnen und
verüben sie infolge des zweiten, nämlich der außergewöhn-
lichen Affekte und Leidenschaften, auf vielfache Weise Rache – sei es durch Schadenzauber, sei es durch andere Mittel.

Daher ist es kein Wunder, daß es eine so große Menge von Hexen in diesem (weiblichen) Geschlecht gibt. (…) Suchen wir nach, finden wir, daß fast alle Reiche der Welt durch Frauen zerstört worden sind. (…) In ihrem Gehen und Stehen, in ihrem äußeren Erscheinen, da ist Eitelkeit über Eitelkeit. (…) Außerdem ist sie bitterer als der Tod, weil dieser natürlich ist und nur den Körper vernichtet. Aber die Sünde, von der Frau ausgegangen, tötet auf gleiche Weise Seele und Körper durch den Entzug der Gnade, zur Strafe für die Sünde" („Hexenhammer" I, 6 dt. Übersetzung Behringer/Jerouschek/Tschacher; s. u.). Eitelkeit, Unersättlichkeit, Gier und Rachsucht bei geringer Intelligenz, dazu aber eine Neigung zur Hexerei sind für Heinrich Kramer allgemeine Kennzeichen der Frauen.

Es ist unzweifelhaft, dass hier ein gesamtgesellschaftlich-pathologischer Zug einen Ausdruck findet, der sich in kirchlichen Interpretamenten eine ideologische Basis schaffen konnte. Zwar wies schon z. B. die germanische Überlieferung illegitime Magie gerne Frauen zu (altnord. seiðkona „Zauberin"), wie im Röm. Reich auch vielfach germanische Seherinnen wie Veleda, Albruna, Waluburg und Ganna notorisch wurden (Tacitus, Germ. 8; Strabo 7, 2). Aber dies ist eben doch etwas völlig anderes als die Art von Magie, welche im Hexendiskurs Frauen zugesprochen wurde. Die angrenzende, sich heute rasch einstellende Frage, inwiefern wir in Magietraditionen Spuren frauenspezifischer Religion (oder Imagination) besitzen, ist methodisch bisher kaum abzusichern, obwohl ethnologisches Vergleichsmaterial aus ähnlichen Kulturen immerhin Plausibilitäten schafft; wir kommen auf diese Fragen zurück.

Literatur: Jan N. Bremmer, Jan R. Veenstra, B. Wheeler (Hrg.), The Metamorphosis of Magic from Late Antiquity to the Early Modern Period. Leuven 2002 * Peter Busch, Magie in neutestamentlicher Zeit. Göttingen 2006 * Marco Frenschkowski, Art. Magie. In: Reallexikon für Antike und Christentum 23 (2010), 857–957 * Bernd Kollmann, Jesus und die Christen als Wundertäter. Studien zu Magie, Medizin und Schamanismus in Antike und Christentum. Göttingen 1996 * Francis C. R. Thee, Julius Africanus and the Early Christian View of Magic. Tübingen 1984 * Silke Trzcionka, Magic and the Supernatural in Fourth-Century Syria. London 2007.

Canon episcopi und Dianakult

Im Anhang dieses Bandes haben wir den aus dem frühen 10. Jhdt. stammenden Canon episcopi wiedergegeben, der gewissermaßen den Grundtext des frühmittelalterlichen Hexenimaginariums darstellt, gerade auch in dem, was er nicht sagt. Zu Entstehung und Zusammenhang des Textes, der einen kirchenrechtlichen Status hatte, s. dort. Wir zitieren hier nur die Kernaussage: „Auch jenes darf nicht übergangen werden, daß gewisse verbrecherische Frauen, wenn sie sich wieder dem Satan zugewandt haben und durch Täuschungen und Trugbilder der Dämonen verleiten ließen, glauben und beteuern, sie ritten zu nächtlicher Stunde mit der heidnischen Göttin Diana (oder mit Herodias) und einer unzähligen Menge von Weibern auf gewissen Tieren und durchmessen im Schweigen der tiefen Nacht viele Räume der Erde. – Sie gehorchten Dianas Befehlen wie einer Herrin und würden in bestimmten Nächten zu deren Dienst berufen. Aber wenn diese nur alleine in ihrer Untreue zugrunde gegangen wären und nicht noch viele Menschen mit sich in den Untergang des Unglaubens gezerrt hätten. Denn eine ungezählte Menge meint – durch diese falsche Meinung getäuscht – dies sei wahr, und weicht, indem sie dies glaubt, vom Weg des wahren Glaubens ab und fällt in den Irrtum der Heiden zurück, weil sie meint, es gebe etwas Göttliches oder eine Wundermacht außerhalb des einen Gottes."
Dieser Text hat in der Forschung höchste Beachtung gefunden, zumal er in Spätmittelalter und früher Neuzeit praktisch von allen Theoretikern zum Thema zitiert und diskutiert wird, sei es zustimmend, sei es ablehnend. Hexerei ist hier ein illusionäres, dennoch infames Verbrechen: es wird durch den Teufel und seine Dämonen vorgegaukelt. Frauen befinden sich in einer nächtlichen Trance, in der sie meinen, auf Tieren durch den Wald zu reiten (oder durch die Luft zu fliegen, obwohl das nicht gesagt wird). Angeführt wird ihr wilder Zug von der Göttin Diana. Dieser Name wird in den späteren Nebenüberlieferungen durch andere weibliche

Dämonennamen ergänzt oder auch ersetzt. Diana ist für den christlichen Autor eine Dämonin, keine Göttin. Welche germanischen und keltischen Namen sich hinter ihr verbergen mögen, wissen wir nicht. Ginzburg u. ä. Autoren haben der Identität dieser Diana viel Aufmerksamkeit gewidmet. Es ist aber auch keineswegs ausgeschlossen, dass sich der Name Diana aus der Antike gehalten hat, wofür einige Indizien sprechen (dazu sofort). Angrenzende Figuren aus ihrem Umfeld sind Herodias, die Anstifterin der Hinrichtung Johannes des Täufers (im Volksglauben mitunter als Königin, heidnische Göttin oder Perchte gesehen und seltener förmlich mit Diana identifiziert, so bei dem Inquisitor Beltramino da Cernuscullo); dann hören wir von volkstümlichen weiblichen Numina unter Namen wie Satia, Abundia, Domina, Madonna Horiente, Habonde, Herodiana, Pharaildis, Beffana, Bizazia, Bezezia oder Bensozia, aber auch Minerva, in der Antike Göttin der Künste und der Wissenschaft, wird in solchen Zusammenhängen genannt (so bei Johannes von Erfurt, Summa confessorum), ebenso die eher nordische Hulda (auch Holda, Holt, Holle), die ebenfalls gelegentlich als Führerin der „Wilden Jagd" erscheint. Die Quellen sind breit gestreut mit einem Schwerpunkt in Südeuropa, Spanien bis Italien (nicht jedoch in Deutschland). Gelegentlich entwickelt sich aus dem Namen Diana sogar ein Wort für die Hexe: *jana* im Alttoskanischen und Sardischen, *janára* im Neapolitanischen, *jana* im Altprovenzalischen, *gene* im Altfranzösischen, *šana* im Asturischen. Die „heidnische Göttin" par excellence ist im Mittelalter dann allerdings zunehmend Venus, die als „Frau Venus" mit ihrem Venusberg Teil des deutschen Volksglaubens wird. Hexerei hat hier noch nicht primär mit dem Teufel zu tun: sie ist eine Form von Heidentum. Das ist ohne Frage die wichtigste Beobachtung zu unserem Text. Die Unterscheidung darf aber nicht überbewertet werden, da die Namen heidnischer Göttinnen für christliche Autoren Dämonennamen sind, und Heidentum und Teufelsverehrung sehr dicht beieinanderliegen. Das Vorstellungsfeld um die wilde Jagd der Hexen verbindet sich in Frankreich und Italien mit dem Märchen- und Sagenmotiv der „bona sozia" (der „guten Gefährtin") oder der „bonnes dames" (der „guten Frauen", also Feen), die unter Führung einer Königin die Häuser und Städte der Menschen aufsuchen würden. Sie gelten als den Menschen gegenüber freundlich gesonnene Wesen, von denen der Gastfreundliche und Großzügige reiche Gaben erhoffen darf, und nur der Geizige und Kleinliche etwas zu fürchten hat. Diese Nähe zum Volksglauben ist offenbar unterschiedlich ausgeprägt. Es wäre sicher übertrieben (wie gelegentlich geschehen), jeden Bezug dieses früh- und hochmittelalterlichen Hexenbildes zum realen Volksglauben zu leugnen und ihn nur als literarisches Traditum verstehen zu wollen. Es ist auch nicht gesagt, ob es zur Idee des „Hexenritts" (später auf dem bekannten Besenstiel) erst durch eine Verschmelzung des nächtlichen Ausritts im Gefolge der Göttin mit dem antiken Glauben an Strigen kommt. Ganz so klar sind die Grenzen der Ideenwelten wahrscheinlich auch nicht zu ziehen. Auch das Vorstellungsfeld der Tierverwandlung wird nicht ausgesprochen; es spielt im späteren Hexenglauben eine sehr viel größere Rolle, und ist bis ins 18. Jhdt. gut bezeugt (vgl. zu den Hintergründen Lecouteux).

In einer Predigt des Nikolaus von Kues (eines für seine Zeit ansonsten überaus aufgeklärten Geistes; 1401–1464) finden wir eine Erzählung von Frauen in einer „Gesellschaft der Diana". Diese verehrten sie als Spenderin von Geld, Fruchtbarkeit und allen Gütern, ja sie sei gewissermaßen die Glücksgöttin Fortuna (quasi Fortuna). Auf Italienisch heiße sie Richella, „Mutter des Reichtums und der glücklichen Fügung". Nikolaus identifiziert sie explizit mit der aus Apg. 19 bekannten Artemis bzw. Diana in Ephesus, und weiter mit den Feenfiguren Abundia oder Dame Habonde, die ihrerseits Depotenzierungen der römischen Göttin Abundantia sind. Wir wissen also nicht, in welchem Sinn wirklich „Diana" als Anführerin der wilden Jagd galt. Und diese ist noch weit entfernt vom orgiastischen Hexensabbat des 15.–17. Jhdts. Pagane Götternamen haben ja vielfach in abgesunkener Form überlebt (obwohl die Gleichsetzung z. B. der Märchenfigur Frau Holle mit einer germanischen Göttin

Hulda heute kaum mehr vertreten wird). Doch haben z. B. die euhemeristischen Sagendeutungen des frühen Mittelalters dazu geführt, dass die Götter und Göttinnen der Heiden oft einfach als Heroen der Vergangenheit, als kultisch verehrte große Könige und Königinnen der Vorzeit galten. Dieses Deutungsmuster (aus der Antike überkommen und nach einem Romanautor der hellenistischen Zeit benannt) war etwa im Irland und Island der früh- bis hochmittelalterlichen Epoche überaus beliebt.

Hat es also einen „Dianakult" gegeben? Wir besitzen einige Indizien, die darauf hinweisen können, aber gewinnen kein zusammenhängendes Bild. Wenn es ihn z. B. im Hochmittelalter noch gab, wurde er rasch überlagert von den Sagen um die Longaevi, die halbmythischen Wesen am Rande der mittelalterlichen Welt, wie Feen und Elfen und ihre Königinnen. Im antiken Rom war Diana eine überaus volkstümliche, im Staatskult aber eher marginale Figur, deren Charakter in vielem dem der griechischen Artemis glich. Sie war Göttin des tiefen Waldes, überhaupt der Natur, der Frauen und ihrer Lebensrhythmen, der Hochzeit und der Geburt (obwohl selbst eine jungfräuliche Gestalt), der Jagd, des Mondes, der Zauberei (dann mit Hekate gleichgesetzt). Oft ist sie Diana trivia, Diana des Dreiwegs. Daneben hatte sie eine grausame Seite, etwa in der Institution des Rex Nemorensis (eines Ritualkönigs auf Zeit, der dann jeweils von seinem Nachfolger getötet wurde), und in Geschichten über Menschenopfer, die ihr in Skythien (nicht in Rom selbst) dargebracht würden. Auch Wahnsinn und Epilepsie kann sie schicken; dann ist sie Diana iracunda. (Ihr Name ist an und für sich mit Worten für „Licht" und „glänzend" verwandt). Gerade die römischen Kaiserinnen prägten ihr Bild gerne auf ihre Münzen (dabei heißt sie gelegentlich Lucifera, Lichtbringerin, aber das hat man im Mittelalter wohl nicht mehr gewusst). Wir hören von ihr, als es um andere römische Gottheiten längst still geworden war. Gregor von Tours (538/39–594) berichtet in längst schon christlicher Zeit, Bauern bei ihrer Verehrung angetroffen zu haben (hist. 8, 15); vielleicht ist sie hier Arduinna, die Göttin des Ardennenwaldes. Ein mit Epilepsie oder Mondsucht Geschlagener heißt „dianaticus" (Maximus v. Turin, sermo 96 u. 101; Anfang des 5. Jhdts.); Cäsarius von Arles soll einen solchen geheilt haben. Martin von Braga (gest. um 580) berichtet von ihrem Kult an Quellen und in heiligen Hainen (De correctione rusticorum 8). Auch gespenstische Erscheinungen in der Mittagsstunde heißen „Diana". Ist das nun „Folklore", „überlebendes Heidentum", „Aberglauben", „Volksreligion" im Gegensatz zu einer Elitenreligion? Unsere Kategorien verschwimmen, zumal wir die Details dieser Kulte nicht scharf sehen können (exzellente Diskussion dieser Fragen bei MacMullen).

Literatur: Kimberly B. Stratton, Naming the Witch: Magic, Ideology, and Stereotype in the Ancient World. Stanford, CA 2006, 130 * Valerie Flint, The Rise of Magic in Early Medieval Europe. Princeton, NJ 1991 * Ramsay MacMullen, Christianity and Paganism in the Fourth to Eighth Centuries. New Haven u. London 1997, 74ff. u. ö. * Claude Lecouteux, Witches, Werewolves and Fairies, Shapeshifters and Astral Doubles in the Middle Ages. Rochester, VT 2003 * Paganes Erbe in Irland: Kim McCone, Pagan Past and Christian Present in Early Irish Literature. Maynooth 2000.

Die Hexe als Fremde

Wir haben in unserem kurzen Blick auf antike Texte vom Stereotyp der thessalischen Hexen gehört, die „den Mond herabzaubern können", ansonsten aber wohl besonders als für Liebes- und Rachezauber zuständig galten. Auch sonst konnte sich das Hexenbild mit ethnischen Imaginationen verbinden, worauf wir hier nur en passant hinweisen können. Dazu mag immerhin ein Beispiel zur Sprache kommen, das für die Geschichte des europäischen Hexenglaubens von besonderem Interesse ist, weil es in eine sonst eher dunkle Zeit führt, aus der wir nur wenige Informationen besitzen. Der Historiker Jordanes (gest. nach 552 n. Chr.) überliefert eine gotische Sage vom Ursprung der Hunnen: „Nach nicht langer Zeit, wie Orosius berichtet, brach das Volk der Hunnen, das über alle Begriffe roh und wild ist, gegen die Goten los. Über ihren Ursprung haben wir folgenden Bericht vom Altertum überkommen. Filimer, König der Goten, Sohn Gadarichs des Großen, nach der Auswanderung aus der Insel Skandza (Skandinavien) der fünfte Beherrscher der Geten (Goten), der auch, wie oben von uns berichtet wurde, mit seinem Volk nach Scythien zog (Südrussland), erfuhr von dem Aufenthalt gewisser Zauberweiber in seinem Volk, die er selbst in seiner Muttersprache Haliurunen (latein.: haliurunnae, „Heilrunen"?) nennt. Da er sie für verdächtig hielt, vertrieb er sie und nötigte sie, fern von seinem Heer in Einöden umherzuirren. Dort wurden sie von unreinen Geistern, als sie in der Wüste umherschweiften, erblickt. Diese begatteten sich mit ihnen und umarmten sie, und so entstand dieses wilde Geschlecht. Zuerst hielten sie sich zwischen den Sümpfen auf, ein unansehnliches und kleines, kaum menschenähnliches Geschlecht, an keiner Sprache erkenntlich außer an einem Etwas, das den Schein einer menschlichen Sprache durchblicken ließ. Diese Hunnen also, von solchem Ursprung (...)" (Getica 24). Es folgt eine Landfindungssage mit einem Tier als Führer, hier einer Hündin, wie es ähnliche Geschichten bei Steppenvölkern sehr häufig gibt. Wir befinden uns am Beginn der Völkerwanderung. Uns interessiert hier aber nicht das Historische, sondern die ethnische Sage, die offenbar kaum christlich eingefärbt ist. Die magischen Frauen gehören in das „Draußen", den wilden Bereich der Steppe. Auch später kann die „fremde Frau" als Hexe erscheinen. Magie und eben auch „Hexerei" sind ja Kategorien einer Kreation von Alterität. Sie haben daher eine Neigung, sich mit anderen Formen des kulturell „Fremden" zu verbinden, insbesondere dem Exotischen. Vertreter nationaler Minderheiten bzw. Nachbarn sind oft Projektionsflächen für Magie, wie die Lappen für die Finnen, die Finnen für die Schweden, die Falascha für die anderen Völker Äthiopiens, die Zigeuner bzw. Sinti und Roma seit ihrem ersten Auftreten in Europa im 15. Jhdt. und insbesondere seit der Antike die Juden (die im Altertum als Zauberer par excellence gelten); Abenteuerliches erzählte man in der Antike auch von den besonderen magischen oder mantischen Begabungen der Etrusker, der libyschen Psylloi (die als große Schlangenbeschwörer galten), der Marsi, der Thessaler etc.

4. Die „alte Religion":
ein Gespräch mit Margaret Murray

Der Teufel als Mann mit einer Maske?

Im Jahr 1963 publiziert die britische Anthropologin und Ägyptologin Margaret Murray ihre Autobiographie. Das Buch erscheint unter dem Titel „My first hundred years". Murray (1863–1963) feiert in diesem Jahr, wie es sich ergibt, ihren hundertsten Geburtstag. Eine Erinnerung an diese überaus bemerkenswerte Frau ist für uns deshalb so interessant, weil sich darin zeigt, wie eine gesellschaftlich weitestgehend akzeptierte, ja als unmittelbar plausibel geltende Theorie in der Konfrontation mit den historischen Quellen zusammenbrechen kann. Außerdem erlaubt ein kritischer Blick auf die Forschungsgeschichte eine Sensibilisierung für die „hidden agendas", die verborgenen Leitinteressen hinter der scheinbaren Objektivität der Forschung. Das ist als Anfrage an unsere Gegenwart (die wir nicht „mit Distanz" sehen können) sehr wichtig. Dabei ist „Miss Murray" ohne Frage eine der erstaunlichsten Persönlichkeiten, die je am Thema Hexen gearbeitet hat. Sie gehört zu jener Generation von Pionierinnen, die überhaupt erst das akademische Leben für Frauen erobert haben. Ohne die Möglichkeit, offiziell einen akademischen Abschluss zu erwerben, gelingt es Margaret Murray, zu einer respektierten Ägyptologin zu werden, die Ausgrabungsberichte, Studien und auch Populäres zum Thema Ägypten publiziert. Sir Flinders Petrie (1853–1942), einer der berühmtesten Ägyptologen der ägyptenbesessenen Jahre der spätviktorianischen Ära, nimmt die junge Frau unter seine Fittiche. Sie begleitet ihn auf mehreren Expeditionen nach Ägypten und Palästina. In Kalkutta (Indien) geboren, findet sie sich leicht in orientalischen Ländern und Gesellschaften zurecht. Dabei ist Murray eine glühende Feministin und arbeitet wissenschaftlich auf den verschiedensten Gebieten (1953–1955 ist sie etwa Präsidentin der Folklore Society). 1924 wird sie (ohne jeden akademischen Titel) Assistant Professor of Egyptology am University College of London (bis zu ihrer Pensionierung 1935).

Berühmt und geradezu eine Größe der neueren Religionsgeschichte der Britischen Inseln aber wird Margaret Murray durch ihre Thesen zum Hexenkult. 1921 erscheint „The Witch Cult in Western Europe“ und wird schlagartig das meistdiskutierte Buch zur Geschichte des Hexenglaubens, wenn auch sofort kritische Stimmen aus dem Lager der professionellen Geschichtswissenschaft laut werden. In ihrer zu Beginn erwähnten Autobiographie beschreibt sie, wie sie zur zentralen These des Buches kam. Am Beginn des Krieges (des Ersten Weltkrieges) gab es keine Studenten mehr, die sie unterrichten konnte, ihre Faszination mit Ägypten war zurückgetreten, und sie suchte ein neues Betätigungsfeld. Gespräche bringen sie auf das europäische Hexenwesen, und sie beginnt, sich dessen Quellen zuzuwenden (v. a. den britischen und französischen). Und plötzlich hat sie eine erleuchtungsähnliche Erfahrung: „Ich war von der üblichen Idee ausgegangen, dass die Hexen alte Frauen mit Wahnideen über den Teufel waren, und dass ihre Verfolger bösartige, von Vorurteilen und Ungerechtigkeit erfüllte Männer waren. Aber ich las nun die zeitgenössischen Originalquellen, und plötzlich begriff ich, dass der Teufel einfach ein maskierter Mann gewesen sein muss. Ich war bestürzt von der Art und Weise, wie plötzlich alles einen Sinn ergab. Die Hexen waren die Mitglieder einer alten und primitiven Religionsform, und unsere Quellen stammten einfach aus der Sicht einer neuen Religion.“ (My first hundred years, 104).

Anders gesagt: die Hexenverfolgungen waren in Murrays Modell sehr schlicht ein Religionskrieg. Die neue Religion des Christentums versuchte eine alte, in regionale und soziale Rückzugsgebiete verdrängte Religion auszurotten. Daraus folgt, dass die Hexenprozesse keineswegs Justizmorde waren. Sie richteten sich gegen eine reale Bewegung und deren kultische Praxis. Sie waren, anders gesagt, vergleichbar mit den frühen Christenverfolgungen durch das Römische

Reich: nur war die unterdrückte Religion diesmal nicht neu, sondern alt. Die Schilderungen des Hexensabbats waren in ihrer Theorie nichts anderes als (zugegeben fantastisch ausgeschmückte und karikierte) Schilderungen einer realen alten Fruchtbarkeits- und Naturreligion. Der „Teufel" war ein mit Tiermaske verkleideter Priester. Die Hörner des Teufels waren die Hörner dieser archaischen Maske. Geheim war die Zusammenkunft nur, weil sie verfolgt wurde. Trancetechniken, volksmedizinisches Wissen, magische Drogen wurden in diesem Referenzrahmen tradiert. Das Wissen um die Rituale wurde von Generation zu Generation weitergegeben. Insbesondere praktiziert der Kult auch freiwillige Menschenopfer. Man traf sich in Gruppen zu 13 Personen (die sie mit einem schottischen Wort „coven" nennt). Das Hexenwesen war die „alte Religion" (ein Begriff, den Charles G. Leland vor ihr geprägt hat; zu ihm s. u.); das Erbe dieser Religion könne partiell bis in die Welt steinzeitlicher Jäger und Sammler zurückverfolgt werden.

Was an dieser Theorie bestechen musste, war ihre tiefe Rationalität. Sie bot eine völlig „vernünftige" Erklärung für ein dunkles und rätselhaftes Kapitel europäischer Geschichte. Auch die Verfolger waren nun zwar Fanatiker, aber doch keine völlig wahnhaften Paranoiker mehr. Zudem traf sich die These mit anderen tief rationalen Theorien der Zeit. James George Frazer hatte in seinem berühmten „Golden Bough" eine durchaus „vernünftige" Gesamttheorie der Magie als einer fehlgeleiteten, primitiven frühen Wissenschaft vorgelegt („The Golden Bough: A Study in Magic and Religion", zuerst in 2 Bänden 1890, die sukzessive zu einem monumentalen Magnum opus heranwuchsen; 13 Bände in der 3. Aufl. London 1906–36). Im Hintergrund aller dieser Theorien stand das „survival"-Paradigma des großen Anthropologen Ernest B. Tylor („Primitive Culture". London 1871): In jeder Kultur gebe es „Reste" früherer Kultur, die dann verborgen, verdrängt, marginalisiert weiterexistieren und eine sozusagen untergründige Vitalität entfalten. So konnte Tylor einen Generalnenner für den weiten Bereich des „Aberglaubens" definieren. In diesem Rahmen wurde zwischen 1880 und etwa 1910 dann sogar die These diskutiert, Überlebende „archaischer" Völker und früher Menschheitsformen (z. B. Neandertaler) hätten sich in den Rückzugsgebieten der Zivilisation bis in die Gegenwart erhalten. Die volkstümlichen britischen und irischen Erzählungen von „Little People", „Fairies", „Good People", die gelegentlich Kinder stehlen und ansonsten in den Klüften und Bergen von Wales und Schottland, weitab der Zivilisation, leben, wurden auf letzte Vertreter dieser urtümlichen Völker gedeutet, die bis in die Gegenwart überlebt hätten. Anthropologen und Historiker nahmen diese Theorie zeitweise überaus ernst, etwa der Archäologe David MacRitchie (1861–1925). MacRitchie sieht in den Fairies Verwandte der Finnen und Eskimos, die auf einer steinzeitlichen Kulturstufe stehengeblieben seien und sich bis in die jüngste Vergangenheit am Rande der britischen Zivilisation hätten verborgen halten können, vom Volk abergläubisch gefürchtet. Er hat diese These in der ihm eigenen eifrig-enthusiastischen Art in vielen Publikationen vertreten. Wir erwähnen diese Zusammenhänge hier, weil sie den Erfolg von Margaret Murray verständlicher werden lassen, auch wenn diese einige Jahre später auftrat. Viele Literaten haben dieses Motiv aufgenommen und gestaltet, z. B. Arthur Machen („The Novel of the Black Seal", 1895; „The Red Hand", 1906, u. ö.) und John Buchan („No Man's Land", 1898). Noch der Begründer der Wicca-Bewegung Gerald Gardner (s. Kap. 13) war von der Theorie überzeugt, die Fairies und Goblins der englischen Volkssage seien eigentlich Erinnerungen an die steinzeitliche Bevölkerung Großbritanniens, und auch Margaret Murray hat diese Vermutung geteilt, obwohl sie zu dieser Zeit bereits als obsolet galt. Ein angesehener Volkskundler wie George Laurence Gomme (1853–1916) konnte daher bereits vor Murray verschiedene „survival"-Theorien verbinden: „Hexenwesen (witchcraft) ist das Überleben (survival) eines vor-arischen (= vor-indogermanischen) Glaubenssystems aus den Quellen der Ureinwohner. Der Elfenglaube (fairycraft) ist der überlebende Glaube der Arier im Blick auf die Ureinwohner" (gemeint sind die Verhältnisse in Großbritannien).

Literatur: David MacRitchie, The Testimony of Tradition. London 1890; Pygmies in Northern Scotland. Edinburgh 1892; The Underground Life. Edinburgh 1892; The Northern Trolls. Chicago 1893; Underground Dwellings. Aberdeen 1900; Fairy Mounds. London 1900; Hints of Evolution in Tradition. London 1902. In der jüngeren anthropologischen Forschung wird die These zwar noch gelegentlich erwähnt, aber kaum mehr vertreten. Vgl. etwa Leslie V. Grinsell, Folklore of Prehistoric Sites in Britain. Newton Abbot 1976, 29 * Zur Rezeption: Michel Meurger, Le thème du Petit Peuple chez Arthur Machen et John Buchan. In: ders., Lovecraft et la S.-F. Band 1. Amiens 1991, 111–150 * Vgl. Carole G. Silver, Strange and Secret Peoples. Fairies and Victorian Consciousness. New York u. Oxford 1999. Rev. ed. 2003 * Zitat: George Laurence Gomme, Ethnology in Folklore. London 1892, 63.

DER ZUSAMMENBRUCH EINER THEORIE

Margaret Murray hatte also eine in ihrem kulturellen Kontext plausible Theorie formuliert, und der Erfolg blieb nicht aus. So wurde sie 1929 beauftragt, den Beitrag über „witchcraft" für die Encyclopaedia Britannica zu schreiben, der viele Jahre sozusagen die „offizielle" Stimme zum Thema war (erst in der Ausgabe 1968 wurde der Artikel durch einen anderen ersetzt). Angesehene Forscher wie der Mediävist Sir Steven Runciman (1903–2000), führender Historiker der Kreuzzüge, zeigten sich von ihren Theorien tief beeindruckt, und Literaten wie der Phantastikautor H. P. Lovecraft waren sofort von der Richtigkeit der Sicht überzeugt.

Das Problem mit Murrays Theorie ist nur, um es sehr schlicht zu sagen, dass sie trotz ihrer Scheinplausibiltät nicht haltbar ist und an den Quellen sofort und schon auf den ersten Blick scheitert. Historiker sahen dies auch bereits sofort nach Erscheinen von „The Witch-Cult in Western Europe", konnten aber die breite Rezeption des Buches nicht verhindern. Murrays Thesen funktionieren nämlich nur mit einer extrem selektiven Sicht der Quellen, die alle fantastischen, übernatürlichen Elemente ausblendet. Der Flug zum Sabbat, die übernatürlichen Begleiterscheinungen des Teufels, der Schadenzauber und vieles andere finden bei ihr keine Erklärung, und werden in zum Teil geradezu kurioser Weise überlesen. Das Element der Konstruktion, der den Opfern nach festem Frageschema aufgenötigten Antworten unter der Folter tritt kaum in den Blick. Im Schatten Frazers und seiner Thesen zum Sakralkönigtum hatte sie zudem in späteren Publikationen die Idee vertieft, ein Wesenszug des paganen Hexenkultes sei es, dass er „Ersatzkönige" opfere, deren Unfalltod oder Ermordung in Wahrheit Menschenopfer gewesen seien, freiwillig von den Opfern auf sich genommen, um Fruchtbarkeit, Vitalität und Wohlstand des Landes zu sichern. Thomas Becket (1118–1170), der vor dem Altar ermordete Erzbischof von Canterbury sei ein solches Ersatzopfer für den eigentlich zu opfernden König gewesen (also im Herzen ein Heide!), ebenso der bei einem rätselhaften Jagdunfall im legendären New Forest umgekommene König William Rufus (William II., 1056–1100), aber auch Johanna von Orléans, deren Geschichte Murray einer ausführlich-phantastischen Reinterpretation unterzieht. (Das Motiv wird 1973 in dem Film „The Wicker Man" mit Christopher Lee aufgenommen, der sozusagen ein später, phantastischer Ausläufer der Theorien Murrays ist). Diese Thesen „überspannten den Bogen" und wurden kaum mehr ernst genommen. Neuere Historiker der Hexenverfolgungen wie Norman Cohn oder Ronald Hutton oder auch die große Erforscherin britischer Folklore Jacqueline Simpson sind daher in ihrer Ablehnung der Thesen Murrays einmütig. Dennoch existieren diese in gewissem Umfang (aber mit Metamorphosen) in einem esoterischen und neopaganen Kontext weiter; dazu s. am Ende dieses Buches. Auch Carlo Ginzburgs Thesen können als eine „Sublimierung" Murrays gelesen werden (von der er sich aber distanziert).

Literatur: Margaret Murray, The Witch-Cult in Western Europe. Oxford 1921 u. o.; dies., The God of the Witches. London 1933; dies., The Divine King in England. A Study in Anthropology. London 1954; dies., The Genesis of Religion. London 1963; dies., My First Hundred Years. London 1963 * Kritisches: Ronald Hutton, The Triumph of the Moon. A History of Modern Pagan Witchcraft. Oxford 1999; ders., The Pagan Religions of the Ancient British Isles. Oxford 1991, 301–307 (grundlegend) * Jacqueline Simpson, Margaret Murray: Who Believed Her and Why?, Folklore 105 (1994), 89–96 * Norman Cohn, Europe's Inner Demons. London 1971 * Elliot Rose, A Razor for a Goat: A Discussion of Certain Problems in Witchcraft and Diabolism. Toronto 1962 * Caroline Oates u. Juliette Wood, A Coven of Scholars. Margaret Murray and Her Working Methods. London 1998.

MARGARET MURRAY ZWISCHEN ALTEN UND NEUEN HEIDEN

Als mit Gerald B. Gardners „Witchcraft Today" (London 1954) ein Grundtext der neuen „Hexen-Religion" Wicca erschien, trug Margaret Murray dazu eine freundliche „Introduction" bei (sie war eine tief rationale Frau und sah sich selbst – nach allem, was bekannt ist – aber nie als „neue Hexe"). Die Murray-These hat nicht zuletzt darin eine gewisse Bedeutung, dass sie die Frage nach den „letzten Heiden" wachgehalten hat. Um diesen Fragekomplex ist eine lebhafte Diskussion entstanden, die noch lange keinen Konsens erreicht hat. Wie „christlich" war die Bevölkerung des Mittelalters? Dazu existiert ein breites Spektrum an Auffassungen. Ronald Hutton, der große Erforscher der Vorgeschichte von Wicca, hat bereits in frühen Arbeiten pointiert die These formuliert, dass Europa (gedacht ist freilich vor allem an Großbritannien) nur sehr wenige nachweisbare pagane „survivals" aufweist. Seine Zentralthese lautet daher: In den Hexenverfolgungen starb keine einzige Heidin, kein einziger Heide. Es gab zu dieser Zeit schlicht keine Heiden mehr, weder in Mittel- und Westeuropa noch auf den Britischen Inseln. Die Weiterverehrung heiliger Quellen, heiliger Bäume, die Verbreitung der Volksmedizin etc. haben im Christentum einen neuen Referenzrahmen gewonnen, den man nicht einfach ausblenden darf. Man hat in der älteren Forschung gerne auch die Sicht vertreten, Kirchengebäude seien oft am Ort paganer Heiligtümer errichtet worden (nach einem Brief Papst Gregor d. Gr., der diese Praxis empfiehlt). Hutton konnte aber nachweisen, dass bei empirischer Nachprüfung dies eher Ausnahme als Regel war usw.

Die radikale Gegenposition zu derjenigen Huttons nimmt an, Europa sei tatsächlich erst im Reformationszeitalter auf allen sozialen Niveaus und in allen Bevölkerungsgruppen zu einem christlichen Kontinent geworden. Insbesondere die ländliche Bauernschaft sei davor in vielen Regionen nur ganz oberflächlich christianisiert gewesen, habe ihr vorchristliches Brauchtum ungebrochen weiter tradiert, und die alten Götter hätten in mancherlei Metamorphosen und „christlichen Verkleidungen" überlebt. In diese Sichtweise wäre dann Margaret Murrays ehemalige These einzuordnen, die Hexenverfolgungen seien im Prinzip ein Religionskrieg gewesen: der Krieg gegen das heidnische, das vorchristliche Europa. Zwischen diesen beiden Radikalpositionen stehen vermittelnde, differenzierte Auffassungen, wie sie auch in der vorliegenden Studie vertreten werden. Es ist vor allem gar nicht so einfach zu definieren, wonach wir eigentlich fragen. Auch sind angrenzende Phänomene zu unterscheiden. Immer wieder hat es „Wiederbelebungen der Antike" gegeben, vor allem der klassischen griechischen und römischen Antike, in deren Gefolge dann gelegentlich auch antike Religion wiederbelebt worden ist. Dies ist aber kein „überlebendes Heidentum", sondern eine Variante einer radikalen Renaissance. Erst im 18. und 19. Jhdt. treten neben an der Antike orientierten Renaissancebewegungen auch jene, die keltische und germanische Religion wiederbeleben wollen.

Nennen wir dazu als byzantinisches Beispiel, um das Phänomen klar abzugrenzen, den neuplatonischen Philosophen Georgios Gemistos Plethon (geb. ca. 1360, gest. 1452, im Jahr vor der Eroberung Konstantinopels durch die Türken). In seinen jüngeren Jahren scheint er enge Kontakte zu Juden und Zoroastriern gehabt zu haben (wir hören von einem jüdischen Lehrer Elissaios) und hat in Konstantinopel Rhetorik und Philosophie unterrichtet. Als der Häresie verdächtig ließ ihn Kaiser Manuel II. nach Mistra verbannen, wo er sich in verschiedenen öffentlichen Positionen um das Gemeinwesen bemühte und verschiedene utopische Vorschläge zu einer Neustrukturierung der städtischen Gesellschaft zur Diskussion brachte. Dabei verteidigte er die Armee und die Landbevölkerung, griff aber den mönchischen Klerus als nutzlose Drohnen an, und dies alles vor dem Hintergrund eines massiven hellenischen Nationalpatriotismus. Als fast 80-Jähriger nahm er am Konzil von Ferrara-Florenz teil, wo er mit italienischen Gelehrten ins Gespräch kam. Seine Verteidigung der platonischen Philosophie gegenüber dem abendländischen Aristotelismus war vielleicht einer der Inspirationen für die Neubegründung einer platonisierenden Akademie durch Cosimo de Medici. Gemistos nahm zu dieser Zeit den Zunamen Plethon an („üppig", Anspielung auf den Namen Platon). Erst gegen Ende seines Lebens schrieb er das Werk, um dessentwillen wir ihn hier erwähnen: das „Buch der Gesetze". Hier wird neuplatonische Philosophie mit einer expliziten Wiederbelebung der alten griechischen Religion verbunden. Zeus ist der wahre Weltgott; ihm und den anderen olympischen Göttern werden nun neue Hymnen und Gebete gewidmet, die sich an neuplatonischen Vorbildern orientieren. Die Schrift ist nur partiell erhalten, hat aber viel Aufsehen erregt und wurde von Intellektuellen durchaus diskutiert. Natürlich gibt es im griechischen Volksglauben echte „survivals" vor allem antiker Volksreligion (etwa in Gestalt des Totendämons Charos, des altgriechischen Charon). Aber die genannte Wiederbelebung antiker Religion ist etwas ganz anderes: ein religiöses Experiment, das in manchem die neoheidnisch-esoterischen Bewegungen der Gegenwart vorwegnimmt. Solche Wiederanknüpfungen an Paganes hat es aber auch schon früher gegeben, und vielleicht nicht nur auf Gelehrtenniveau: vor allem weil das Pagane in christlichen Kontexten mit dem Faszinans des Verbotenen, Alten, Weisen, Dunklen umgeben sein konnte (bei Plethon ist es natürlich eher umgekehrt das „Vernünftige", „Helle"). Alle diese Faktoren sind zu bedenken, wenn die kulturelle Präsenz „paganer" Kulte im europäischen Mittelalter erforscht werden soll.

Gerade für den britischen und schottischen, in geringerem Umfang für den französischen und in noch geringerem Umfang für den deutschen Bereich lässt sich allerdings in der Tat plausibel machen, dass manche (aber nie alle) angeblichen Hexen „cunning folk" waren, volkstümliche Heiler(innen) und Wahrsager(innen). In ihrem Repertoire spielten auch magische Handlungen, z. B. das Herstellen von Amuletten und magischen Heilmitteln eine Rolle. In Großbritannien gingen manche von ihnen mit „fairies", Wesen populärer

Mythologie, um. Aber an keiner Stelle lässt sich nachweisen, dass sie „Teufelsanbeterinnen" gewesen wären, und zu „Heidinnen" werden sie dadurch auch nicht. Wie heutige volkstümliche magische Heilerinnen etwa in Süditalien hätten sie das weit von sich gewiesen: der Referenzrahmen des Katholizismus bleibt dort ungebrochen; die meisten Zaubersprüche sind formal katholische Gebete. In Frankreich wurden viele „devins-guerisseurs", bäuerliche Heiler und Wahrsager, als Hexenmeister angeklagt; aber Heiden waren auch sie nicht nach allem, was wir sehen können. Ähnlich richteten sich die intensiven Verfolgungen in Russland gegen populäre magisch-religiöse Praxis, die aber nur von den Verfolgern (und offenbar nicht von den Praktizierenden) mit „Heidentum" gleichgesetzt wurde. In Ungarn war offenbar etwa die Hälfte der Angeklagten mit volksmedizinischen Praktiken verbunden, aber z. B. in Deutschland ist davon nur sehr wenig sichtbar.

Literatur: Christopher M. Woodhouse, George Gemistos Plethon. Oxford 1986 * John Cuthbert Lawson, Modern Greek Folklore and Ancient Greek Religion. Cambridge 1910 (diverse Reprints) * Italien: Thomas Hauschild, Macht und Magie in Italien. Über Frauenzauber, Kirche und Politik. Gifkendorf 2002 * Emma Wilby, Cunning Folk and Familiar Spirits. Brighton 2005 * Alan Macfarlane, Witchcraft in Tudor and Stuart England. A Regional and Comparative Study. London 1971, 2. Aufl. 1999 * Frankreich: Edward William Monter, Witchcraft in France and Switzerland. The Borderlands During the Reformation. Ithaca u. London 1976.

5. Synagoga Satanae:
Fiktionen einer Anti-Religion im Untergrund des Abendlandes und das Hexenimaginarium der frühen Neuzeit

Die Hexe als Häretikerin

Die christliche Hexe ab dem Hochmittelalter ist nicht mehr allein Schadenszauberin, sondern Teufelsbraut und Ketzerin. Das kirchliche Verdammungsurteil über die Hexen richtet sich formal nicht gegen ihre Schadenszaubereien (diese sind Sache der weltlichen Gerichte), sondern gegen ihre Ketzerei. Sie erkennen dem Teufel eine Macht zu, die er nicht hat, mehr noch: sie verehren ihn. Damit rauben sie Gott die ihm allein zukommende Ehre, und das ist ihre eigentliche Hauptsünde. Hexen sind Häretikerinnen, weil sie dem Teufel etwas zusprechen, was er nicht ist, weil sie seinen Lügen glauben. Die Hexe ist jetzt nicht mehr primär die Schadenszauberin, sondern sie ist diejenige, die eine irrige, häretische (nämlich zu hohe) Auffassung vom Teufel vertritt. Sie lässt dem Teufel jene Verehrung zukommen, die nur Gott gebührt. Darin ist sie Verführte und Verführerin und handelt jedenfalls gegen das, was sie eigentlich wissen könnte. „Häresie" meint ja im altkirchlichen und mittelalterlichen Kontext nicht etwa einfach eine „abweichende religiöse Lehre", sondern ein Denken gegen besseres Wissen, eine Verweigerung der kirchlichen Autorität gegenüber, ein perverses sich der Wahrheit-Entziehen. Dieses Konzept ist uns nicht gar so fremd, wie es vielleicht auf den ersten Blick scheinen könnte. Es existiert unabhängig von kirchlichen Denksystemen etwa in der gesellschaftlichen Wahrnehmung von Holocaustleugnern und rechtsradikalen Rassisten. Kann ein kluger Mensch guten Willens und Gewissens

ein Holocaustleugner sein? Wir würden im Allgemeinen
wohl sagen: nein. Es muss eine extreme Verkehrung der
Wahrnehmung und Wertung stattgefunden haben. In einer
vergleichbaren Weise hat die herrschende Epistemologie
des Mittelalters „Häresie" wahrgenommen: nicht als „anderes Denken", sondern als eine verdrehte, sich einer auf der
Hand liegenden Wahrheit böswillig verweigernde Haltung.
Als solche ist sie dämonischen Ursprungs und hat Nähe zu
anderen Manifestationen des Bösen. Das Häresiekonzept
dient also nicht einfach der Abwehr von Pluralismus oder
Alterität, sondern es ist ein moralisches Konzept. Der Häretiker gilt als böswilliger Abweichler. Es ist selbstverständlich, dass ein solches Konzept nicht mehr nachsprechbar ist,
und auch moderne Wahrnehmungen religiöser Differenzen
anders ausfallen werden. Das Häresiekonzept sollte aber
auch nicht karikiert werden, sondern muss an seinem historischen Ort verstanden werden, als Ausdruck eines kulturellen Bewertungssystems, das für uns vergangen ist, aber zu
seiner Zeit Plausibilität gefunden hat. Und in dieses System
wurde das „Hexenwesen" eingezeichnet, als Hexen schließlich im Hochmittelalter zu Häretikerinnen erklärt wurden.

Die Entwicklung zur „Hexensekte"

Dies ist aber nur der erste Schritt in der Weiterentwicklung des Hexenbildes, welches die großen Verfolgungen
möglich gemacht hat. Ein zweiter Schritt, den wir ausführlicher in den Blick nehmen wollen, ist das Bild der „Hexensekte". Zu einer Steigerung des Hexenglaubens und vielen
Hinrichtungen kommt es nämlich erst, als sich im 15. Jhdt.
die Überzeugung durchsetzt, die Hexen und Hexenmeister
praktizierten sozusagen eine Anti-Religion im Untergrund
des Abendlandes, also eine Art Satanismus. Und nicht als
Einzelpersonen, sondern als Untergrundbewegung, eben
als „Hexensekte" entfalteten sie ihre unheilvollste Wirkung.
Die Angst vor „satanistischen" Phantasiereligionen in den
1970er, 1980er Jahren ist ein letzter Ausläufer dieser Idee.
(Natürlich wurde diese dann ihrerseits von realen Gruppen

zur Selbstinszenierung benutzt). Wie konnte es dazu kommen? Zwei Schritte sind zu unterscheiden: die Wertung der Hexe als Häretikerin, und die neue Sicht der Hexen als einer gemeinsamen „Hexensekte" im 15. Jhdt., die in Analogie zu Bewegungen wie den Katharern oder Waldensern zu verstehen sei. Wir zeichnen einige Elemente der Entwicklung nach. Es war der Jurist Christian Thomasius (1655–1728), ein wichtiger Überwinder des Hexenglaubens, der als Erster erkannte, dass die Idee einer „Hexensekte" überhaupt erst um 1400 entstanden ist, also kein altes Erbe darstellt.

Hexen wurden damit vergleichbar mit anderen häretischen Oppositionsbewegungen des Spätmittelalters. Sehr merkwürdig ist das (heute seltene, aber in der frühen Neuzeit sehr häufige) französische *vaudoises* (lateinisch *valdenses*) für Hexen. Es meint ursprünglich die kirchliche Erneuerungsbewegung der Waldenser (nach Petrus Waldes/Valdes, gest. wohl vor 1218). Diese galt im Hochmittelalter im katholischen Kontext als häretisch. Hexen sind hier also auch begrifflich „Häretikerinnen", worin sich die mittelalterliche Weiterentwicklung des Hexenbildes zeigt. Es ist nicht nur so, dass die Hexe als Häretikerin analog anderen Häresien galt. Es lässt sich auch ein verfolgungspsychologischer Zusammenhang herstellen zwischen Regionen, in denen Häresieverdächtigungen, Hexereiverdächtigungen und tatsächliche häretische Bewegungen stark waren (die folgenden Beobachtungen weitgehend nach den Arbeiten von Kathrin Utz Tremp). Schon der älteren Forschung war partiell aufgefallen, dass es zu frühen Prozessen v. a. in Regionen kommt, in denen es auch Häresieverfolgungen gegeben hat (in Frankreich, den Niederlanden, dem Rheinland, Norditalien und v. a. den Westalpen). Die Häretikerpolemik des 13. und 14. Jhdts. stellte bereits viele der Motive bereit (etwa in der Verbindung der Häretiker mit dem Teufel), die dann gegen die Hexen gewendet worden seien. Andreas Blauert hat in einer Studie die Affinitäten zwischen den Waldenserverfolgungen in der Westschweiz und den zum Teil noch gleichzeitigen, zum Teil etwas späteren Hexenverfolgungen nachgezeichnet.

Das Bild der Hexensekte verbindet magische und häretische Elemente. „Zu den häretischen Elementen zählen die Einführung in die Sekte, der Pakt, die nächtliche Versammlung, die Organisation der Sekte und der Hypokrisievorwurf, zu den magischen der Flug der Hexen und Hexer zum Sabbat, die maleficia (insbesondere der Kindsmord) und die Motive, der Sekte beizutreten (Rach- und Genusssucht sowie sexuelle Gelüste)" (Tremp, Häresie und Hexerei). Dieses Bild hat einen frühen literarischen Ausdruck in der anonymen Schrift „Errores gazariorum" gefunden, welche gerade in der betreffenden Zeit (kurz vor 1436/1438) im Aostatal entstanden ist. Gazarii ist eine Bezeichnung einer katharischen Gruppe: die Hexen erscheinen hier schon begrifflich als Ketzer, auch wenn es tatsächliche Katharer zu dieser Zeit in einer identifizierbaren Sozialgestalt nicht mehr gibt. Gegenstand der Strafverfolgung soll nun nicht mehr allein die einzelne Hexe sein, sondern die „Sekte" der Teufelsanbeter. Der katharische Dualismus wird (fälschlich) als Teufelsverehrung interpretiert. Die nächtlichen Versammlungen der Katharer, ihre (in der Zeit ihrer Verfolgung durch die katholische Kirche) geheimen Riten gaben ein Paradigma ab, in das auch „fiktive Sekten" (wie jene der Hexen) eingezeichnet werden konnten. Wir hören von einem „Pakt", den Katharer mit den „perfecti" (ihren Anführern) schlossen, die extreme asketische Ethik des „consolamentum" spätestens in der Stunde ihres Todes auf sich zu nehmen. Neben anderen Elementen konnte er zur Idee des Teufelspaktes beitragen. Es war u. a. der Kampf gegen die Katharer, der 1233 zur Einrichtung der Inquisition in Südfrankreich geführt hatte, die dann nach deren Ende strukturell „ähnliche" Sekten im Visier hatte. Diese Entwicklungen können auch als eine „Theologisierung" der Hexerei beschrieben werden, die jetzt zu einer Art Anti-Religion wird.

Auch scheint es tatsächliche Formen eines Synkretismus zwischen Resten der Katharer und den Waldensern in den Alpen und v. a. im Piemont zwischen Südfrankreich und der Lombardei gegeben zu haben. Diese realen Gruppen verstärkten offenbar die Fixierung der Inquisition auf „Sekten", in welche dann auch die alten Magieverdächtigungen eingezeichnet wurden. „Bereits im ersten Verhör, das der Inquisitor Antonio di Settimo am 23. März 1387 führte, ist gleichzeitig von der „Synagoge der Waldenser" die Rede, die „zur Stunde des ersten Schlafes" (primum somnium) stattfinde, vom consolamentum (bestehend aus geweihtem Brot) und von der Ablehnung des Fegefeuers (ein waldensisches Charakteristikum) sowie von einer sexuellen Orgie. (…) Als Mittler zwischen Katharismus und Hexerei dienten seltsamerweise die Waldenser, die der orthodoxen Kirche viel näher standen als die Katharer und vor allem keinerlei Dualismus kannten" (Tremp, Häresie und Hexerei). Doch musste auch die waldensische Beichte (der wichtigste Ritus der Gemeinschaft) vielfach in der Nacht und im Geheimen stattfinden. Die Verfolgung schuf damit zum Teil erst die Verhältnisse, die dann als Projektionsfläche für Sekten- und Orgienfantasien dienten. Das antiklerikal-kirchenkritische Element v. a. der romanischen Waldenser trug zu einem Szenario gegenseitiger Verdächtigung bei. Damit ist ohne Frage eine weit ausholende These formuliert, die zwar den regionalen Besonderheiten gerecht wird, aber doch der Ergänzung bedarf, wenn das europäische Hexenphänomen nicht verzeichnet werden soll. Eine andere Gruppenbezeichnung, bei der nicht recht klar ist, wie viel geschichtliche Realität hinter ihr steht, ist die der „Luziferianer", von denen wir 1392–1394 in der Mark Brandenburg und in Pommern hören, also weitab von den Kerngebieten der frühen Hexenverfolgung. Damit war offenbar eine polemische Fremdbezeichnung für den Waldensern nahestehende Gruppen gegeben. Bereits 1336 hören wir von solchen „Luziferianern" in Angermünde. Der zentrale Vorwurf (Teufelsverehrung) war ehemals den Katharern gemacht worden, wie ja bekanntlich auch den Tempelrittern, als ihr Orden 1307–1314 aufgehoben wurde. Mit dem Ende dieser Gemeinschaften als identifizierbarer Gruppen war der Vorwurf nun sozusagen frei geworden, und wurde auf waldensische Gemeinden bezogen. Vor allem aber „lief er ins Leere" und erzeugte in gewisser Weise selbst seinen Gegenstand: die Hexensekte. Aus der realen Sektengeschichte stammende Vorwürfe (etwa die waldensische Ablehnung der Lehre vom Fegefeuer) und solche aus dem Ideenfeld der Teufelsverehrung (sie „küssen die Katze unter dem Schwanz", also den Teufel auf sein Hinterteil) können sich nahtlos verbinden.

In den Jahren 1428–1442 entstanden in den Westalpen die ersten fünf theoretischen Schriften zur Hexensekte (ediert und kommentiert in Ostorero 1999). Dann machte die neue Leitidee rasch Karriere. Bei den folgenden Hexenprozessen in der Westschweiz (1448 und 1478 in Vevey, 1460 in Lausanne etc.) sind es nicht mehr die einzelnen Hexen, die verfolgt werden, sondern ihre „Synagoga Satanae", ihre satanische Gegenkirche. Interessanterweise scheint in den Gebieten, in denen sich diese Idee durchsetzte, der Männeranteil an den Opfern anzusteigen.

Literatur: Michael D. Bailey, Battling Demons: Witchcraft, Heresy, and Reform in the Late Middle Ages. Pasadena, TX 2003 * Andreas Blauert, Frühe Hexenverfolgungen. Ketzer-, Zauberei- und Hexenprozesse des 15. Jahrhunderts. Hamburg 1989 * Kathrin Utz Tremp, Von der Häresie zur Hexerei. „Wirkliche" und imaginäre Sekten im Spätmittelalter. Hannover 2008 * dies., Häresie und Hexerei. In: Lexikon zur Geschichte der Hexenverfolgung, hrsg. v. Gudrun Gersmann, Katrin Moeller und Jürgen-Michael Schmidt. In: historicum.net (historicum.net/no_cache/persistent/artikel/5936/ vom 2. 6. 2012) * Quellen: Joseph Hansen, Quellen und Untersuchungen zur Geschichte des Hexenwahns und der Hexenverfolgung im Mittelalter. Bonn 1901 (Neudruck Hildesheim 1963) * Martine Ostorero, Agostino Paravicini Bagliani, Kathrin Utz Tremp (Hrg.), L'imaginaire du sabbat. Edition critique des textes les plus anciens (1430 c.-1440 c.). Lausanne 1999.

Die Merkmale der Hexe

Parallel zum Bild der Hexensekte entsteht und stabilisiert sich ein Repertoire an Motiven und Vorstellungen, die mit der „Hexe" verbunden sind. Wir zählen die wichtigsten hier auf, um einige ausgewählte Motive später genauer zu analysieren. Quellen des Hexenbildes sind neben den Prozessakten mit ihren z. T. festen Fragenkatalogen v. a. die Schriften der Dämonologen, jener Theologen und Juristen, die sich theoretisch mit dem Hexenthema beschäftigt haben. Exemplarisch nennen wir (chronologisch) einige Namen: Johannes Nider (gest. 1438), „Formicarius" (1437); Nicolas Jacquier (gest. 1472), „Flagellum haereticorum fascinariorum" (um 1458 verfasst, 1481 gedruckt); Heinrich Institoris (= Heinrich Kramer), „Malleus Maleficarum" (1487); Ulrich Molitor (ca. 1442-ca. 1508), „De laniis et phitonicis mulieribus" (1489); Johannes Trithemius (1462–1516), „Antipalus maleficorum" (1508); Paolo Grillando (lat. Paulus Grillandus, 1. Hälfte d. 16. Jhdt.), „Tractatus de hereticis et sortilegiis" (1527); Jean Bodin (1529–1596), „De la Démonomanie de sorciers" (1580) (lateinisch: „De magorum Daemonomania", 1581; deutsch: „Vom Außgelasen wütigen Teufelsheer", 1581); Peter Bins-feld (1545–1598), „Tractatus de confessionibus maleficorum et sagarum" (1589) (deutsch: „Tractat von Bekanntnuß der Zauberer und Hexen", 1590); Nicolas Rémy (lat. Remigius, 1530–1612), „Demonolatriae libri III" (1595); Martin Anton Delrio (1551–1608), „Disquisitonum magicarum libri sex" (1599); Francesco-Maria Guazzo (genaue Lebensdaten un-bekannt), „Compendium Maleficarum" (1608). Viele dieser Autoren waren Richter: Remigius (Rémy) etwa war angeb-lich verantwortlich für die Verurteilung von 800 oder gar 900 Hexen im Raum Lothringen und hält damit wohl einen traurigen Rekord. Interessanterweise berichtet er auch, dass etwa gleich viele Menschen aus der Haft fliehen konnten oder kein Geständnis ablegten und also freigelassen wur-den: es gab niemals eine Verurteilung ohne Geständnis, das aber natürlich durch Folter erzwungen wurde. 15 Personen nahmen sich während seiner Prozesse das Leben, wie er uns meldet, ohne die Bedeutung dieses tragischen Faktums zu begreifen.

Das Bild, das sich bei diesen und vielen ähnlichen Au-toren ergibt, ist erstaunlich einheitlich. Zu den Merkmalen einer Hexe gehörten laut der Hexenlehre der frühneuzeit-lichen Hexentheoretiker das Treffen mit dem Teufel, sei es zum Zweck der Verführung künftiger Hexen (also als Ini-tiation), sei es zum regulären Treffen auf dem Hexensabbat (zu ihm s. bes. Kap. 10), der Hexenflug auf Stöcken, Tieren, Dämonen oder mit Hilfe von Flugsalben, der förmliche Pakt mit dem Teufel, der Geschlechtsverkehr mit dem Teufel, d. h. die Teufelsbuhlschaft und schließlich das klassische Motivfeld des Schadenzaubers, der sich gegen Mensch und Vieh, gegen die Ernte und das Wetter richten kann. Viele angebliche Hexenriten sind Tabubrüche bzw. Sakrilegien gegenüber christlichen Traditionen: so der Diebstahl der Hostie aus dem Gottesdienst, um ihn für schwarze Magie einzusetzen, oder die Verehrung des Teufels. Skatologische (Kuss auf das Hinterteil des Teufels) und obszöne Motive sind häufig. Doch wird der Geschlechtsverkehr mit dem Teufel fast immer als schmerzhaft und eher unerfreulich beschrieben (sein Glied ist kalt wie Eis, oder einfach rau und grob). Auch die Mahlzeiten beim Hexensabbat galten als eigentümlich unbefriedigend, so fehlt ihnen etwa das Salz oder sie hinterlassen einen leeren Nachgeschmack (ähnlich wie sich vom Teufel geschenktes Geld gerne in Nichts, in Kot oder Stroh verwandelt). Hinter diesen Motiven steckt eine durchaus theologische Idee: der Teufel kann nichts „Richtiges", nichts Substantielles schaffen. Seine Produkte sind immer „Imitate". In welchem Maße dieser theologische Gedanke den Volksglauben beeinflusst hat, ist schwer zu entscheiden. Extreme Tabubrüche wie Kindermord, Kinderopfer und Kannibalismus gehören schon seit der Antike zum Hexenimaginarium. In den Verhören spielen sie nur eine geringe Rolle: man sieht, dass die Hexe der Prozessakten immer (sit venia verbo) umspielt wird von der Hexe der literarischen Imagination und des Märchens. Das gilt ähnlich für die Tierverwandlung (in eine Katze, einen Wolf, einen Vogel o. ä.), deren Realität vielfach umstritten war. Tabuverletzend sind auch die Tiere, welche die Hexe umgeben: Kröte, Katze, Affe, allerlei Ungeziefer. Sie alle haben dämonische Bezüge. Der Kessel ist bereits antik: er führt in die Welt der Zubereitung von magischen Tränken (an den keltischen Verjüngungskessel wird man im Allgemeinen nicht denken dürfen). Zuviel Symbolik sollte hier nicht gesucht werden: über jedem mittelalterlichen Herdfeuer hängt ein Kessel; er ist neben dem Backofen das wichtigste Utensil der Speisezubereitung. Zaubertränke, Pulver und Salben werden regelmäßig erwähnt. Wir erfahren praktisch nie etwas über ihre Zusammensetzung. Wie viel Realität sie haben – etwa als volksmedizinische Zutaten – ist daher nur schwer zu sagen. Nur die Gelehrten der Renaissance (also Männer mit klassischer Bildung) haben sie als psychedelische oder halluzinogene Drogen beschrieben.

Der Spiritus familiaris, der persönliche, vom Teufel gestellte Schutzdämon der Hexe, findet sich nur in bestimmten Traditionen. Er ist oft ein kleines Tier wie eine Katze oder Kröte. Die Antike kennt ihn in dieser Form nicht, wohl aber den Parhedros, den persönlichen Dämon, der in einer ausführlichen Beschwörung gewonnen werden kann, und von dem griechisch-ägyptische Zauberpapyri des 3.–5. Jhdts. oft sprechen. Zuweilen berührt sich der Spiritus familiaris mit Erscheinungsweisen des Teufels (etwa dem im 16. Jhdt. sehr häufigen schwarzen Hund, wie er Agrippa von Nettesheim und später Dr. Faust nachgesagt wurde). Das weitere Motivfeld der Magie (mit Zaubersprüchen, magischen Ritualen, Zauberbüchern, Zauberstab und Zauberkreis, „Kräften" und dämonischen Beschwörungen) überschneidet sich mit diesem Hexenimaginarium nur sehr partiell.

Die Idee, der Hexensabbat sei eine „schwarze Messe", also eine förmliche Invertierung der katholischen Messe mit rückwärts gesprochenem Vaterunser und blasphemischer Verkehrung der Eucharistie, hat sich im katholischen Kontext auch nur langsam etwa ab den 1580er Jahren entwickelt. Sie wird dann zum europaweiten Skandal in der Affäre um die Marquise de Montespan (1640–1707), die langjährige Mätresse Ludwig XIV., die in den 1670er Jahren mit der Giftmischerin La Voisin Umgang hatte und offenbar tatsächlich „schwarze Messen" inszenieren ließ (diese Bezüge können hier nicht ausführlich dargestellt werden, da sie eher in das Feld der Satanismus-Imaginationen hineinführen).

Der Hexensabbat als Gesamtimaginarium einer Anti-Religion

Illustration: Aus Johannes Praetorius, Blockes-Berges Verrichtung. Frankfurt a. M. 1669 (auch Reprint Hanau 1968). Quelle: Wikimedia Commons. Vgl. Eduard Jacobs, Der Brocken in Geschichte und Sage. Halle 1879.

Frankfurt 1669 erscheint aus der Feder des Polymathen und Sagensammlers Johannes Praetorius (1630–1680, heute bekannter als Autor eines berühmten Buches über die Rübezahl-Sagen) ein kleinformatiger Band mit dem Titel „Blockes-Berges Verrichtung / Oder Ausführlicher Geographischer Bericht / von den hohen trefflich alt- und berühmten Blockes-Berge: ingleichen von der Hexenfahrt / und Zauber-Sabbathe / so auff solchen Berge die Unholden aus gantz Teutschland / Jährlich den 1. Maij in Sanct-Walpurgis Nachte anstellen sollen. Aus vielen Autoribus abgefasset / und mit schönen Raritäten angeschmücket sampt zugehörigen Figuren / von M. JOHANNE PRÆTORIO, Poētâ Laureatô Casareô". Dieser Band besitzt eine berühmte Klapptafel, die als eine späte Gesamtzusammenfassung des Hexenbildes interpretiert werden kann. Das Werk selbst beginnt dann mit einer poetischen Beschreibung des Blocksberges, einer der diversen traditionellen Hexentreffpunkte (ein anderer ist etwa der „Nußbaum von Benevento" in Italien). (Kurioserweise hat es offenbar nie ernstliche Versuche von Razzien o. ä. gegeben, um Hexen beim Hexensabbat „in flagranti" zu erwischen). In der älteren Literatur werden solche „Hexenplätze" selten identifiziert, aber später nimmt sich die Sage ihrer an. So hören wir von der Heide von Baraona, einem entlegenen Felsen wie der Puy de Dôme in Frankreich, das Dovrefjell in Norwegen, der Hekla auf Island, Kyöpelinvuori in Finnland und der europaweit berühmte Meeresfelsen Blåkulla („Blocksberg") in Schweden. Der Name „Blocksberg" ist überhaupt häufiger und bezieht sich keineswegs nur auf den Brocken im Harz. Im Schwarzwald gelten der Kandel, in anderen Gegenden der Heuberg bei Rottenburg am Neckar, der Staffelberg in Franken, ab dem 17. Jhdt. der Hörselberg in Thüringen und der Bocksberg in Niedersachsen und manche andere als Hexenberge. Über den Brocken im Harz als Treffpunkt der Hexen heißt es im Text: „Endlich … folget in unserm Gespensten-Register auch nach Thüringen / sonsten ohne das der benachbarte Hartz / in welchem unter andern Bergen dieses Örts derveruffneste ist / der Brocks-Berg: Auff solchem aber sollen ebenmässig der gemeinen Sage nach / sich Teuffels Gespenster und Hexen jährlich einmahl in Sanct Walpurgis Nacht in grosser Menge antreffen lassen; wie etlicher massen mit wenigen schon hievon im Anfang Bericht thun kan der obgemeldte Vechner da er schreibet: Von der Grafschafft Mannsfeld / ist nicht so gar weit entfernet der Berg / welchen man in gantz Teutsch-Land für den höchsten hält / zwischen den beyden Städlein Osterwick und Wernigerode gelegen / mit Nahmen Brockels-Berg / oder wie er sonsten außgeredet wird Blockes-Barch:

So dannenhero sehr ist berühmet worden / daß die Hexen daselbsten hin / von allen Orten und Enden / sich verfügen und sammlen sollen / ihr Teuffelsfest und Höllischen Sabbaht zu begehen."

Der Hexensabbat ist auf unserer Darstellung eine orgiastische Feier, an der Männer, Frauen und Dämonen teilnehmen. Sie tanzen in einem Rundtanz um den als Ziegenbock dargestellten Teufel. Dämonische Pfeifer und Hornbläser laden zum Tanz. Fliegende Hexen eilen herbei, und zahlreiche Tabuverletzungen verhindern, dass die Fantasie zu stark durch die erotischen Konnotationen besetzt wird. Für den modernen Betrachter überraschend und tiefenpsychologisch aufschlussreich ist das Gewicht skatologisch-analer Symbolik. Damit sind die Bausteine eines gemeinsamen Hexenbildes benannt, von denen wir jetzt noch zwei – etwas ausführlicher den Teufel selbst als „Mitte des Geschehens" und etwas knapper den Teufelspakt – in ihren kulturgeschichtlichen Zusammenhängen betrachten wollen.

Der Teufel: biblische, altkirchliche etc. Vorgeschichte

Was das Christentum zum antiken Hexenbild hinzufügt, ist vor allem und in erster Linie der Teufel, und der Pakt mit ihm. Wir müssen uns einen Augenblick mit der Geschichte dieser Gestalt beschäftigen. Der Glaube an Dämonen und böse Geister – mit freilich einem sehr stark divergierenden Platz in den Imaginarien der Menschen – ist universal. Der Glaube an einen Teufel ist es keineswegs. Methodisch ist es wichtig, nicht aus dem Gesamtrepertoire der Teufelsvorstellungen auf einzelne Belege Rückschlüsse zu ziehen, sondern jeweils präzise zu fragen, welche Ideen und Bilder im Hintergrund eines Beleges plausibel anzunehmen sind. Insbesondere ist zwischen kirchlich-theologischen Teufelsvorstellungen und solchen in populärem Erzählgut sorgfältig zu unterscheiden, obwohl beide Bereiche intensiv interagieren. Die jüngere Religionswissenschaft ist sehr zurückhaltend in der Anwendung des Begriffs Teufel auf Gestalten in polytheistischen Religionen und spricht lieber von funktional verwandten „Gegengöttern", „Zwischenwesen" o. ä.; die Anwendbarkeit des Begriffs bedarf daher vielfach eingehender Diskussion. Obwohl ein Glaube an Dämonen Teil jeder antiken Religion ist, bildet sich die Vorstellung eines Teufels im alten Israel nur allmählich heraus, und wird in alttestamentlicher Zeit noch nicht systematisiert. In der Forschung hat v. a. die Frage Interesse gefunden, inwiefern das „Dämonische" (Gefährlich-Fremde, Unberechenbare, Numinos-Erschreckende, Destruktive) in Jahwe, dem Gott Israels selbst einen ursprünglichen Platz hatte, und mit Entstehung einer eigenen Teufelsgestalt aus dem Gott Israels ausgegrenzt wird, der damit zu einem ungebrochen „guten" Gott wird. Ein klassischer Belegtext für diese These ist 1. Chron. 21, 1 (Satan als Verführer), während in der unmittelbaren literarischen Vorlage 2. Sam. 24, 1 noch Gott selbst in seinem Zorn diese Funktion wahrnimmt. In den ältesten biblischen Erzählzusammenhängen mit einer Teufelsgestalt ist dieser Mitglied des göttlichen Hofstaates, also Figur in einer monarchischen Symbolwelt und v. a. noch kein Gegner Gottes, so Sach. 3, 1f.; Hiob 1f. (reiches Nachleben bis zum Goetheschen Faust), wo er die Schuld der Menschen vor Gott zur Anklage bringt (vgl. Apk. 12, 10). Hebräisch *satan* heißt „Widersacher" (vgl. Num. 22, 22. 32), wohl auch „Ankläger" vor Gericht oder vielleicht eher „Verleumder"; das Wort steht noch bei Hiob immer mit Artikel und wird erst 1. Chron. zum (artikellosen) Eigennamen. Auf das Motivfeld um den Teufel nehmen auch Figuren wie der „Würgeengel" (Ex. 12) und Azazel (Lev. 16) Einfluss, daneben Chaoskampf-Mythen u. ä. In Qumrān heißt der Teufel meist „Belial" (hebr. „Nichtsnutz, Destruktivität"; griech. > Beliar), so auch in den „Testamenten der 12 Patriarchen" (2. Jhdt. v. Chr.-2. Jhdt. n. Chr.) und auch bei Paulus 2. Kor. 6, 15. Wohl unter iranischem Einfluss fokussiert sich die altjüdische Dämonologie in achämenidischer und hellenistischer Zeit (also in den Jahren vor und nach Alexander d. Gr.) zunehmend in der Gestalt eines Teufels, der allerdings unterschiedliche Namen tragen kann (Satan, Beelzebul, Mastema, Semjaza,

griech. Diabolos „Widersacher, Verleumder, Zwietrachtstif-
ter") und eher Verführer zum moralisch Bösen als Inbegriff
destruktiver Kräfte ist. Weder Judentum noch Christentum
oder Islam sind im strengen Sinne dualistisch: der Teufel ist
in ihnen immer gefallene Kreatur, nie böses Urprinzip.

Literatur: Georg Gustav Roskoff, Geschichte des Teufels. 2 Bände. Leipzig
1869 = Augsburg 2001 (klassische Darstellung, oft nachgedruckt; in vielen
Details überholt) * Jeffrey B. Russel, The Devil. Perceptions of Evil from Antiquity to Primitive Christianity. Ithaca, NY u. London 1977 * Ders., Satan.
The Early Christian Tradition. Ithaca, NY 1981 * Ders., Lucifer. The Devil
in the Middle Ages. Ithaca, NY 1984 * Ders., Mephistopheles. The Devil in
the Modern World. Ithaca, NY 1986 * Ders., The Prince of Darkness. Radical
Evil and the Power of Good in History. Ithaca, NY 1988 * Alberto Ferreiro
(Hrg.), The Devil, Heresy, and Witchcraft in the Middle Ages. Essays in Ho-
nor of Jeffrey B. Russell. Leiden 1998 * Alfonso DiNola, Der Teufel. Wesen,
Wirkung, Geschichte. München 1993.

Frühes Christentum und Alte Kirche entfalten und vertiefen die Teufelsvorstellung, die ein wichtiges Element der
Interpretation des Bösen wird. Jesus deutet seine Heilungen
und Exorzismen als Antizipationen der bevorstehenden
endzeitlichen Entmachtung des Teufels (Lk. 10, 18; 11, 14–26
par.). Diesen begleitet eine Gefolgschaft von bösen Engeln
(Mt. 25, 41; 2. Kor. 12, 7 etc.). Die Leitmetaphorik scheint
eher militärischer als monarchischer Art zu sein: der Teufel
ist weniger „König" als Führer einer dämonischen Armee,
die u. a. Krankheit und Besessenheit verursacht (Mk. 3, 22–
30) und das Leben der Jünger bedroht. Dieses Bild begegnet
uns im Spätmittelalter wieder: die Dämonen fallen in das
Land ein wie eine fremde Armee. Für Paulus ist der Teufel
„Gott dieser Weltzeit" (2. Kor. 4, 4), für das Johannesevan-
gelium „Fürst dieser Welt" (12, 31; 14, 30; 16, 11). Insbesondere können politische Weltherrschaft (Mt. 4, 1–11 par.) und
römischer Staat (Apk. 13, 17f. u. ö.) als Sphären teuflischer
Macht gedeutet werden. Auch Häretiker (2. Kor. 11, 15) und
Juden (Joh. 8, 44; Apk. 2, 9; 3, 9) gelten vielfach als vom Teufel besessen. Dies alles bleibt in Mittelalter und früher Neuzeit erschreckend präsent. Ältere Texte (das Markusevange-
lium, die echten Paulusbriefe) verwenden noch häufig das

hebr. Fremdwort „Satan(as)", spätere eher griech. „Diabolos", wozu zahlreiche Umschreibungen treten („der Böse", „Verderber", „Feind" usw). Der Teufel wird nicht nur zur Fokussierungsfigur des Bösen, sondern auch zum Inbegriff aller äußeren und inneren Gefährdungen des Christseins. Die Apokalypse am Ende des Neuen Testaments spricht vom Teufel ebenfalls v. a. unter dem Gesichtspunkt seiner endzeitlichen Entmachtung (Apk. 12f.) und intensiviert die Schlangen- bzw. Drachensymbolik.

In der Alten Kirche stabilisieren sich die divergenten Vorstellungen zu einem zunehmend einheitlichen Bild, das sich deutlich vom älteren jüdischen (Teufel als Teil des göttl. Hofstaates) unterscheidet. Der Teufel tritt als handelnde Figur in legendären Erzählstoffen auf (eher als Versucher denn als Höllenfürst) und wird auch Gegenstand der Vision. Der Name „Lucifer" („Lichtbringer", sonst für den Planeten Venus als Morgenstern) entstammt der Vulgata, der lateinischen Übersetzung der Bibel: „Quomodo cecidisti de cælo, Lucifer, qui mane oriebaris? corruisti in terram, qui vulnerabas gentes?" „Wie bist du vom Himmel gestürzt, Lucifer, der du des Morgens aufgehst? Zur Erde bist du gestürzt, der du die Völker verletzt hast." (Jes. 14, 12; Septuaginta: Heosphoros, sonst: Phosphoros). Dieser Himmelssturzmythos (vgl. Lk. 10, 18) wird auf den Teufel bezogen (z. B. vom Kirchenvater Hieronymus) und begründet auch die Idee ursprünglicher strahlender Schönheit des Teufels, die sich erst aufgrund seines Falles in Hässlichkeit verwandelt habe. In den spätantiken Mönchsviten tritt der Teufel als Versucher auf, u. U. verkleidet als „Engel des Lichts" (schon 2. Kor. 11, 14), wobei er weniger mit libidinösen als mit erschreckenden Bildern heimsucht. Kunstgeschichtlich einflussreich ist die „Versuchung des hl. Antonius" nach Athanasius, Vita Antonii (um 360 n. Chr.). Ikonographisch erscheint er etwa ab dem 6. Jhdt. schwarz oder blau, mit Klauen, fratzenhaftem Gesicht, gelegentlich Flügeln oder Schlangenhaaren, zuweilen kleiner als Menschenmaß (Eidolongestalt, meist dünn und ausgemergelt), seltener als Riese, oder überhaupt tiergestaltig, meist als Drache. In Sammlungen religiöser Er zählungen, wie den an Teufelsgeschichten reichen „Dialogi" Papst Gregors I., wird das gesamte antike Motivrepertoir dem Mittelalter in narrativen Szenarien vermittelt.

Im rabbinischen Judentum, auf das wir hier zum Vergleich einmal en passant blicken, hat der Teufel eine dreifache Funktion: er verführt zum Bösen, reizt Gott zum Zorn gegen die Menschen und zerstört das Leben (babylon. Talmud, Baba Bathra 16a). Satan, „böser Trieb" und Todesengel können geradezu identifiziert werden (ebd.). Als „Satan der Ankläger", Verführer und Zerstörer wird er auch mit der Schlange des Paradieses gleichgesetzt (so zuerst Sapientia Salomonis 2, 24 im 1. Jhdt. v. Chr.). Häufig sind Erzählungen über Bewährungsproben der Frommen, bei denen der Teufel in Verkleidung erscheint. Obwohl das Judentum durchaus Teufelsvorstellungen kennt, werden diese niemals so stark systematisiert wie im Christentum. Viele antike jüdische Texte erwähnen den Teufel gar nicht. Im frühen Mittelalter setzt sich dann der Name Samael für den Teufel durch (auch Samiel, Sammuel u. ä.), der zuerst als Name eines der gefallenen Engel bezeugt ist (zu hebr. sami „blind"). Die Mandäer kennen ihn als Simyail, die harranischen Sabier als Mara Samia, um zwei kleinere Religionsgemeinschaften des frühen Mittelalters ins Spiel zu bringen. In der Kabbala, der jüdischen Mystik, ist Samael „der blinde Engel" eine Manifestation der „sitra achera", der „anderen Seite" (d. h. des Bösen), im mittelalterlichen Judentum oft zusammen mit Lilith. Seit Targum Ps.-Jonathan Gen. 3, 6 wird er mit dem Todesengel identifiziert (so v. a. in den Legenden vom Tod des Mose). In der späteren Kabbala (seit Isaaq Luria) ist sein Name tabu und wird mit den hebräischen Buchstaben Samekh Mem abgekürzt.

Im Islam ist Iblīs (vorkoranisch nicht bezeugt, etymologisch wohl zu griech. diabolos „Teufel") ein Shaiṭan („Satan", im Islam auch Gattungsname und daher öfters im Plural) bzw. ein Jinni; umstritten ist seine frühere Zugehörigkeit zu den Engeln. Zum Verständnis der Figur zentral ist die Legende, Iblīs habe den neugeschaffenen Adam nicht verehren wollen, wie von Allah angeordnet, und sei darum aus dem

Himmel verstoßen worden (Koran, Sure 2, 34; 7, 11–18; 15, 26–42; 38, 73–82 u. ö.). Diese Legende hat bereits eine antik-jüdische Vorgeschichte. Opfer an alte Naturgeister werden im Islam gerne als solche an den Satan interpretiert (vgl. Koran, Sure 6, 121).

Der Teufel: christliches Mittelalter und Neuzeit

Der Teufel mit seinen dämonischen Scharen bleibt eine zentrale Figur christlicher Imagination und Mythologie. Wegweisend wird die Auffassung des Kirchenvaters Augustin (354–430), dessen kohärente Gesamtsicht die altkirchlichen Reflexionen zum Thema zu einem gewissen Abschluss bringt. Danach ist der Teufel als ehemaliger Engel ein Geschöpf Gottes (Ablehnung des manichäischen Dualismus). Wie der Mensch hatte er einen freien Willen, hat diesen aber in einem Akt des Stolzes bzw. der Anmaßung missbraucht, verlor seine himmlische Herrlichkeit und Stellung und wurde zum Verführer für Engel und Menschen (De civitate dei 11). Andere Kirchenväter führen den Fall des Teufels auf Neid bzw. Missgunst zurück. Die mit ihm gefallenen Engel wurden zu Dämonen (vgl. Apk. 12). Im Gegensatz zum Menschen kann er nicht erlöst werden: in den „Anathematismen gegen Origenes" der Synode von Konstantinopel 543 wird die Lehre von der „Allversöhnung" verworfen (vertreten von Origenes, De principiis 3, 6, 5). Seit seinem Sturz versucht der Teufel – oft erfolgreich – den Menschen in seinen Fall hineinzuziehen. Sünde und speziell Götzendienst bringen den Menschen in den Machtbereich des Teufels. Diese Verfallenheit des Menschen an den Teufel wird im Heilswerk Christi grundlegend durchbrochen, welches durch die Kirche (insbesondere die Taufe) dem einzelnen Menschen zugeeignet wird. Dabei deutet die Alte Kirche die Überwindung des Teufels teils als Rechtshandel zwischen Gott und Teufel (so im 2. Jhdt. Irenäus), teils als dessen Überlistung (Origenes, Gregor v. Nyssa, Leo d. Gr. u. a.). Die Absage (abrenuntiatio) an den Teufel wird z. B. Teil der Taufrituale. Daneben behauptet volkstümliche apotropäische Magie ihren

Platz in der Dämonenabwehr. Die Macht des Teufels gilt als gewaltig, aber immer durch Gottes Willen begrenzt.

Sprachlich wird griech. diabolos (lat. diabolus) althochdt. als „tiufel" übernommen, ähnlich in anderen europ. Sprachen. Merkwürdig sind Feminina für den Teufel (althochdt. „unholda" und schon got. „unhultho"). Daneben treten weitere Namen und Umschreibungen (der „Feind", der „Schwarze", der „Böse"). Aus Tabugründen ist die Zahl der Ersatznamen größer als für jede andere Erzählfigur: Gottseibeiuns, der Leibhaftige, Meister Urian, der alte Griesgram, de ole Jong, Junker Voland (als flotter Jäger, althochdt. vâlant „Unhold"; so auch in Nordfrankreich), um nur einige deutschsprachige Beispiele zu nennen. In manchen Sprachen heißt er „Schelm" (dän. Drolen; altisländ. skelmir). Tabunamen können gruppenspezifischer Soziolekt sein (engl. „Davy Jones" in der Seefahrt). Euphemismen sind nicht selten, z. B. neugriech. „der gute Mensch" (ho kalos anthropos) bzw. „der Geliebte" (ho katakalos), ebenso Tabuentstellungen (dt. Deibl, Deuker u. a.; franz. Diacre; poln. diacheł, skrzabeł u. ä.); letztere besonders häufig im Fluch.

Auch seine Ikonographie ist variabel. Während der Teufel des frühen Mittelalters Klauen hat, setzt sich der Pferdefuß erst im 15. Jhdt. durch (ist also kein altes Erbe). Hochmittelalterlich sind neben Hörnern häufig auch Fledermausflügel. Daneben stehen vollständig tiergestaltige Darstellungen (Drachen, Löwe, Schlange, Bär, Ziegenbock, Affe, Kröte), auch monströse Mischwesen (v. a. drachenhafter Art, Schlange mit Menschenkopf). Merkwürdig weit verbreitet ist ab der Renaissance sein Erscheinen als schwarzer Hund (heute meist nur noch aus Goethes „Faust" bekannt). Plausibel ist ein Einfluss satyrähnlicher Naturgeister auf die Ikonographie (Hörner, Ziegenbeine etc.), in deren Gefolge er (aber erst spätmittelalterlich) zum „nordischen Phantom" mit „Hörnern, Schweif und Klauen" (Goethe, Faust I, 2497f.) wird. Zu beachten ist die Beimischung animalischer Elemente auch in seiner menschlichen Erscheinung. Immer „verrät" ein Detail den Teufel (Ziegen- oder Pferdefuß, blitzende Zähne), und sei es der Gestank. Auf die satyrhaften

Züge haben wohl auch die biblischen ziegenbockähnlichen Felddämonen Einfluss gehabt (śeʿîrîm „Haarige": Lev. 17, 7; Jes. 13, 21; 34, 14; Kult: 2. Chron. 11, 15). Der spät bezeugte lahme Fuß des Teufels verbindet ihn mit dem Schmiedegott Hephaistos (seit dessen Sturz aus dem Olymp). Obwohl „in der Hölle" und daher von Finsternis und Feuer (oder Eis: Dante, Inferno canto 34) umgeben, kann sich der Teufel auf der Erde frei bewegen, wobei ihm meist einzig „heilige Orte" verwehrt sind. Die alten Teufelsnamen werden bei den Renaissance-Dämonologen auf verschiedene Dämonen verteilt, wie „Teufel" auch bedenkenlos im Plural verwendet wird.

Wir sprachen schon davon, dass er im Ideengeflecht um den Hexensabbat konkurrierende Gestalten (Diana) verdrängt. Im 16. und 17. Jhdt. steht er unangefochten als Herr und Meister der Hexen im Mittelpunkt einer elaborierten Imagination über das Böse. Die theologische „Biographie" des Teufels wurde nicht zuletzt auch durch Mysterienspiele und volkstümliches geistliches Theater präsent gehalten und nimmt dort oft burleske Züge an („diableries"), wie sie dann z. B. noch im Kasperletheater, in der britischen Punch-and Judy-Show u. ä. weiterleben. Furcht, Spott und Faszination halten sich gegenüber dem Teufel die Waage.

Literatur: Henry Charles Lea, Materials Towards a History of Witchcraft. 3 Bände. Philadelphia 1939 = New York 1957, bes. Bd. 1 (bis heute umfassendste Materialsammlung) * Maximilian J. Rudwin, Der Teufel in deutschen geistlichen Spielen des Mittelalters und der Reformationszeit. Göttingen 1915 * Ders., The Devil in Legend and Literature. Chicago 1931 * Philipp Schmidt, Der Teufels- und Dämonenglaube in den Erzählungen des Cäsarius von Heisterbach. Basel 1926 * Alain Boureau, Satan the Heretic. The Birth of Demonology in the Medieval West. Chicago 2006 * Roland Villeneuve, Dictionnaire du Diable. Paris 1998 * Der Teufel in der Kunst: Beat Brenk, Art. Teufel. In: Lexikon der christlichen Ikonographie 4 (1972), 295–300 * Ders., Tradition und Neuerung in der christlichen Kunst des 1. Jahrtausends. Wien 1966, 172–210 * Luther Link, The Devil: The Archfiend in Art from the Sixth to the Sixteenth Century. New York 1996 * Zum Teufel in Hundeform: Barbara A. Woods, The Devil in Dog Form: A Partial Index of Devil Legends. Berkeley 1959.

Der Protestantismus bringt anfänglich keineswegs eine Abnahme des Teufels- und Hexenglaubens. Im Gegenteil wird christliche Existenz bei Martin Luther in hohem Maße als Kampf mit dem Teufel qualifiziert. Sein Kirchenlied „Ein feste Burg ist unser Gott" (1529, EG 362), die „Hymne des Protestantismus", erwähnt den Teufeö schon in der ersten Strophe: „Der alt' böse Feind, / Mit Ernst er's jetzt meint, / Groß' Macht und viel List / Sein' grausam' Rüstung ist, / Auf Erd' ist nicht seinsgleichen." Strophe 3 fasst das evangelisch-kirchliche Teufelsbild zusammen: „Und wenn die Welt voll Teufel wär' / Und wollt' uns gar verschlingen, / So fürchten wir uns nicht so sehr, / Es soll uns doch gelingen. / Der Fürst dieser Welt, / Wie sau'r er sich stellt, / Tut er uns doch nicht, / Das macht, er ist gericht't, / Ein Wörtlein kann ihn fällen." Die Ambivalenz zwischen irdischer Übermacht des Teufels und völliger Entmachtung angesichts des Evangeliums kennzeichnet auch weiterhin protestantischen Teufelsglauben, während katholische Frömmigkeit bis ins 19. Jhdt. weithin ungebrochen in den durch Augustinus und das Mittelalter vorgezeichneten Bahnen bleibt. Martin Luthers Bedeutung für das mündliche Erzählgut und auch für unser Hexenthema liegt dabei v. a. darin, dass er konsequent alle Zwischenwesen des populären Glaubens, wie Gespenster, Poltergeister, Wassermänner, ja sogar Heinzelmännchen, als Erscheinungen des Teufels deutet. Das bedeutet faktisch sogar eine Steigerung des Teufelsglaubens gegenüber dem „Mittelalter". Diese Tendenz erreicht aber nie breite Akzeptanz.

Der populäre protestantische Teufelsglaube findet im 16. Jhdt. seinen Ausdruck sowohl in Exempelsammlungen wie derjenigen von Andreas Hondorff, Promptuarium exemplorum (1568 u. ö.), deren Erzählgut z. T. schon in Martin Luthers Tischreden angelegt ist, als auch in den oft derb-paränetischen „Teufelsbüchern", die vor Hab- und Spielsucht, Buhlerei, Trinksucht, Geiz, Prasserei und anderen Lastern warnen. Luther führt Naturkatastrophen, Epidemien, Revolutionen, Geisteskrankheiten gerne auf den Teufel zurück (Großer Katechismus). Entsprechend war der Protestantismus nicht weniger anfällig für Hexenprojektionen als die katholisch gebliebenen Gebiete.

Viele Legenden und historische Sagen erzählen, wie einen „der Teufel holt", was immer mit brutaler Gewalt geschieht: er dreht seinem Opfer den Hals um, zerschmettert ihn an der Wand (so in der „Historia von D. Johann Fausten", 1587), reißt ihm den Kopf ab u. a. Immer sucht der Teufel Belastungsmaterial, welches Seelen in seine Gewalt bringen könnte. Neben den kirchlichen Hilfsmitteln kann der Teufel im Volksglauben jedoch auch durch List besiegt werden, so in den verbreiteten Sage von der „schwarzen Schule" (zu Wittenberg, Toledo etc.). Hier holt sich der Teufel immer einen der Schüler der schwarzen Magie, kann aber ausgetrickst werden (etwa indem ihm der Schatten statt des Schülers in die Fänge gerät). Bestimmte Orte (Einöden, Dreiwege, Ruinen, Friedhöfe) sind mit dem Teufel verbunden (seltener die „freie Natur"). Ähnliches gilt für bestimmte Zeiten (Walpurgisnacht, Halloween, Zeit „zwischen den den Jahren", Mitternacht u. a.). Hier herrschen erhebliche räumliche und zeitliche Unterschiede. Der Teufel wird als Figur an der „Grenze" sichtbar, zu liminalen Zeiten, an Orten des Übergangs zwischen Leben und Tod, Natur und Kultur u. ä. Jede Form von „Umgang" mit ihm ist gefährlich und illegitim, obwohl es Grenzfälle gibt. Die Kirche begegnet dem Teufel mit Exorzismen, Gebeten und Segnungen. In der Sage wird er auch durch Glockengeläut, den Sonnenaufgang, geistliche Lieder u. a. vertrieben, oft auch einfach, wenn Menschen sich bekreuzigen oder ein Gebet sprechen. Es ist dezidiert nicht zutreffend, dass der Teufel zu allen Zeiten gleichermaßen Objekt der Angst gewesen wäre (man denke an die im 16. Jhdt. beliebten Teufelsschwänke!). Universalhistorische Deutungen (Spätmittelalter als „Zeit der Angst" vor dem Teufel) entziehen sich oft der Verifizierbarkeit. In der Figur des Teufels werden immerhin wechselhafte abendländische Interpretationen des Bösen sichtbar, die sich in Literatur und Kunst spiegeln.

Eine radikale Umwertung der Teufelsbilder geschieht in Literatur und Kunst ab etwa Ende des 18. Jhdts., die zum

Teil gegen, zum Teil neben die traditionellen Teufelsbilder treten. Das heißt, der Teufel verliert seinen Platz in der volkstümlichen Religiosität deutlich später als die Hexen. Nicht übersehen werden darf jedoch die Selbstbehauptungskraft der Teufelsfigur auch in der Moderne. Siebzig Prozent der US-Amerikaner glauben nach einer Gallup-Umfrage vom 13. Mai 2007 an einen persönlichen Teufel, wobei die Zahl in den letzten Jahren deutlich zugenommen hat (www.gallup.com, Umfrage Nr. 27877). Wir haben die Geschichte der Teufelsfigur etwas ausführlicher nachgezeichnet, weil sie einen wesentlichen Referenzpunkt, eine zentrale Legitimation des Hexenglaubens abgegeben hat.

Der Teufelspakt

Eine Steigerung der Verfallenheit des Menschen an Sünde und Teufel geschieht im Teufelspakt, der nach mittelalterlichem Denken durch Götzendienst und alles zustande kommen kann, wodurch der Mensch sich dämonischer Kräfte bedienen will (insbesondere auch durch Magie und jede Form von Mantik, d. h. Wahrsagung). Vor allem aber kann er in einem eigenen Akt förmlich geschlossen werden, und in dieser Form wird er Teil des Hexenszenarios. Die Idee selbst ist freilich schon spätantik. Klassisch ist die Teufelspaktlehre des Augustin (formuliert in De doctrina Christiana 2, 20–23). Durch ihre breite Rezeption u. a. im Decretum Gratiani (2 c. 26 q. 2 c. 6, nach Ivo von Chartes) und bei Thomas v. Aquin (In IV sent. III dist. 7 c. 10ss.; Summa theologica II/II q. 92–96), also in Kirchenrecht und Dogmatik, wird sie im katholischen Raum allgemeingültig. Der Teufelspakt ist immer zugleich ein Akt der Apostasie: er bedeutet eine Absage an Gott und seine Heiligen. Wichtig wird dabei die Unterscheidung expliziter und impliziter Teufelspakte. Man muss also nicht notgedrungen ein schwarzes Buch mit seinem eigenen Blut unterschreiben, um einen Teufelspakt einzugehen. Dennoch versteht es sich von selbst, dass solche Szenen gerne ausgemalt wurden, war die Hexe einmal als Teufelsbünderin definiert. Entsprechend präsent ist das

Thema in den Verhörakten. Da die Richter und Befrager der Hexen aber ein stabiles Klischee im Kopf haben, besitzen auch die Antworten kaum individuellen Charakter. Beide, Verfolger wie Opfer, bedienen sich aus dem Klischee. Berühmt ist der erhaltene Teufelspakt, den der Priester Urbain Grandier (1590–1634) angeblich schloss. Grandier hatte offenbar intime Beziehungen zu verschiedenen Frauen und besaß insofern einen „schlechten Ruf". 1632 wurde er von Nonnen im Ursulinenkloster Loudun, deren Seelsorger er war, beschuldigt, sie verhext zu haben. Der Dämon Asmadis habe sich ihnen auf sein Geheiß sexuell genähert. Die Oberin des Klosters, Schwester Jeanne des Anges, behauptete, von ihm besessen und durch Zauberei verführt worden zu sein. Verhaftet, wurde Grandier in einem ersten kirchlichen Prozess zwar freigesprochen. Er war aber mittlerweile in das Visier des überaus mächtigen Kardinals Richelieu geraten, den er öffentlich angegriffen hatte. 1633 kam es zu einer zweiten Verhaftung, und obwohl die Nonnen ihre Anschuldigungen nicht erneuerten, wurde Grandier verurteilt und 1634 auf dem Scheiterhaufen verbrannt. Unter den verschiedenen Indizien, die gegen Grandier ins Feld geführt wurden, fand sich auch der in rückwärts geschriebenem Latein gehaltene Teufelspakt, den wir hier abbilden. Die Besessenheit der Nonnen ist später ähnlich den Hexenverfolgungen von Salem ein beliebtes Thema der Literatur geworden (Aldous Huxley, The Devils of Loudun, 1952).

Literatur: Almut Neumann, Verträge und Pakte mit dem Teufel. Antike und mittelalterliche Vorstellungen im „Malleus maleficarum". St. Ingbert 1997 * R. Graf, Teufelsverbündete im Corpus iuris canonici, Forum Katholische Theologie 16 (2000), 185–200.

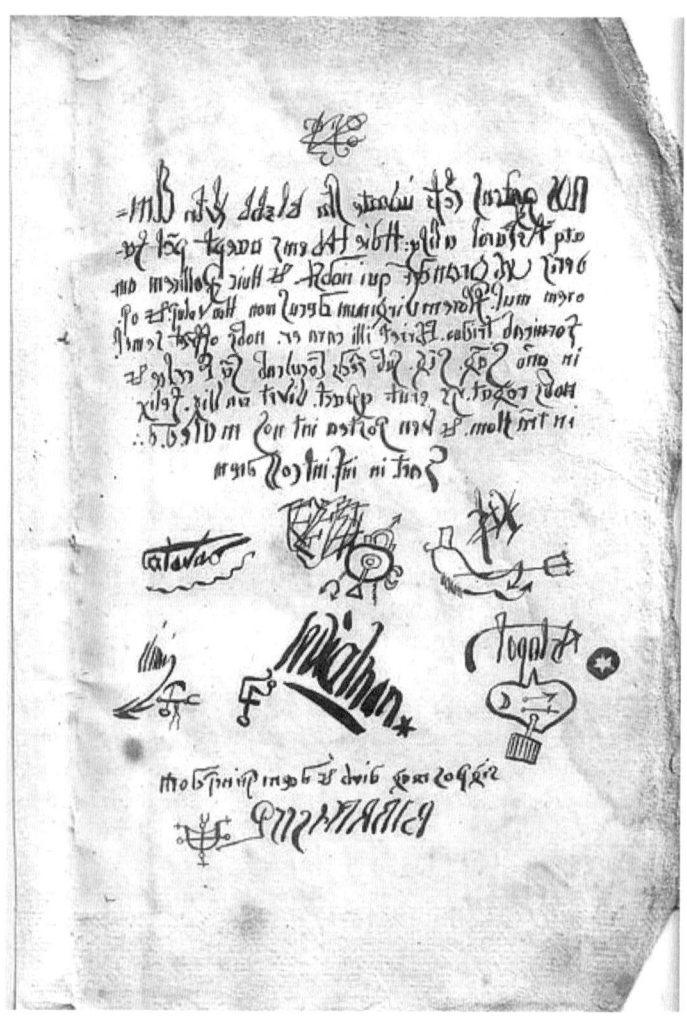

Angeblicher Pakt des Urbain Grandier mit dem Teufel, signiert von Dämonen wie Satan, Leviathan, Astaroth und anderen. Aus Collin des Planca, Dictionnaire infernal ou Bibliothèque universelle (…) (Ausgabe 1826). Quelle: Wikimedia Commons.

6. „MALEFICOS NON PATIERIS VIVERE": DIE EPIDEMISCHEN VERFOLGUNGEN (14.–17. JHDT.)

SUKZESSION DER PROJEKTIONSFLÄCHEN: JUDEN, AUSSÄTZIGE, HEXEN, VAMPIRE – UND WIEDER JUDEN

Eine bemerkenswerte Beobachtung ist, dass im geschichtlichen Ablauf die Gruppen wechseln, die als Verursacher irrationaler, kontingenter Unglücke gelten. 1348 brach die Pest in Mittel-, Süd- und Westeuropa aus, eingeschleppt aus dem Orient über die Krimhalbinsel. Sofort suchte man Schuldige. Nachdem ein einzelner jüdischer Mann unter der Folter behauptet hatte, er habe durch Vergiftung der Brunnen seine christlichen Nachbarn schädigen wollen, kommt es zu gewaltigen Ausschreitungen gegen jüdische Gemeinden, die ohnehin schon eine unheilvolle Tradition in Europa, vor allem in Südwestdeutschland, besitzen. Eine andere Gruppe, der in abenteuerlicher Weise Vergiftung und (absichtlicher) übler Einfluss auf die Gesellschaft nachgesagt wurde, sind die Aussätzigen (Leprakranke in einem sehr weiten Sinn). Man verdächtigte sie der Missgunst und der aggressiven Neidgefühle gegenüber den „Gesunden". Ab dem späten 14. Jhdt. sind es dann in erster Linie die Hexen, die den Platz der Schuldigen einnehmen. Aggressionen gegen Minderheitsgruppen müssen sich langsam aufbauen und von massiven Ideologien unterstützt werden. Um zu einer gewaltsamen Entladung zu kommen, bedarf es dazu spezifischer Anlässe und Ereigniszusammenhänge, die unablässig durch Ideologien des Hasses und der Angst unterstützt werden. Die unheilvolle Sukzession der Schuldzuweisungen endet aber nicht mit den Hexen. Als der Glaube an Hexen Ende des 17., Anfang des 18. Jhdts. weithin in Europa zerbrochen war, kommt es kurzfristig zu einer europaweiten Faszination für angebliche „Vampire", die Menschen zu sich in den Tod holen. Vor allem in einigen Regionen der österreichisch-ungarischen K.-u.-k.-Monarchie vertreten Vampire für kurze Zeit (um 1730) die ehemaligen Hexen. Doch wird der Vampirglaube bereits als so irrational angesehen, dass er rasch aus dem öffentlichen Interesse verschwindet, und dann ab etwa 1800 zum phantastisch-literarischen Motiv wird.

Verfolgungsdynamiken ähnlicher Struktur gab es, was nicht vergessen werden sollte, auch im Islam: Entgegen einem verbreiteten Irrtum sind etwa Judenpogrome keine Erfindung allein der christlichen Welt. Im „Massaker von Granada" am 30. 12. 1066 wurde im islamischen Granada der jüdische Wesir Josef Ibn Naghrela gekreuzigt und kurz darauf die gesamte jüdische Bevölkerung der Stadt (etwa 1500 Familien) massakriert. Die jüdische Gemeinde kann sich erholen, aber 1090 kommt es zu einem zweiten Massaker an den Juden, und das goldene Zeitalter einer fruchtbaren Zusammenarbeit zwischen Juden und Muslimen auf spanischem Boden ist endgültig vorbei. Allerdings sind solche Judenpogrome in der islamischen Welt des Hochmittelalters eher Ausnahmen.

Leider sind damit die Dynamiken der pauschalen Schuldzuweisungen für alle möglichen Formen von Unglück an gesellschaftliche Sondergruppen nicht erloschen, im Gegenteil erleben sie im 20. Jhdt. noch einmal einen weltgeschichtlichen Höhepunkt. Natürlich liegen die Unterschiede zwischen der Verfolgung jüdischer Menschen und derjenigen der angeblichen Hexen auf der Hand. Aber gewisse Ähnlichkeiten sind doch ebenfalls nicht zu übersehen. In beiden Fällen liegt ein gesamtgesellschaftliches Täter-Opfer-Szenario vor. Die Verfolger der Hexen sahen sich ja keineswegs selbst als „stark", sondern im Gegenteil als Opfer einer anflutenden dämonischen Bedrohung, welche die Menschen fest im Griff hat. Ihre Aktionen sahen sie als verzweifelten Versuch, einer gewaltigen Übermacht böser Mächte und ihrer menschlichen Verbündeten Herr zu werden. Da Hungersnöte, Unwetter, Epidemien vielfach (aber keineswegs immer) als Werk schadenstiftender Hexen galten, sah man diese in einer Position der Stärke, sich selbst aber zum verzweifelten Widerstand genötigt. Es gibt Passagen der Hexenliteratur, die den Eindruck erwecken, die Verfolger hätten sich sozusagen als letzte Bastion des Kampfes gegen ein Heer von Hexen, Dämonen und anderen Unheilsmächten gesehen. Aber so ist es immer bei Täter-Opfer-Szenarios: es ist schwer, sie tatsächlich realistisch einzuschätzen, wenn man selbst in einem solchen feststeckt. Diejenigen, die aus unserer heutigen Sicht in erster Linie Täter waren, sahen sich selbst vielmehr als Opfer der Hexen, die mit allen Mitteln um ihr Leben und das der ihnen anvertrauten Menschen kämpfen mussten, oft auf nahezu verlorenem Posten. Dieses Lebensgefühl ist für heutige Menschen schwer nachzuvollziehen, weil der ihm zugrunde liegende Dämonenglaube zerbrochen ist. Hexen galten sozusagen als geheime Verbündete mit dem dämonischen Feind, gewissermaßen Landesverräter, Kollaborateure mit dem großen Gegner, dessen Ziel die vollständige Vernichtung alles Guten und Heilen ist. Hinzu kommt v. a. im 16. Jhdt. das immer wieder aufflammende Weltendszenario, das Gefühl, in extremen Zeiten zu leben, nicht weit entfernt von Antichrist und Weltende. Will-Erich Peuckert hat diese Stimmung klassisch in „Die große Wende. Das apokalyptische Saeculum und Luther" (Hamburg 1948 u. ö.) beschrieben. Dieser apokalyptische Rahmen tritt mehr oder auch weniger in den Vordergrund; er ist aber doch sehr wesentlich mitzudenken.

Wer sich selbst mit solchem Pathos als Opfer sieht, wird sehr leicht zum Täter. Die Irrealität und Eigendynamik von Täter-Opfer-Szenarios liegt ja auch heute vielfach auf der Hand (zwischen zerstrittenen Nachbarn und Ehepartnern, zwischen ethnisch differenten Volksgruppen etc.). Charakteristisch ist neben dem Abgleiten ins Irreale für Täter-Opfer-Dynamiken ihr Umkippen. Aus Opfern werden Täter, aus Tätern Opfer. Mit diesem zugegeben schlichten, aus der Gruppendynamik stammenden und systemischen Beschreibungsraster lassen sich zumindest einige wesentliche Aspekte der Ereignisse um die Hexenverfolgungen recht gut verstehen. Daneben sind aber selbstverständlich noch ganz andere Faktoren zu bedenken, sowohl solche sozialer als auch ganz äußerlicher, sozusagen naturgegebener Art.

Die Kleine Eiszeit

Neben vielen sozialen, kulturellen und religiösen Verlagerungen am Ende des Mittelalters geht der Beginn der großen Hexenverfolgungen mit einem Phänomen einher, das in der jüngsten Forschung starke Aufmerksamkeit erfahren hat: der sogenannten „Kleinen Eiszeit". Sie war eine Epoche spürbarer Abkühlung des Klimas, die wohl Anfang des 15. Jhdts. begann, und bis in das 19. Jhdt. verfolgt werden kann. Verschiedene natürliche Ursachen haben sie hervorgerufen (weniger starke Schwankungen der Sonnenaktivität, deren Ausmaß kürzlich widerlegt werden konnte, sondern eher eine Veränderung im weltweiten Vulkanismus und im Ausmaß plinianischer Eruptionen scheint die Ursache gewesen zu sein). Inwiefern sie weltweit gleichermaßen auftrat oder mit stärkeren regionalen Unterschieden gerechnet werden muss, ist bisher nicht geklärt. Und die Zeit etwa 1570–1630 war nun eine der kältesten in der jüngeren europäischen Geschichte, mit entsprechenden Auswirkungen auf die Ernten. (Gerade um 1570 kam es zu extremen Ausfällen). Nach einer in jüngerer Zeit sehr beliebten These hat diese Agrarkrise nicht wenig zu den Dynamiken beigetragen, denen sich die Hexenverfolgungen verdanken (allerdings gab es auch 1675–1715 eine besondere Kälteepoche). Wirklich längerfristig wärmer wurde es erst Mitte des 19. Jhdts.

Der „Kleinen Eiszeit" ging eine Epoche voran, die als Mittelalterliche Warmzeit oder Mittelalterliches Klimaoptimum bezeichnet wird. Mit großen regionalen und zeitlichen Variationen lagen die Temperaturen im europäischen Hochmittelalter (800–1300) um rund 1–2 Grad höher als im späten 16. Jhdt. Das Packeis des Nordatlantik zog sich zurück, und auf diese Weise wurden etwa die Entdeckungsfahrten der Wikinger ermöglicht. Island und Grönland wurden im 9. und 10. Jhdt. erreicht und besiedelt. In der Kleinen Eiszeit dagegen mussten viele Siedlungen aufgegeben werden (in Grönland im 16. Jhdt.). Nasse und kalte Sommer führten dazu, dass das Getreide verfaulte; die Wachstumsperioden waren reduziert. Hunger, Krankheiten, Preisanstieg für Agrarprodukte waren die Folge, und eine unmittelbar einleuchtende Erklärung gab es für den frühneuzeitlichen Menschen nicht. Anders gesagt: die Agrarkrise führte zu einer Sinnkrise, einer bewältigungsbedürftigen Kontingenzsituation. Und hier kommen nun die Hexen ins Spiel.

Literatur: Wolfgang Behringer u. a., Kulturelle Konsequenzen der „Kleinen Eiszeit". Göttingen 2005 * Brian Fagan, The Little Ice Age. New York 2000 * Rüdiger Glaser, Klimageschichte Mitteleuropas. 1000 Jahre Wetter, Klima, Katastrophen. Darmstadt 2001 * Raymond S. Bradley u. Philip D. Jones, Climate since A.D. 1500. London 1995 * Hubert H. Lamb, Klima und Kulturgeschichte. Der Einfluß des Wetters auf den Gang der Geschichte. Reinbek b. Hamburg 1994 * Hartmut Lehmann, Frömmigkeitsgeschichtliche Auswirkungen der „Kleinen Eiszeit". In: Wolfgang Schieder (Hrg.), Volksreligiosität in der modernen Sozialgeschichte, Geschichte und Gesellschaft Sonderheft 11 (1986), 31–50.

CHRONOLOGIE DER VERFOLGUNGEN

Betrachtet man die Hexenverfolgungen im gesamteuropäischen Kontext, fallen die regionalen und chronologischen Schwerpunkte und Wellen auf. Das Territorium des Heiligen Römischen Reiches war ein Zentrum, daneben Schottland, die Schweiz, die Niederlande, Lothringen, etwas weniger Polen und England, aber auch Russland. Historiker haben diese Verteilung mit der eher schwachen Zentralgewalt einiger dieser Länder erklären wollen. Der lange juristisch und politisch bestorganisierte deutsche Staat, die Kurpfalz, war ebenfalls praktisch verfolgungsfrei. In Südeuropa blieben Spanien, Portugal und Italien vom Phänomen der Hexenverfolgung stärker verschont, obwohl es auch dort Einzelfälle gab, ebenso wie in Neuengland und Finnland.

Im Folgenden wählen wir eine andere Darstellungsform und gehen in chronologischer Abfolge mit einigen wenigen begleitenden Beobachtungen die Verfolgungswellen entlang. Wir orientieren uns dabei an Arbeiten u. a. von Wolfgang Behringer, aber auch dem in der „Encyclopedia of Witchcraft. The Western Tradition" (4 Bände, hrg. von Richard M. Golden. Santa Barbara, CA u. a. 2006) gesammelten Material.

Wir beginnen im 11. Jhdt. Vielleicht unerwarteterweise richtet sich unser Blick hier zuerst nach Russland. 1071 und dann wieder 1271 kommt es zu Prozesslawinen, bei denen Hexen als Bedrohung des Gemeinwesens gewertet werden. Die Bevölkerung ist noch kaum durchgehend christianisiert. Die Haltung der katholischen Kirche ist für lange Zeit zurückhaltend. 1080 leistet Papst Gregor gegenüber Hexenverfolgungen in Dänemark Widerstand, wie auch später der Kirchenstaat im Umfeld Roms nicht zu den verfolgungsintensiven Gebieten gehört. Rainer Decker hat diesen Sachverhalt aus vielen früher unbekannten Akten in „Die Päpste und die Hexen. Aus den geheimen Akten der Inquisition" (Darmstadt 2003) dargestellt. 1215 allerdings hat das 4. Laterankonzil (berühmt durch seine Definition der katholischen Abendmahlslehre) unter Innozenz III. mit seiner Erlaubnis der Folter in bestimmten Fällen und der Wegbereitung zur Inquisition sowie der massiven Häretikerbekämpfung einen unheilvollen Baustein zu den späteren Entwicklungen beigetragen. Überhaupt sind Rechtsentwicklungen wichtig: 1234 lässt Papst Gregor IX. (gest. 1241) die kaiserlichen Ketzergesetze in seine Dekretalensammlung aufnehmen. Die Todesstrafe für Ketzer und Häretiker ist damit weltliches wie kirchliches Recht. Die Bulle des Papstes Innozenz IV. „Ad extirpanda" (1252) kodifiziert diverse Ausnahmeregelungen für den Inquisitionsprozess, so die Einleitung des Verfahrens durch besonders bevollmächtigte Inquisitoren (also keine Ankläger aus dem Prozess selbst), die Zulassung der einfachen Denunziation im Kontext einer Prozesseinleitung, vor allem aber der Folter als Beweismittel zur Geständniserzwingung. (Es galt nach wie vor der Grundsatz: keine Verurteilung ohne Geständnis). Als Ankläger und Zeugen (deren Name der Angeklagte nicht erfahren musste) waren nun auch solche Personen zugelassen, die in einem herkömmlichen Rechtsverfahren keine Rechtsfähigkeit besaßen (Frauen und Kinder sowie Kriminelle, Komplizen, „Ehrlose", Unfreie etc.). Dennoch richtet sich der Inquisitionsprozess nur ganz allmählich auch gegen Hexen.

Schon 1100 wurde in Ungarn per königlichem Gesetz einem Ausbruch von Hexereiverdächtigungen Einhalt geboten. Durch das ganze 14. Jhdt. hindurch wird sehr langsam der Weg zu den großen Hexenverbrennungen bereitet; Europa muss eine Fülle von Katastrophen durchstehen, Hungersnöte, vor allem die Pest 1348–1350, die ganze Landstriche entvölkert. Ihre Ursachen und Verbreitungsgesetze bleiben rätselhaft. Das Ansehen der Kirche leidet unter dem großen Schisma 1378–1415. Man sucht „Schuldige"; das sind aber vorerst eher Leprakranke (die als Brunnenvergifter aus Neid gelten) und vor allem Juden. 1296 kommt es zu ersten Prozessen in Norditalien. 1324 findet in Irland der berühmte Prozess gegen Lady Alice Kyteler statt, der als Oberschichtskandal weite Kreise zieht. Obwohl wegen Hexerei verurteilt, kann Lady Kyteler fliehen (wohl nach England, wo sie untergetaucht zu sein scheint), aber ihre Dienerin Petronella de Meath wird hingerichtet. Es ist der erste Hexenprozess in Irland. 1388 werden Waldenserinnen in Pinerolo, Piemont als Hexen getötet. Teufelsverehrung, Blasphemie und andere Verbrechen werden auch den Tempelrittern vorgehalten, als ihr Orden 1307–1314 sukzessive vernichtet wird. 1407 kommt es sogar zur Hinrichtung eines angeblichen Zauberers in Grönland: das Thema wird ein europäisches. 1427–1436 ist die Zeit der ersten wirklich großen Prozesswelle, die allerdings geographisch klar begrenzt bleibt: Savoyen, Dauphiné, Valais, also der westliche Alpenraum. Die Region ist durchaus nicht „isoliert", sondern ein altes europäisches Kernland. Vereinzelte Prozesse finden auch in anderen Regionen statt (1418/22 Mailand, 1424 Rom, 1428 Todi u. a., vor allem Johanna von Orléans 1431 in Rouen). Das neue Paradigma der „Hexensekte" setzt sich flächendeckend, aber doch nur allmählich durch (1409 spricht ein päpstliches Dekret von „novas sectas", 1429 spricht ein Chronist von der Sekte der Hexen in Valais, 1435 folgt der anonyme Traktat „Errores gazariorum", der das neue Sektenbild entfaltet und systematisiert. Auch auf dem Konzil von Basel 1431–1449 werden Hexen zum Thema. Um 1450 nimmt sich die Kunst der Sache in neuer Weise an: auf Kirchenbildern in

Slowenien und Dänemark erscheinen fliegende Hexen. Das Imaginarium des „Hexensabbats" als einer Art satanistisch-blasphemischen Orgie wächst aus vielen Bausteinen allmählich zusammen und wird zum Zentralbild der Hexenvorstellung. Bis weit ins 17. Jhdt. wird es auf schaubildartigen „Lehrtafeln" inszeniert, die einen schaurig-wollüstigen Zugang zum Thema ermöglichen. Ab etwa 1493 gibt es volkstümliche Drucke zum Thema, die zu einer Vereinheitlichung des Hexenbildes beitragen. 1480–1520 lässt sich von einer zweiten Prozesswelle sprechen, die nun sehr viel weitere Teile Europas erfasst.

1486 schreibt Heinrich Kramer seinen „Malleus maleficarum", dessen Bedeutung allerdings auch nicht überschätzt werden darf: er stellt sozusagen die Extremposition der hexengläubigen Front dar. 1485 war es zu einem missglückten Verfolgungsanlauf im Raum Innsbruck gekommen: es ist keineswegs so, dass es keine skeptischen und mäßigenden Stimmen gegeben habe. Gerade im Italien des frühen 16. Jhdts. hören wir sehr viele durchaus kritische Stimmen zum Hexenglauben, und 1531 greift der Arzt und Philosoph Agrippa von Nettesheim die Verfolgungspraktiken an, ohne den Hexenglauben selbst in Frage zu stellen. Sehr einflussreich wird die Bulle „Summis desiderantes affectibus" des Papstes Innozenz VIII., die den Drucken des Hexenhammers vorangestellt wird und offenbar auf Betreiben Kramers zustande kam. Jetzt gibt es eine „offizielle" kirchliche Linie zum Thema. Joseph Hansen fasst den Inhalt wie folgt zusammen: „Papst Innozenz VIII. ermächtigt die beiden in Deutschland tätigen Inquisitoren Heinrich Institoris und Jacob Sprenger, gegen die Zauberer und Hexen gerichtlich vorzugehen. Er erklärt den Widerstand, den dieselben seither in Kreisen von Klerikern und Laien bei dieser Tätigkeit gefunden haben, für unberechtigt, da diese Verbrecher tatsächlich unter die Kompetenz der Ketzerrichter gehören, und beauftragt den Bischof von Straßburg, die den Inquisitoren etwa entgegengesetzten Hindernisse durch die Verhängung kirchlicher Zensuren zu beseitigen" (Quellen und Untersuchungen, 24f.). Dies bleibt die einzige päpstliche „offizielle", nicht fallbezogene Stellungnahme zum Thema, die zudem von kirchenrechtlich eher geringem Rang ist. Das Papsttum ist kein wesentlicher Faktor in der Ausbreitung der Verfolgungen. In Norditalien und dem westlichen Alpenraum kommt es ab etwa 1495 wieder zu schweren Verfolgungen. Ab etwa 1520 ist ein deutliches Abflauen der Verfolgungen wahrzunehmen, eventuell auch, weil das gesellschaftliche Aggressionspotential durch Reformation, Bauern- und Türkenkriege etc. gebunden wird. 1526 erhebt die spanische Inquisition (eine staatliche Einrichtung) Einspruch gegen die gängige Praxis der Hexenverbrennung; sie richtet sich auch gegen den Hexenhammer. Doch kommt es selbst in Mittelamerika unter spanischem Einfluss und in Martin Luthers Wittenberg (hier 1540 mit der Hinrichtung von vier Männern sozusagen unter den Augen Luthers) und Calvins Genf (1545) zu Verfolgungen. 1543 datiert die Verfolgungswelle in Dänemark, ab 1551 eine weitere Welle in Russland, 1566 gar in Peru. Das Thema ist kein konfessionelles: in allen Konfessionen gibt es verfolgungsintensive Gebiete. Interessant ist etwa die durchaus unterschiedliche Entwicklung in England und Schottland, die schlagend zeigt, wie weniger die Politik als eher lokale Gegebenheiten die Entwicklung beeinflussen.

Ab etwa 1560 beginnt dann die eigentlich zentrale Zeit der Hexenprozesse, noch einmal gesteigert nach den großen Missernten und Hungerwellen 1570–1573. In zahlreichen Regionen wie wiederum der Schweiz und Savoyen, aber auch Süd- und Norddeutschland finden nun mehrere Tausend Opfer den Tod. Ab etwa 1580 beginnen massive Verfolgungswellen in Valais, Lorraine und Luxemburg. 1584 ist ein besonders dramatisches Jahr: Wolfgang Behringer spricht von „Hexenpaniken".

Nebenher beginnt eine intellektuelle Auseinandersetzung, bei der freilich die Befürworter noch die Überhand über die Kritiker haben. Immerhin erscheint 1563 Johann Weyers (auch: Wier, 1516–1588) „De praestigiis daemonum", eine durchaus beachtete Kritik eines Arztes an manchen Aspekten der Verfolgungspraxis (Sigmund Freud nannte es später eines der zehn wichtigsten Bücher der Menschheitsgeschichte). Teildiskussionen richten sich etwa auf die Möglichkeit von Wetterzauber (welchen, wie erwähnt, die frühmittelalterliche Kirche abgelehnt hatte) oder die Effektivität der Wasserprobe (können auch gefesselte Hexen im Wasser untertauchen?). Im gleichen Jahr kommt es zu einer Definition der gesetzlichen Grundlage der Hexenverfolgungen in England und Schottland, wie 1572 in Kursachsen. 1587 muss sich das Parlament von Paris des Themas annehmen, die folgenden Jahre, für Frankreich auch politisch sehr schwierig, bringen den Höhepunkt französischer Verfolgungen. In den 1590er-Jahren folgen massive Verfolgungen in Deutschland, im spanischen Teil der Niederlande und besonders auch Schottland, wo 1597 allein etwa 200 Hexen hingerichtet werden. In England dagegen bleibt es bei deutlich geringeren Zahlen. König James VI. von Schottland (ab 1603 als James I. erster König von England und Schottland) hat ein aktives Interesse am Thema und schreibt seine „Daemonologie" (1598). Anfang des 17. Jhdts. kommt es zu weiteren heftigen Diskussionen in Sachen Hexen, diesmal in Bayern (1611/12 mit einer speziellen Gesetzgebung zur Sache). Aber 1603 ist das Ende der Verfolgungen in den Niederlanden erreicht (d. h. in der Republik der Sieben Vereinigten Provinzen, die 1581 aus der Rebellion gegen das Habsburgerreich hervorging). 1609 erreichen die Verfolgungen das Baskenland, wo sie ebenfalls massive Formen annehmen. 1611–1618 finden die Verfolgungen in Ellwangen statt. In den Randstaaten Europas wurde die Spitze der Verfolgungswelle jedoch in anderen Jahren erreicht. In Polen und Ungarn etwa liegt sie im frühen 18. Jhdt. (wobei die früher sehr hohen Schätzungen für Polen drastisch nach unten korrigiert werden mussten, während es in Ungarn allein etwa 800 Hinrichtungen gab).

1626 ist wieder ein extremes Kältejahr, in dem fast die gesamte Ernte durch Frost zerstört wird; die folgenden vier bis fünf Jahre bringen entsprechend einen Höhepunkt der Prozesswellen und Hinrichtungen. 1628 geht in die Wetterannalen als ein „Jahr ohne Sommer" ein. In Schottland kommt es zu Verfolgungen, 1633–34 in der Languedoc, 1644 in verschiedenen Regionen Frankreichs wie der Champagne. Für

1644 wissen wir auch von Verfolgungen aus China, das sich in einer politischen Umbruchsituation befindet (Bauern-aufstände, Zusammenbruch der Ming-Dynastie, Dynastie-wechsel, Machtergreifung der Mandschu). 1635–1645 hören wir auch unter den Huronen in Neufrankreich (Amerika) von Verfolgungen von Frauen in großem Umfang wegen Schadenzauber: das Phänomen ist global. In Europa sind 1618–1648 natürlich die Jahre des 30-jährigen Krieges, der entsetzliche Verwüstungen bringt. Die katholischen Bistü-mer Würzburg und Bamberg sind Zentren zahlreicher Pro-zesse (etwas früher auch Mainz), aber auch z. B. Pommern-Wolgast und Pommern-Stettin, Nassau und Büdingen sowie Dänemark als protestantischen Regionen. 1647 publiziert Matthew Hopkins (um 1620–1647, „Witchfinder general") sein Buch „The Discovery of Witches". In nur 14 Monaten bringt er mehr „Hexen" an den Galgen als jeder andere eng-lische Hexenjäger, zusammen wohl etwa 300 (von insgesamt etwa 500 Hinrichtungen wegen Hexerei in der englischen Geschichte).

1651–1652 kommt es zu Prozesswellen in Schlesien, 1652–1660 in Graubünden („Groos Häxatöödi", große Hexentö-tung), 1661–1662 wieder in Schottland, 1668–1676 in Schwe-den, 1677–1680 in Salzburg, 1679–1681 in Mähren, 1691–1692 in Slowenien, 1692 in Neuengland. Aber die Anzeichen ei-ner Überwindung des Hexenwahns mehren sich jetzt doch auch deutlich. 1631 war Friedrich Spees „Cautio Criminalis" erschienen, das sich vor allem gegen die Folterpraxis rich-tete und entlarvenden Charakter hatte. Dieses tapfere Buch eines Jesuitenpriesters wird mit Recht als Meilenstein der Überwindung der Verfolgungen gesehen. Spee hatte „He-xen" als Beichtvater begleitet und war zur Überzeugung ih-rer Unschuld gelangt. 1682 begrenzt Ludwig XIV. die Mög-lichkeit von Hexenprozessen in Frankreich, 1685 findet die letzte legale Hinrichtung in England statt, 1714 enden per königlichem Erlass die Verfolgungen in Preußen, 1717 ist die letzte legale Hinrichtung in Italien, 1727 in Schottland, 1746 in Schlesien. 1756 kommt es noch einmal zu einer Hin-richtung in Bayern, die bereits europaweit als skandalöser

Rückschritt erlebt wird. Aber ganz ist die Zeit der Prozesse noch nicht vorbei (Polen 1775, Ungarn 1777). 1782 findet die berüchtigte Hinrichtung der Anna Göldi in der Schweiz statt, die herkömmlich als letzte Hexenhinrichtung in Europa gilt. Das lässt sich allerdings nur sagen, wenn wir nur die legalen Tötungen durch „offizielle" staatliche Instanzen in den Blick nehmen. Lynchjustiz und Tötungen in dörflichen Kontexten gab es bis zur Gegenwart. In China findet 1768 noch einmal eine Prozesswelle statt. Auch aus anderen nichteuropäischen Kontexten hören wir jetzt von massiven Verfolgungswellen gegen „Hexen" und „Hexer": 1783–1809 in Madagaskar (Zehntausende von Opfern, vielleicht noch deutlich mehr), 1800–1805 unter nordamerikanischen Indianerstämmen, 1816–1828 im Königreich der Zulu in Afrika, 1854 unter indianischen Stämmen im Südwesten der USA, 1857 dann in Indien, 1860–1865 in Neuseeland, 1880–1900 wieder unter den indianischen Völkern der Pueblo-Kulturen (bei denen Hexereiverdächtigungen ein massiver Teil der traditionellen Kultur sind, die sich oft gegen Nachbarvölker richten), Ende des 19. Jhdts. auch in Südafrika (unter der schwarzen Bevölkerung). 1884 werden bei den Navaho 40 Hexen im Kontext traditioneller Hexenängste hingerichtet. Zum 20. und 21. Jhdt. kommen wir später in einem separaten Kapitel.

Literatur: Zu Johann Wier: H. C. Erik Midelfort, Johann Weyer in medizinischer, theologischer und rechtsgeschichtlicher Hinsicht. In: Hartmut Lehmann u. Otto Ulbricht (Hrg.), Vom Unfug des Hexen-Processes. Gegner der Hexenverfolgung von Johann Weyer bis Friedrich Spee. Wiesbaden 1992, S. 53–64 * Und hier noch einige weitere Literatur zur europäischen Geschichte der Hexenverfolgungen, nach Ländern gegliedert: England: James T. Sharpe, Instruments of Darkness. London 1996 * Keith Thomas, Religion and the Decline of Magic. London 1971 (epochemachendes, materialreiches Werk) * Alan Macfarlane, Witchcraft in Tudor and Stuart England. London 1970 * Wallace Notestein, A History of Witchcraft in England from 1558 to 1718. Washington D. C. 1911 * Schottland: Christina Larner, Enemies of God. London 1981 * Brian Levack, Witch-Hunting in Scotland. New York 2008 * Julian Goodare (Hrg.), The Scottish Witch-Hunt in Context. Manchester 2002 * Julian Goodare u. a. (Hrg.), Witchcraft and Belief in Early Modern Scotland. Bassingstoke 2008 * Irland: Patrick Byrne, Witchcraft in Ireland. Cork 1975 * Wales: Richard Suggett, A History of Witchcraft and Magic in Wales. Stroud, UK 2008 * Frankreich: William Monter, Witchcraft in France and Switzerland. London 1976 * Robin Briggs, The Witches of Lorraine. Oxford 2007 * Niederlande: Marijke Gijswijt-Hofstra u. Willem Frijhoff (Hrg.), Witchcraft in the Netherlands. Rotterdam 1991 * Spanien: Julio Caro Baroja, The World of Witches. Chicago 1965 * Gustav Henningsen, The Witches Advocate: Basque Witchcraft and the Spanish Inquisition. Nevada 1980 * Italien: Ruth Martin, Witchcraft and the Inquisition in Venice. Oxford 1989 * Skandinavien: Bengt Ankarloo u. Gustav Henningsen (Hrg.), Early Modern European Witchcraft. Oxford 1990 * Gunnar Knutsen, Norwegian Witchcraft Trials, Continuity and Chance 18 (2003) (s. auch zu Kap. 1) * Polen, Ukraine etc.: Gábor Klaniczay u. Éva Pócs (Hrg.), Witch-Beliefs and Witch-Hunting in Central and Eastern-Europe. Budapest 1991 * Michael Ostling, Between the Devil and the Host. Imagining Witchcraft in Early Modern Poland. Oxford 2011 * Russland: William F. Ryan, The Witchcraft Hysteria in Early Modern Europe: Was Russia an Exception?, The Slavonic and East European Review 76/1 (1998), 1–36 * Ders., The Bathhouse at Midnight. An Historical Survey of Magic and Divination in Russia. Stroud, UK 1999 (monumentales Werk über Magie und Volksglauben im älteren Russland) * Russell Zguta, Witchcraft and Medicine in Pre-Petrine Russia, The Russian Review 37 (1978), 438–448 * Ders., Witchcraft Trials in Seventeenth-Century Russia, American Historical Review 82/5 (1977), 1187–1207 * Christine Worobec, Possessed: Women, Witches and demons in Imperial Russia. DeKalb, IL 2001 * Literatur zum deutschen Sprachraum findet sich verteilt über diesen Band.

7. Malleus maleficarum: Hexereiverdächtigungen als intellektuelles Konstrukt und die Überwindung des Hexenglaubens

Der Malleus Maleficarum als Beispiel einer intellektuellen juristischen Konstruktion des Hexenglaubens

Das berüchtigtste, als infam geltende Buch der Hexenverfolgungen ist der Hexenhammer, lateinisch „Malleus Maleficarum". Die Ideologie, die Legitimationsstrukturen und Argumentationsmuster der Hexenverfolger werden in ihm in äußerster Zuspitzung sichtbar. Wer sich auf eine Lektüre einlässt, wird wohl zuerst von der perversen Rationalität des Buches überrascht sein. Der Aufklärungsphilosoph Christian Thomasius nannte das Werk zwar 1712 eine „verworrene Abhandlung" (confusissima disputatio), aber das bezieht sich eher auf sein gedankliches System, weniger auf die Darstellungsweise. Der Hexenhammer ist nicht „fanatisch" oder „emotional aufgeladen", jedenfalls nicht auf den ersten Blick, sondern immer argumentativ, immer abwägend, immer von einer gewissen intellektuellen Kühle. Nicht dass die Argumente heute überzeugen könnten. Aber man muss doch immer nachdenken, warum sie nicht überzeugen (sofern man gewisse christliche Grundannahmen teilt). Die literaturgeschichtliche Bedeutung des Hexenhammers liegt in seiner systematischen Durchdringung des gesamten Stoffes. Es ist ein Handbuch, und zwar eher ein juristisches als ein theologisches. Insofern gehört es mindestens ebenso stark in die dunklen Kapitel der Rechtsgeschichte wie in diejenigen der Theologie. Detaillierte Prozessanweisungen an weltliche und geistliche Richter füllen vor allem den Schlussteil des Werkes.

Der Hexenhammer ist in zahlreichen Auflagen unter dem Namen der Dominikanermönche Jakob Sprenger (1435–1495; 1472–1488 Prior des Kölner Ordenskonventes) und Heinrich Kramer („Henricus Institoris", um 1430-um 1505; nach verbreitetem Brauch wird der Vatername im Genitiv latinisiert und als Nominativ verwendet – daher nur vereinzelt: Institor) erschienen. Beide waren als Inquisitoren tätig, Sprenger aber nur in geringem Umfang, und Kramer gegen große Widerstände (dazu sofort). Allerdings haben schon Josef Hansen, Hartmann Ammann u. a. Ende des 19., Anfang des 20. Jhdts. aus verschiedenen Gründen vermutet, dass tatsächlich nur Kramer allein der Autor des Buches war. In jüngerer Zeit haben Hans-Christian Klose, Peter Segl, Günter Jerouschek und Wolfgang Behringer das mehr oder weniger zur Evidenz erhoben, sodass es heute als Mehrheitsmeinung gelten kann (trotz vereinzelter Gegenstimmen, z. B. Hans Peter Broedel, Rudolf Fidler und vor allem immerhin Christopher Mackay, Verfasser eines großen Kommentars). Wichtige Argumente sind die Chronologie beider Autoren, die eine Zusammenarbeit schwer denkbar macht, sowie die Tatsache, dass sich Jakob Sprenger, Gründer der Kölner Rosenkranzbruderschaft, in seinen wenigen Texten und seiner Arbeit als Inquisitor für das Thema Hexen nicht weiter interessiert zu haben scheint. Auch hat der Nachfolger Sprengers als Prior des Kölner Dominikanerklosters, Servatius Fanckel, bestritten, dass dieser irgendetwas mit dem Hexenhammer zu tun gehabt habe. Sprengers bekannterer Name (seiner Rosenkranzbruderschaft gehörten sogar Kaiser Friedrich III. und dessen Sohn Maximilian I. an) wurde offenbar zum Zwecke besserer Vermarktung des Werkes eingesetzt. Manche frühen Drucke nennen allerdings gar keinen Autor, manche nennen nur Sprenger, andere nur Kramer, wieder andere alle beide. Wir bleiben hier bei der Mehrheitsmeinung, die in Kramer den effektiven Autor sieht.

Aus eher ärmlichen Verhältnissen stammend, trat Kramer um 1445 in den Dominikanerorden ein. Nach den üblichen Ausbildungsgängen wird er 1479 auf sein eigenes Betreiben Inquisitor der Ordensprovinz Alemannia (doch hat die Inquisition in Deutschland nur noch wenig Einfluss). Im gleichen Jahr wird er zum Doktor der Theologie promoviert und 1482 Prior des Dominikanerklosters in Schlettstadt. In Ravensburg bringt er zwei Frauen auf den Scheiterhaufen. Seine Initiative in Innsbruck führt zu einem Skandal, der für Kramer auch eine tiefe narzisstische Kränkung gewesen sein muss. Nach Protesten aus der Bevölkerung lässt Bischof Georg (II.) Golser (gest. 1489) von Brixen eine Kommission zur Prüfung der Prozesse einsetzen, die von Kramer angeklagten Frauen werden freigelassen und Kramer des Landes verwiesen. Der Bischof hat ihn schlicht für verrückt gehalten. Reaktion auf diese Kränkung ist nun eben die Abfassung und Publikation des Hexenhammers, die auch Kramers persönliches Ansehen wiederherstellen soll. Angeblich habe er (Kramer) 200 Hexen hinrichten lassen. Dabei arbeitete Kramer mit Mitteln der Einschüchterung, des Terrors, der Angst, der „Hexenpredigt" und drängte auf Denunziation schon bei geringem Verdacht, etwa bei bösen Blicken oder ungewöhnlichen Krankheiten.

Sehr rasch brachte Kramer dann den Hexenhammer zu Papier, wenn wir auch nicht sicher wissen, wo die Abfassung erfolgte (auf Salzburg, Augsburg, Schlettstadt und Speyer wurde geraten). Noch wohl gegen Ende 1486 kam der (sehr flüchtige) Erstdruck bei dem Speyerer Drucker Peter Drach dem Mittleren heraus, wie wir aus dessen erhaltenem Rechnungsbuch schließen können. Seit dem zweiten Druck (1487 ebenfalls bei Peter Drach, Speyer) enthält der Hexenhammer drei Beigaben, die dem eigentlichen Text vorgeschaltet sind (die ersten beiden lagen vorher schon als Separata vor). Es sind dies die Bulle Papst Innozenz VIII. „Summis desiderantes affectibus" vom 5. Dezember 1484 gegen die Ketzerei der Hexen, dann eine zustimmende theologische Stellungnahme von mehreren Theologen der Universität Köln (vom 19. Mai 1487), eine sogenannte Approbation, und schließlich eine „Apologia auctoris", eine Selbstverteidigung des Autors gegen verschiedene Angriffe. Doch beruht diese Sprenger zugeschriebene „Apologia" wohl auf einer Fälschung, wie auch ein separates Zeugnis von Sprengers Sekretär

Servatius Vanckel nahezulegen scheint. Das Original der päpstlichen Bulle ist seit einigen Jahren dagegen bekannt (es wurde in der Vatikanischen Bibliothek aufgefunden), und auch die Kölner Approbation wird nach den eingehenden Untersuchungen Mackays nicht mehr für eine Fälschung gehalten (wenn auch Sprenger nicht an ihr beteiligt war, und Kramer ihren offiziellen Status offenbar übertreibt). Das Buch selbst umfasst dann 128 zweispaltige Folioseiten in drei Teilen mit 57 Hauptfragen, also ein durchaus üppiges, aber doch auch noch überschaubares Werk. Spätere Drucke sind oft kleinformatig. „Malleus" (Hammer) ist als Titel von Schriften gegen Häresien nicht selten (Johannes von Frankfurt, „Malleus Iudeorum", 1420 u. a.). Autobiographische Passagen (auch hier ist nur an Kramer als Autor zu denken) sind öfters schief und überzeichnet. Traurige Wahrheit aber dürfte die Behauptung sein, Kramer habe allein in der Diözese Konstanz achtundvierzig Frauen als Hexen verurteilt und verbrennen lassen.

Das Werk ist eine gelehrte Kompilation aus älterem juristischem und dämonologischem Material: André Schnyder, Verfasser eines großen Kommentars (1993), zählt etwa 1200 Zitate. Diese entstammen natürlich vor allem der Bibel und den großen patristischen Autoren wie Augustinus und Gregor d. Gr., aber auch aus Scholastikern wie Thomas von Aquin, Wilhelm von Auvergne und Antonius von Florenz (kirchenrechtlichen Sammlungen). Eine besonders wichtige Quelle für das Bild einer eigenen Hexensekte ist der mehrfach als Inkunabel gedruckte „Formicarius" des Johannes Nider (1385–1438), ein Werk, welches dieser 1437/38 auf dem Konzil von Basel vorstellen konnte. Dieses Buch in Dialogform eines ebenfalls dominikanischen Verfassers hat die Idee einer Hexensekte im deutschen Sprachraum wohl erst wirklich popularisiert, obwohl es auf der Linie der älteren hexereiskeptischen theologischen Tradition etwa noch die Realität des Hexenfluges bezweifelt. Der „Formicarius" („Ameisenhaufen", ein Bild für einen idealen Staat) ist ein Exempelbuch zu vielen Lebensbereichen und geht erst im Schlussteil auf den Hexenglauben ein. Nider wird im Hexenhammer auch genannt. Das gilt aber nicht für eine wichtige juristische Quelle, das „Directorium inquisitorum" des Nicolaus Eymerich (um 1316–1399, Inquisitor im Königreich Aragon), dem Kramer u. a. formalisierte Fragen und Antworten für das Prozessverfahren entnimmt.

DER HEXENHAMMER: AUS DEM INHALT

Ausführlich wird im ersten Teil des Hexenhammers begründet, wie und warum im bösen Werk der Hexerei die begrenzte Macht der Dämonen, der böse Wille der Hexe und die Erlaubnis Gottes (permissio Dei) zusammenkommen müssen.

Im zweiten Teil des Buches werden dann die Vorstellungen vom Teufelspakt, der Ursprung des Hexenunwesens, die potenziellen bösen Zauberwirkungen der Hexen und die gegen diese möglichen Gegenmittel besprochen (d. h. die Sakramentalien der Kirche, Gebete etc. als antimagische Handlungen). Hexen und Dämonen sind gemeinsam an einer Verschwörung gegen alle Mächte des Guten beteiligt, und führen einen tiefernsten Vernichtungskampf gegen alles Heile und Gute. Die Hexenverfolgungen sind für Kramer also ein Verteidigungskrieg: und zwar in einer extrem angefochtenen Situation. Zwar steht der Endsieg des Guten fest, aber für die Gegenwart sind die Mächte des Bösen stark, mächtig und können nur mit äußerster Entschlossenheit aus ihrer Übermachtposition zurückgedrängt werden. Im radikalen Gegensatz zu unserer heutigen Einschätzung der geschichtlichen Realität erleben sich die Hexenverfolger als schwach, in der Defensive, und aufgefordert, endlich offensiver zu werden und die Gesellschaft zu verteidigen. Für den modernen Leser ist das sehr erstaunlich, ohne Frage auch wahnhaft, erklärt aber doch sehr viel von der paranoischen Energie, die in den Verfolgungen steckt. (Eine Frau etwa, die während der Folter nicht weint oder schreit, gilt automatisch als Hexe). Der dritte Teil ist dann der im engeren Sinn juristische, der alle Aspekte des Prozesses beschreibt und z. B. begründet, warum Richter in Prozessen nichts von den Hexereien der Hexen zu befürchten haben (sie stehen unter besonderem göttlichem Schutz). Stil, Rhetorik und Argumentation entsprechen der scholastischen Tradition, wobei der durch viele Beispielgeschichten „abgesicherte" Bezug auf die Empirie, die Erfahrung, besonders hervorsticht. Der Hexenhammer ist daher auch eine wichtige volkskundliche Quelle, und hat sicher auch durch seine Geschichten gewirkt.

An der tief paranoiden Haltung des Autors gegenüber Frauen kann kein Zweifel sein. Der Hexenhammer ist ein Schlüsseltext in der Geschichte der Misogynie. Frauen sind das für die Dämonen leichter verführbare, glaubensschwächere Geschlecht, daher sind sie für die Männer immer gefährlich, faszinierend und das Beste wäre es, jeden Umgang mit ihnen zu vermeiden. Der Schadenzauber der Hexen richtet sich auf der anderen Seite gegen das eheliche Leben, und dabei besonders gegen die sexuelle Potenz der Männer. Die verschiedenen Impotenzgeschichten im Hexenhammer zu lesen, berührt heute besonders peinlich, weil in ihnen eine restriktive Sexualmoral in ihr Gegenteil, eine kuriose Neugierde und detailverliebte Schwüle, umschlägt. Öfter pflegen Hexen den Penis eines Mannes „wegzuzaubern" (Details müssen hier sicher nicht dargeboten werden). Der Teufelspakt selbst umfasst jedenfalls immer auch den geschlechtlichen (lustlosen und schmerzhaften) Verkehr mit dem Teufel. Aber auch das Vieh wird vielfach bezaubert: die Kühe geben keine Milch mehr oder Tier und Mensch bekommen keinen Nachwuchs mehr. Daneben werden die sozialen Nöte sichtbar, die Schicksalsschläge, die durch Hexereiverdächtigungen kanalisiert werden. Die Kümmernisse der ländlichen und städtischen Bevölkerung treten in helles Licht. Alle diese können Wirkungen der Hexerei sein. Hexen sind auch der Gotteslästerung schuldig, etwa wenn sie im Mund Hostien aus der Kirche stehlen und mit ihnen fürchterliche Zaubereien begehen. Ungetaufte Kinder haben ihre besondere Wertschätzung: aus dem Fett ihrer getöteten Körper können z. B. Flugsalben hergestellt werden. Das starke Element maximaler Tabuverletzung ist für den ganzen Hexenglauben schon betont worden. Dabei sind Hexen immer die Betrogenen, denn der Teufel hält nicht, was er verspricht. Die eher phantastischen Elemente wie der Hexenflug und die Tierverwandlung treten zwar in den Hintergrund, werden aber in ihrer Realität verteidigt.

Daher darf sich der Kampf gegen das Hexenwesen – so ein zentrales Anliegen der Schrift – nicht allein auf die Aktivitäten der Inquisition stützen, sondern muss mit viel größerem Ernst als bisher von den bischöflichen, vor allem aber auch weltlichen Gerichten aufgenommen werden. Kramer ist ein entschiedener Anhänger einer „harten Linie", die Hexerei in jedem Fall mit dem Tod bestrafen will (während die Linie der mittelalterlichen Inquisition und etwa auch seiner Quelle Eymerich viel stärker auf eine „Bekehrung" der als Häretikerinnen schuldig gewordenen Hexen zielte, wenn auch wegen vergangener Taten die Hinrichtung oft unvermeidlich schien). Eine Anklage solle auf Gerichtsinitiative hin bereits auf das bloße Gerücht (fama) der Hexerei erfolgen können; eine wirkliche Verteidigung der Angeklagten war sehr erschwert. Neben Zeugenaussagen spielen in der gerichtlichen Beweisführung auch Indizien wie Hexenmale (schmerzunempfindliche, künstlich wirkende Stellen am Körper) eine Rolle. In Sachen Folter wird zur Zurückhaltung geraten, aber wie generell im zeitgenössischen Recht ist das Geständnis ausschlaggebend für eine mögliche Verurteilung (wer nicht gestand, musste jedenfalls theoretisch freigelassen werden).

Der Hexenhammer war ein Bestseller seiner Zeit: achtundzwanzig bzw. neunundzwanzig Ausgaben sind seit der Erstausgabe 1486 nachweisbar, von denen die letzte 1669 bei Claude Bourgeat in Lyon herauskam (dann zusammen mit anderen ähnlichen Traktaten). Allein etwa zwölf Ausgaben erschienen bis 1523. Ein solcher Erfolg war natürlich nur möglich, weil die Erfindung des Buchdrucks, das Entstehen eines Verlags- und Buchhandelswesens in der zweiten Hälfte des 15. Jhdts. und mehr noch im 16. Jhdt. den massenhaften Vertrieb von Büchern möglich machte. Dies sind ja auch wesentliche Erfolgsbedingungen der Reformation gewesen.

Der Erfolg des Hexenhammers allerdings darf auch nicht übertrieben werden: er hatte keinerlei „offiziellen" Status, und z. B. die Supremà, die oberste Behörde der spanischen Inquisition, erklärte ausdrücklich, dass er keine spezielle Autorität bei Hexenprozessen habe. Überhaupt ist seine Wirkung im romanischen Sprachraum begrenzt (obwohl ihn z. B. Jean Bodin benutzt hat), während sich kritischere Geister wie Agrippa von Nettesheim, Johann Weyer und vor allem der große Gegner der Hexenverfolgungen, Friedrich Spee, gegen den Hexenhammer gewandt haben. Im 17. Jhdt. wurde dann unter den Hexereigläubigen das monumentale Werk von Martin Delrio (1551–1608), „Disquisitionum magicarum libri sex" (1599/1600) als zentrale Referenzgröße rezipiert (mehr als zwanzig Auflagen bis 1755).

Wer oder was ist die Hexe des Hexenhammers? In modernen Kategorien gesprochen ist sie ein antisoziales Wesen, voller Böswilligkeit, Rachedurst und niedriger Gemeinheit, unberechenbar und voller Gift und Galle. Sie ist ohne Frage eine männliche Projektion. Sie ist viel weniger Femme fatale als sich moderne Bilder ausmalen mögen. Man reagiert auf sie weniger mit dunkler Faszination als mit Verachtung, Vorsicht und Furcht. Es hat lange Zeit gedauert, um ihr Bild aus der Welt zu schaffen.

Literatur: Günter Jerouschek (Hrg.), Malleus maleficarum 1487. Von Heinrich Kramer (Institoris). Nachdruck des Erstdrucks von 1487 mit Bulle und Approbation. Hildesheim u. a. 1992 * Ders. (Hrg. u. Übers.), ‚Nürnberger Hexenhammer' von Heinrich Kramer. Faksimile der Handschrift von 1491 mit Transkription des deutschen Textes, Einleitung und Glossar. Hildesheim u. a. 1992 * André Schnyder (Hrg.), Malleus Maleficarum von Heinrich Institoris (alias Kramer) unter Mithilfe Jakob Sprengers aufgrund der dämonologischen Tradition zusammengestellt. 2 Bd. Göppingen 1991/93 * Wolfgang Behringer, Günter Jerouschek (Hrg. u. Übers.), Werner Tschacher (Übers.), Der Hexenhammer. Malleus maleficarum, München 2000 (exzellente deutsche Handausgabe; sie ersetzt die ältere Übersetzung des Indologen J. W. Richard Schmidt von 1906) * Christopher S. Mackay (Hrg. u. Übers.), Malleus maleficarum. 2 Bände. Cambridge 2006 (Übersetzung und Kommentar mit Positionen, die z. T. von den in Deutschland herrschenden abweichen) * *Sekundärliteratur:* Hans Peter Broedel, The Malleus Maleficarum and the Construction of Witchcraft. Theology and popular Belief. Manchester u. New York 2003 * Heide Dienst, Lebensbewältigung durch Magie. Alltägliche Zauberei in Innsbruck gegen Ende des 15. Jahrhunderts.

In: Alfred Kohler, Heinrich Lutz (Hrg.), Alltag im 16. Jahrhundert. Studien zu Lebensformen in mittelalterlichen Städten. München 1987, 80–116 * Peter Segl (Hrg.), Der Hexenhammer. Entstehung und Umfeld des Malleus Maleficarum. Köln u. Wien 1988 * Andreas Schmauder (Hrg.), Frühe Hexenverfolgung in Ravensburg und am Bodensee. Begleitband zur Tagung ‚Der Hexenhammer‘ von Heinrich Kramer und die frühe Hexenverfolgung in Ravensburg und Oberdeutschland. Konstanz 2001 * Jürgen Michael Schmidt, Glaube und Skepsis. Die Kurpfalz und die abendländische Hexenverfolgung 1446–1685. Bielefeld 2000 * André Schnyder, Malleus maleficarum. In: Enzyklopädie des Märchens 9 (1999), 89–96 * Walter Stephens, Witches Who Steal Penises: Impotence and Illusion in Malleus maleficarum, Journal of Medieval and Early Modern Studies 28 (1998), 495–529 * Werner Tschacher, Art. Malleus Maleficarum (Hexenhammer). In: Gudrun Gersmann, Katrin Moeller u. Jürgen-Michael Schmidt (Hrg.), Lexikon zur Geschichte der Hexenverfolgung. In: historicum.net (historicum.net/no_cache/persistent/artikel/5936/ 5. 6. 2012).

ÜBERWINDUNGEN DES HEXENGLAUBENS

Wir wählen wieder einen anderen Zugang, und lassen sehr knapp und exemplarisch Friedrich Spee (wir hörten bereits von ihm), einen frühen Gegner der Hexenprozesse, selbst zu Wort kommen, in einer durchaus ironischen Passage seiner „Cautio criminalis seu de processibus contra Sagas Liber" (deutsch: „Cautio criminalis oder rechtliches Bedenken wegen der Hexenprozesse") (Rinteln 1631, zuerst anonym). Wie erwähnt, war der Jesuitenpater Spee (1591–1635) während seiner Erfahrungen als Beichtvater zu der Überzeugung gekommen, dass die Opfer der Hexenvernichtung unschuldig waren. Er steht daher hier exemplarisch für das behutsame, aber doch auch mutige Infragestellen eines gesellschaftlichen Konsenses. Am Ende seines Lebens wirkte Spee, der auch ein begabter Kirchenlieddichter war, als Gefängnisseelsorger und Professor für Kasuistik in Trier; eine Professur für Moraltheologie in Paderborn war ihm vom Orden wegen seiner unkonventionellen Ansichten wieder entzogen worden. Wir zitieren einen rhetorisch gestalteten und ironischen Abschnitt zur Frage, ob es in Deutschland mehr Hexen gebe als andernorts.

„Frage 2: Gibt es in Deutschland mehr Hexen oder Zauberer als in anderen Ländern? Ich antworte: Davon habe ich keine wirkliche Kenntnis. Um aber nicht als Langeweiler dazustehen, versuche ich doch eine Antwort. Wie es scheint, und wie man glauben kann, gibt es in Deutschland deutlich mehr Hexen als andernorts. Dafür läßt sich auch ein Grund benennen. Es ist ja doch so, daß gerade in Deutschland überall Scheiterhaufen qualmen, welche die Pest (der Hexen) vertilgen sollen. Da liegt es doch auf der Hand, wie sehr sich das Hexenunwesen ausgebreitet hat. Doch hat der Name Deutschland dabei keinen Ehrverlust erlitten bei unseren Feinden, obwohl doch, wie die Schrift sagt, „unser Atem stinkend wurde vor Pharao und seinen Knechten" (Ex. 5, 21).

Die Idee, es gebe so viele Hexen bei uns, entstammen zwei weiteren Quellen, die wir nennen wollen. Die erste ist die schiere Unerfahrenheit und der Aberglaube des Volkes, was ich so zeigen möchte: Alle Naturkundler lehren, daß doch auch noch das natürliche Ursachen hat, was immer einmal wieder von den Gesetzen der Natur abweicht und innerhalb dieser als außergewöhnlich anzusehen ist, wie etwa ein sehr heftiger Regenschauer, ein ebensolcher Hagel, strenger Frost, lauter Donner u. ä. (...) So sagen sie. Zeigt sich dennoch etwas von solcher Art in Deutschland, besonders beim Landvolk (...) schon denken wir, von Leichtfertigkeit oder Aberglauben angesteckt, alsbald an Zauberei und schreiben die Sache den Hexen zu. (...) Daher kann es nicht erstaunen, wenn in wenigen Jahren angeblich reichliche Hexen in Deutschland zu finden sind: hier haben Prediger und Geistliche keinen Widerstand gegen das Gerede über Hexen geleistet, ebensowenig die Obrigkeiten, ja jene sind selbst in dieser Sache schuldig geworden.

Ein zweiter Faktor sind Neid und Mißgunst der Menschen, was sich an folgendem zeigt: In jedem anderen Volk wird jeder einsehen, daß Gott den einen reicher mit irdischem Besitz segnet als den anderen. (...) Jedoch bei uns in Deutschland, insbesondere bei einfachen Menschen, entstehen sofort Gerüchte und Verdächtigungen, daß nämlich Zauberei im Spiele sei. Und (das gilt umso mehr,) wenn diese Menschen dann jenem Neid entgegenbringen, und dieser vielleicht etwas zu eifrig zur Messe geht, den Rosenkranz außerhalb der Kirche betet, extra niederkniet auf dem Feld oder in seiner Wohnung, wie ich oft erlebt habe, und wofür ich mich für uns Deutsche schäme. So ein unwürdiges Verhalten dürfte anderen Nationen unbekannt sein."

Literatur: Friedrich von Spee, Cautio Criminalis oder rechtliches Bedenken wegen der Hexenprozesse. München 2000 * Ders., Sämtliche Schriften. Historisch-kritische Ausgabe 3. Cautio Criminalis. Tübingen 2005 * Italo Michele Battafarano, Spees Cautio Criminalis. Kritik der Hexenprozesse und ihre Rezeption. Trento 1993 * Christian Feldmann, Friedrich Spee. Hexenanwalt und Prophet. Freiburg i. Br. u. a. 1993 * Helmut Weber, Gunther Franz, Friedrich Spee (1591–1635). Leben und Werk und sein Andenken in Trier. Trier 1996.

EINE WEITERE VERFEHLTE THEORIE: DIE „VERNICHTUNG DER WEISEN FRAUEN"

Nur ganz en passant müssen wir die Thesen der Bremer Soziologen Gunnar Heinsohn und Otto Steiger in ihrem Buch „Die Vernichtung der weisen Frauen. Hexenverfolgung, Kinderwelten, Menschenkontrolle, Bevölkerungswissenschaft" (Berlin 1985) erwähnen. Sie wurden von der akademischen Geschichtswissenschaft sofort und einstimmig als unhaltbar bezeichnet. Dennoch haben sie in feministischen Kreisen einige Aufmerksamkeit erfahren, und sind in dieser Rezeption mit den Thesen von M. Murray vergleichbar, die ebenfalls vor allem außerhalb akademischer Diskurse ihren Einfluss entfalteten. Die Grundannahme des Buches ist, Heilerinnen und vor allem Hebammen des Mittelalters hätten ein tradiertes Wissen um Geburtenkontrolle durch Empfängnisverhütung und Abtreibung besessen. Die Hexenverfolgungen seien nichts anderes als der planmäßige und organisierte Versuch, dieses Wissen in Gestalt seiner Trägerinnen zu vernichten. Ähnlich wie bei Margaret Murray ist die These sehr schlicht, sehr rational, sie bringt die Dinge auf eine einfache Formel und lebt aus einfachen Feindbildern. Staat und Kirche hätten gemeinsam die bevölkerungspolitische Absicht umzusetzen versucht, ein

Schrumpfen der Bevölkerung zu verhindern. Zum Reiz der Thesen Heinsohns und Steigers gehört, dass sie sich mit der Faszination der Figur der mittelalterlichen („geheimnisvollen, alten") Heilerin treffen, und zudem klare „Übeltäter" (Staat und v. a. Kirche als männerbeherrschte Institutionen) ausweisen. Das gesamte Modell hat die Eigenschaften einer elaborierten Verschwörungstheorie, die weite Teile Europas umfassen müsste. Damit steht die These in Spannung zu der anderweitigen Beobachtung, dass die verfolgungsintensivsten Gebiete jene mit schwacher „Zentralinstanz" waren. Starke Zentralstaaten (die am ehesten eine Bevölkerungspolitik hätten durchsetzen können) weisen im Schnitt weniger Verfolgungen auf.

Die genannten Thesen werden aber schon durch die Akten selbst und ihre Statistik widerlegt. Nach einer neueren Sichtung hatte es unter den mehreren zehntausend hingerichteten Hexen nur etwa 200 als Hebammen identifizierbare Frauen gegeben, also eine Zahl im kleinen Promillebereich. Die Hebamme als professionalisierter Beruf existiert seit dem späten 16. Jhdt.; im Mittelalter halfen bei der Geburt ältere Frauen aus Familie und Nachbarschaft, die dafür mit Naturalien entlohnt wurden. Dennoch lässt sich auch im Mittelalter von Hebammen sprechen (lateinisch obstetrix, althochdt. Hevianna „alte Frau, die das Kind vom Boden aufhebt"), wenn man damit nicht zu moderne Vorstellungen eines „Berufs" verbindet. Seit dem 16. Jhdt. wurden Frauen amtlich vereidigt und einer eigenen Ordnung unterworfen, um bei Geburten beizustehen. Wie viele unseriöse Theorien leidet auch diese daran, dass sie Evidenz für eine These sammelt, aber sich nicht systematisch den Fakten und Quellen nähert bzw. nicht wirklich in den Blick nimmt, was gegen die These spricht (über die Kennzeichen „unseriöser" Literatur vgl. Frenschkowski, Literaturführer, 363–378).

In einzelnen Gebieten und Verfolgungswellen hören wir von verschiedenen Hebammen unter den Opfern, aber die Zahlen sind kaum signifikant, und lassen jedenfalls nicht auf eine gezielte Politik schließen. Im Gebiet der Reichsabtei St. Maximin und überhaupt im Raum Trier hat es im 16.

und 17. Jahrhundert etwa 800 weibliche Prozessopfer gegeben: darunter sind drei Hebammen. Die weitaus größte Zahl
der Hebammen blieb während der Prozesse unbehelligt.
Wir kennen sogar Fälle, in denen eine Hebamme als eine
Art Sachverständige herangezogen wird, ob der Tod eines
Kindes mit natürlichen Dingen zugegangen sei oder nicht –
ohne dass sie selbst in Gefahr gerät (1572 je eine Longuicher
und eine Feller Hebamme im Prozess gegen die „Zeihen Eva
aus Kenn", bei dem es neben Hexerei um Kindstötung ging).
Der einzige wirkliche Beleg für die These von Heinsohn
und Steiger sind die Kölner Prozesse von 1630, bei denen
zehn von achtzehn beruflich definierten Frauen (ein Drittel
der insgesamt angeklagten Frauen) Hebammen waren. Das
mag mit der Organisation des Berufsstandes zusammenhängen; 1628 war hier eine Hebammenordnung erschienen,
welche Arbeit und Lohn regelte. Es ist offenbar, wenn man
die Verfolgungswellen betrachtet, auch so, dass ihre Auslö-
ser Unglücksfälle und Schicksalsschläge unter Mensch und
Vieh gewesen sind, die Initiative dann oft von den Dorfgemeinschaften ausging, und eine „Politik" der Verfolgungen
kaum erkennbar wird.

Es bleibt aber richtig, dass sich Verdächtigungen gegen
Heilerinnen und Hebammen richten konnten, wie gegen
alle Menschen, die an den schicksalhaften Knotenpunkten
des Lebens tätig wurden. Aber eine geplante Politik war
dies offenbar nicht, zumal es in den Staaten mit schwacher
Zentralinstanz gar niemand gab, der eine solche Politik hätte
durchsetzen können. Ein interessantes Beispiel, wie sich He-
xendynamiken gegen Heilerinnen wenden konnten, zitieren
wir hier nach einer Studie von Franz Irsigler, auf die wir für
weitere Informationen nachdrücklich verweisen möchten:
„Ein interessantes Beispiel bietet um 1540 in den südlichen
Niederlanden das schon weitgehend als Hexenprozess ge-
staltete Verfahren gegen eine Heilerin, überliefert durch den
flämischen Juristen und Kriminalisten Joos de Damhouder
(† 1581). Opfer war eine alte Frau namens Katelijne aus
Brügge, die als Heilerin und als fromme Christin zunächst
ungewöhnlich hohes Ansehen genoss. Man verehrte sie –

so Damhouder – wie eine Heilige oder einen der Apostel
Christi, weil sie bei allen Menschen ganz erstaunliche Heilungserfolge hatte. Ihre Spezialität war die Behandlung von
Kindern mit Rückenverkrümmungen und verrenkten oder
gebrochenen Gliedmaßen, wobei sie als Heilmittel weder
Medikamente noch sonstige erkennbare und nachvollzieh-
bare Mittel einsetzte. Sie baute nach dem Vorbild der Apostel ganz auf Fastenübungen, Gebete, Messen und Wallfahr-
ten, zum Beispiel nach St. Hubert in den Ardennen. Alles
bewegte sich offenbar im Rahmen legaler, von der Kirche
vollständig akzeptierter weißer Magie. Trotzdem geriet sie
– aus welchen Gründen auch immer, aus Neid oder wegen
eines missglückten Heilungsversuchs – in Verdacht. Eines
Tages ließen sie die Brügger Schöffen mitten in der Nacht
aus dem Bett holen und ins Gefängnis bringen. Sie wollten
wissen, wie die wahre Natur der Mittel beschaffen sei, denen sie ihre Heilungserfolge verdankte. Sie bestand darauf,
diese seien absolut ehrenhaft und sie werde zu Unrecht angeklagt." Auch unter der Folter leugnete sie, irgendetwas
mit dem Teufel zu schaffen zu haben. Zwischenzeitig hatte
sich der Bürgermeister von Brügge mit der Bitte um Hilfe
gegen seine Gicht an sie gewandt, und sie hatte ihm wohl
etwas allzu zuversichtlich diese zugesagt.

So verhängten die Schöffen die Folter, aber auch unter
der peinlichen Befragung blieb sie dabei, dass der Teufel ihr
in keiner Weise helfe. „Daraufhin waren die Rechtsgelehr-
ten überzeugt, dass sie mit dem Teufel im Bunde stehe. Sie
erklärten dem Bürgermeister und den Schöffen, die Apostel
hätten immer im Namen Gottes Heilungen vollbracht, dieser Frau aber genüge es, wenn man an sie selbst glaube. Der
Bürgermeister distanzierte sich sofort von seinem Angebot
und die Angeklagte wurde, da es ja neue Indizien gab, auf
Anweisung von Bürgermeister und Schöffen zum zweiten
Mal der Folter unterzogen. Auch diesmal blieb sie standhaft.
Sie gab zwar einige Vergehen harmloser Art zu, bestritt aber
jeden Kontakt mit dem Teufel. So blieb sie weiter in Haft.
Wenig später rechtfertigten weitere Indizien eine dritte Tor-
tur, und auch diese überstand sie, machte sich sogar lustig

über den Henker und ihre Richter, indem sie ihnen fröhlich zurief: „Was immer Ihr mit mir macht, wie grausam Ihr auch seid, von mir könnt Ihr nichts erfahren." Schließlich schlief sie mitten im Verhör ein. Als nach kurzer Haftzeit auch der vierte Versuch scheiterte, durch Folter ein Geständnis zu erzwingen, ließ man Katelijne zum Zweck genauer Untersuchung am ganzen Körper rasieren. Man fand zwar kein Hexenmal, dafür aber in der Scheide oder im After ein Stück Pergament mit allen möglichen fremdartigen Namen und unbekannten, von Kreuzen umgebenen Buchstaben. Nun konnte das Verhör neu beginnen und angeblich gestand sie jetzt alles, was sie bei den vorhergehenden Befragungen abgestritten hatte. Sie erklärte, man hätte sie niemals dazu zwingen können, wenn man nicht das Pergament gefunden hätte, das sie mit Hilfe eines bösen Geistes gegen alle Folterqualen unempfindlich gemacht habe." Irsigler vermutet eine bewusste Manipulation. Wir brechen den Bericht hier ab; die Frau wurde (wenn auch erst in einem zweiten Prozess einige Zeit später) verurteilt und lebendigen Leibes verbrannt.

Literatur: Walter Rummel, ‚Weise' Frauen und ‚weise' Männer im Kampf gegen Hexerei. Die Widerlegung einer modernen Fabel. In: Christof Dipper, Lutz Klinkhammer u. Alexander Nützenadel (Hrg.), Europäische Sozialgeschichte. Festschrift für Wolfgang Schieder. Berlin 2000, 353–375 * Eva Labouvie, Evelyn Bukowski, Art. Hebamme. In: Enzyklopädie der Neuzeit 5 (2007), 263–268 * Franz Irsigler, Hebammen, Heilerinnen und Hexen. In: www.dhm.de/ausstellungen/hexenwahn/aufsaetze/10.htm/ 2. 6. 2012 (Zitat) * Marco Frenschkowski, Literaturführer Theologie und Religionswissenschaft. Bücher und Internetanschriften. Paderborn 2004 (363–378: „Was ist „seriöse" Literatur?").

HILFSMITTEL DER HEXENFORSCHUNG

An dieser Stelle sollen für diejenigen, die es genauer wissen wollen, noch einige Hilfsmittel der Hexenforschung und darüber hinaus vorgestellt werden. www.historicum.net, ein geschichtswissenschaftliches Portal, hat einen hexenkundlichen Schwerpunkt und dazu verschiedene Texte und Studien versammelt und ist nicht nur zum ersten Einstieg sehr gut geeignet. Ein integriertes Lexikon zur Geschichte der Hexenverfolgung ist auf dieser Seite im Aufbau. Die „Dresdener Auswahlbibliographie zur Hexenforschung" befindet sich unter http://rcswww.urz.tu-dresden.de/~frnz/dabhex/navigation.html; sie ist überaus nützlich, wenn sie auch einige deutliche Defizite hat. Zur Zeit der Abfassung dieses Buches ist sie allerdings schon länger nicht mehr aktualisiert worden. Aber nun zu den Büchern. Ein hilfreiches Lexikon zum Thema ist: Richard M. Golden (Hrg.), Encyclopedia of Witchcraft. The Western Tradition. 4 Bände. Santa Barbara, CA u. a. 2006. Der Stil der Beiträge ist an amerikanischen College-Lexika orientiert, also eher essayistisch, leicht lesbar, aber deshalb auch bei weitem nicht so materialreich, wie der große Umfang der vier Bände mit über 1200 Seiten vermuten ließe. Wie oft in amerikanischen Nachschlagewerken wird Forschung außerhalb des englischen Sprachraums praktisch nicht zur Kenntnis genommen. Davon abgesehen, ein schönes Werk. Ein schmaleres, zu seiner Zeit recht nützliches, aber heute partiell überholtes einbändiges Lexikon ist Russell Hope Robbins, The Encyclopedia of Witchcraft and Demonology. New York 1959 (immer wieder nachgedruckt). Neben diesen Werken existieren Lexika zum Thema mit einem eher esoterischen Hintergrund. Ihr wissenschaftlicher Wert ist im Allgemeinen begrenzt.

Wichtiger sind die Bibliographien zum Thema. Die vielleicht Berühmteste ist Martha J. Crowe (Hrg,), Witchcraft: Catalogue of the Witchcraft Collection in Cornell University Library. Millwood, NY 1977. Diese Sammlung wurde ab den 1880ern durch die vereinten Bemühungen des Mitbegründers und ersten Präsidenten der Cornell University, Andrew Dickson White (1832–1918), und seines Bibliothekars George Lincoln Burr (1857–1938) zusammengetragen, und später ergänzt (beide gehören zu den großen Namen der amerikanischen Bibliophilie). Anthropologische und ethnologische Literatur zur Sache liegt hier noch weniger im Blick, aber etwa an frühen Drucken ist diese Kollektion sehr reich (allein 14 frühe lateinische Drucke des Malleus maleficarum, daneben frühe Ausgaben von Jean Bodin, Nicolas Remigius, Henri

Boguet und Pierre de Lancre). Auch Kopien von Akten sind in großer Zahl vorhanden. Cornell University besitzt damit eine der besten Spezialsammlungen. Neuer und umfassender als Bibliographie ist Jean-Pierre Coumant, Demonology and Witchcraft. An Annotated Bibliography. Utrecht 2004 (dort S. VIIf. Verzeichnis aller früheren einschlägigen Bibliographien). In diesem monumentalen Band werden tausende einschlägiger Titel detailliert bibliographisch erfasst (bei seltenen Titeln mit Bestandangaben der Bibliotheken). Manche ältere Arbeit behält neben diesen Büchern Wert, z. B. Robert Yve-Plessis, Essai d'une bibliographie française de la sorcellerie et de la possession démoniaque. Paris 1900. Manche klassischen Texte finden sich aber mittlerweile auch in Internet-Kollektionen, etwa www.sacred-texts.com und www.esotericarchives.com, in denen sich etwas Stöbern lohnt, obwohl sie unser Thema nur neben vielem anderem im Blick haben. Über das angrenzende Thema magischer Texte, Grimoires, Zauberbücher etc. informiert demnächst Marco Frenschkowski, Michael Siefener (Hrg.), Zauberbücher. Ein Handbuch magischer Ritualtexte in interkultureller Perspektive. Voraussichtlich Stuttgart 2015 (mit ausführlichen Bibliophien).

8. „Mangu", „soroka", „ngua": Hexereiverdächtigungen und Hexenbilder in außereuropäischen Kulturen

Hexenverfolgung in der Gegenwart als „Sensation": das Thema in den Medien

Die Präsenz des Themas Hexereiverdächtigung erreicht Presse und andere Medien im Westen erwartungsgemäß v. a. in sensationalistischer Gestalt. So meldet ein Nachrichtendienst Juli 2012 aus Papua-Neuguinea: „Nach dem Tod von mindestens sieben Menschen müssen sich mehrere mutmaßliche Mitglieder eines bizarren Kannibalismus-Kults in Papua-Neuguinea seit dieser Woche vor Gericht verantworten. Den 29 Angeklagten werde vorgeworfen, Jagd auf Hexer gemacht, sie getötet, die Gehirne ihrer Opfer roh verspeist und aus ihren Penissen Suppe gekocht zu haben", berichtete die Zeitung „The National". Der Kult hat offenbar über tausend Anhänger. Diese hätten wandernden Wunderheilern den Kampf angesagt, weil sie sich ihre Dienste teuer bezahlen ließen – unter anderem auch mit Sex. Laut dem Blatt verlangt ein Hexer gewöhnlich 1000 Kina (387 Euro), ein Schwein sowie einen Sack Reis, um böse Geister zu vertreiben oder Todesursachen auf den Grund zu gehen. Einige der „Sanguma" hätten vor einiger Zeit aber auch damit begonnen, Sex als Bezahlung zu verlangen. „Es verstößt gegen unsere Tradition, dass ein Hexer Geschlechtsverkehr mit verheirateten Frauen oder minderjährigen Töchtern hat", sagte ein örtlicher Kult-Führer in der Provinz Madang. Deshalb hätten sich viele Dorfbewohner zusammengeschlossen, um die skrupellosen Wunderheiler hinter Gitter zu bringen. Doch diese seien in der Regel rasch wieder freigekommen und hätten einfach weitergemacht wie zuvor. Das habe bei vielen Wut ausgelöst, und sie hätten sich zur Gegenwehr entschlossen. Den Angeklagten, darunter acht Frauen, wird vorgeworfen, sich ihrerseits von Hexern übernatürliche Unterstützung für die Jagd gesichert zu haben. Seit April sollen sie mit eigens dafür präparierten Buschmessern sieben Menschen ermordet haben. Ihre Organe wurden den örtlichen Kult-Anführern übergeben, um daraus besondere Kräfte für die Jäger zu ziehen …".

Etwas weiter heißt es dann: „In dem nur schwach entwickelten Pazifikstaat Papua-Neuguinea ist der Glaube an Hexerei weit verbreitet. 1971 wurde die Ausübung schwarzer Magie gesetzlich verboten, doch wegen der jüngsten Angriffe auf Hexer gibt es Überlegungen, das Verbot wieder aufzuheben. Die 29 Angeklagten waren vergangene Woche in dem Dorf Biamb festgenommen worden, doch rechnen die Behörden mit über tausend Kult-Mitgliedern. „Dies ist die Spitze des Eisbergs, und es muss mehr zur Aufklärung getan werden, um die Bewegung auszurotten", sagte Provinzgouverneur Anthony Wagambie. Die Polizei allein könne das Problem nicht bewältigen …" (T-online.de Nachrichtendienst vom 13. 7. 2012). Natürlich ist ein solcher Bericht nicht unbedingt „seriös" (die darin behaupteten Fakten können hier nicht nachgeprüft werden). Er bildet aber eben ein modernes Hexenimaginarium, und hat auch genau darin Bedeutung, nicht nur im „Faktischen".

Die größte Überraschung unseres Themas ist für Laien oft, dass es Hexenverfolgungen in zahlreichen Kulturen gegeben hat. Sie sind keine Besonderheit des Abendlandes, und schon gar nicht des Christentums. Epidemische Verfolgungen mit zahlreichen wegen angeblicher Hexerei ermordeten Frauen und Männern hat es in Indien gegeben, in Peru, in erheblichem Umfang unter nordamerikanischen Indianern, vor allem aber immer wieder in Afrika. 1994–1998 starben wohl mehrere tausend Opfer (!) bei dörflichen Antihexerei-Jagden in Tansania, wenig früher in Kenia und immer wieder auch in Südafrika. Diese Aktionen gegen „Hexen" wurden von den Regierungen zum Teil nur sehr zögernd bekämpft. Vor allem Revival-Bewegungen einheimischer

Kulte in Krisenzeiten mit nostalgisch-utopischen Programmen beginnen ihre öffentlichen Aktivitäten oft mit der Suche nach Sündenböcken für notvolle Entwicklungen wie Hunger und Arbeitslosigkeit, wobei man leichter „nahe" Ursachen (Hexen) als „ferne" (wirtschaftliche Abhängigkeiten u. ä.) ausmacht (engl. „scapegoating"). Die in älterer kolonialer Literatur vertretene These, mit Bildung und medizinischer Versorgung (etwa von „gemütskranken Menschen") werde der Glaube an Hexen verschwinden, hat sich als massiver Irrtum herausgestellt. Es sind aber nicht nur Sündenbock-Mechanismen, die hier greifen. Andere Aspekte beziehen sich auf das Symbolsystem einer Gesellschaft (Anti-Modelle akzeptierten Verhaltens), oder sehen Hexereiverdächtigungen und magische Praktiken als Strategien im Globalisierungsdiskurs. „Globalisierungsverlierer" könnten sich hier weiterhin als handlungsfähige Subjekte des Geschehens begreifen (Peter Geschiere u. a.).

Diese Beobachtungen und Ansätze werden auch durch historische Ereignisse in anderen Sozietäten untermauert. Unter verschiedenen nordamerikanischen Stämmen kam es zwischen 1750 und 1850 zu Erfahrungen eines Zusammenbruchs, gefolgt von einer Wiederbelebung der alten Religionen, mit Visionen und Prophetien charismatischer Führer. So geschah es etwa bei den Irokesen, die im Unabhängigkeitskrieg auf der „falschen Seite" (der britischen) gekämpft hatten. Zu den ersten Aktionen im tribalen „Revival" gehörte das Töten mehrerer Hundert angeblicher Hexen. Nach seriösen Quellen wurden in Indonesien nach der Absetzung Suhartos in wenigen Monaten (Dezember 1998-Februar 1999) etwa 120 Personen als Hexen ermordet. Ähnliches wird aus Indien aus dem Bundesstaat Assam zwischen 2001 und 2006 berichtet (angeblich 400 Opfer). Clyde Kluckhohn (1905–1960), Sozialanthropologe in Harvard, konnte in einer berühmten Studie über den Hexenglauben der Navajo-Indianer zeigen, dass lawinenartige Hexereiängste nicht etwa in, sondern offenbar kurz nach „Krisenzeiten" auftreten, sozusagen als deren „Nachwehen". Angebliche „Hexer" sind hier meist Männer. Der Hexereidiskurs kanalisiert in seiner Sicht nicht integrierte Aggressionen einer Gesellschaft. Je weniger Konfliktlösungspotenzial eine Gesellschaft nach innen habe, desto stärker suche sie äußere (oder an ihrem Rand lebende) Projektionsflächen; bei den Navajo gelten v. a. die Hopi oft als „böse Zauberer". (Zum „mächtigen Hexer" wird man bei den Navajo u. a., indem man den Menschen tötet, den man am meisten liebt, meist die Tochter, also das „Humanum" verlässt. Dieses Motiv ist auch in Afrika und z. B. auf Jamaika belegt).

Auf Madagaskar sind für die Zeit vor der Christianisierung (1783–1809) die vielleicht massivsten Hexenverfolgungen der Weltgeschichte belegt. Neuere Schätzungen rechnen mit mehreren zehntausend Opfern. Der Landesherr unterzog seine komplette Bevölkerung einem Gifttest als Loyalitätsprobe gegen „Hexerei". Bei diesem Test starben wohl etwa 2 % der Teilnehmenden. Erst die französische Kolonialherrschaft beendete das Massaker. In Tansania und anderen afrikanischen Ländern hat es noch in den letzten Jahren immer wieder Lynchjustiz gegen angebliche Hexen gegeben (natürlich illegal): das Thema gehört keineswegs nur der Vergangenheit an. Auch in England, Frankreich und Russland hat es Lynchmorde gegen „Hexen" im 20. Jhdt. gegeben, die oft ein gerichtliches Nachspiel hatten, wenn sie bekannt wurden. Uns interessieren hier aber eher die außereuropäischen Fälle.

Über die westafrikanischen Yoruba schreibt A. B. Ellis gegen Ende des 19. Jhdts.: „Nach Auffassung der Yoruba ist Hexerei die Hauptursache für Krankheit und Tod. Sie denken, sie könnten diese Übel nicht den Göttern zuschreiben, es sei denn, sie geschähen in spezieller Relation zu einer Gottheit: wenn etwa jemand von einem Blitz erschlagen wird, würden sie dies dem Gott Shango zuschreiben. (...) Folglich führen sie Krankheit und Tod, sofern sie nicht aus Unfällen oder Gewaltanwendung resultieren, auf Personen zurück, die böse Geister beschworen haben, d. h. Zauberern und Hexen. Genau genommen sollte eine Person, der in diesem Sinn Hexerei nachgesagt wird, einem Ordal unterzogen werden. Wenn sie dabei schuldig befunden wird, ist sie so-

fort hinzurichten. Doch handelt die aufgebrachte Bevölkerung aus abergläubischer Furcht gerne sofort, ohne Beweise,
und bringt die beschuldigte Person zu Tode. Kurioserweise geschieht hier auch, was wir auch aus England kennen,
als der Glaube an Hexen noch eine tiefe Überzeugung war,
daß sich nämlich alte Frauen (die man für Hexen hält) selbst
anklagen, Personen zu Tode gebracht zu haben, die in der
jüngeren Vergangenheit gestorben waren." Es ist bei vielen
Völkern auch nicht unüblich, böse magische Wirkungen
Nachbarvölkern zuzuschreiben, oder kulturelle und religiöse Minderheiten pauschal der Zauberei zu verdächtigen.
In der islamischen Welt (Libanon, Irak) galt etwa die kleine
Gemeinschaft der Yeziden lange als „Teufelsverehrer". Im
weißen Amerika der Südstaaten wurden traditionelle religiöse Ausdrucksformen wie Obeah, Voodoo (Vodoun), Palo
Monte u. a. als schwarze Magie, Aberglaube und Teufelswerk diffamiert, die heute von der Religionswissenschaft als
eigenständige und vitale religiöse Systeme wahrgenommen
werden.

Literatur: Alfred B. Ellis, The Yoruba-Speaking Peoples of the Slave Coast of
West Africa: Their Religion, Manners, Customs, Laws, Language, etc. Lon-
don 1894 = Oosterhout 1970, 116f. * Clyde Kluckhohn, Navaho Witchcraft.
Boston 1944 * Peter Geschiere, The Modernity of Witchcraft. Politics and the
Occult in Postcolonial Africa. Charlottesville, VA 1997 * Wulf Köpke, Bernd
Schmelz (Hrg.), Hexen im Museum. Hexen Heute. Hexen Weltweit. Ham-
burg 2004 (exzellente Sammlung ethnologischer Beiträge) * Alan Kilpatrick,
The Night Has a Naked Soul. Witchcraft and Sorcery among the Western
Cherokee. Syracuse, NY 1997.

Die Ethnologie musste in ihrer frühen Geschichte allerdings die Reste jener Ideologie überwinden, die in aller paganen Religion „Teufelswerk, Götzendienst, Magie"
in ununterscheidbarer Einheit gesehen hatte. Das geschah
sukzessive zwischen dem 16. und 19. Jhdt. im Kontext der
realen Begegnung mit dem „Fremden" im kolonialen Diskurs. Wir besitzen viele Zeugnisse für das „Umlernen", die
Perspektivenverlagerung, die ein solcher realer Kontakt mit
sich bringen konnte. So weist der Westafrikareisende Jean
Barbot (1655–1712) eine Erklärung des Namens eines „Teu-

felsberges" im Königreich „Anguinea" ab, derzufolge die „Schwarzen" dort den Teufel verehrt hätten: „Wir haben in keinem Fall gefunden, daß die Schwarzen der Goldküste diesem bösen Geist Verehrung entgegengebracht hätten". Und ein weiterer Westafrikareisender, William (Willem) Bosman (1672-nach 1705), argumentiert bereits ausführlich und einfühlsam gegen das Missverständnis anderer Europäer, die Einheimischen der Gold-, Sklaven- und Elfenbeinküste verehrten teuflische Wesen. Im 19. und 20. Jhdt. traten dann sehr langsam die subtileren Formen eines elementaren Missverständnisses paganer Religionen in den Blick, und ihre Überwindung wird zu einer Aufgabe der Ethnologie und anderer Wissenschaften.

Literatur: P. E. H. Hair, Adam Jones and Robin Law (Hrg.), Barbot on Guinea. The Writings of Jean Barbot on West Africa 1678–1712. Vol. II. London 1992 (Hakluyt Society), 427. 429 * William Bosman, A New and Accurate Description of Guinea. Cambridge 1907 (Faksimile der Ausgabe London 1705), 158f.

Evans-Pritchard und die Azande

Doch ist das Thema „Hexerei" in außereuropäischen Religionen auch nach dem Zerbrechen des Paradigmas Heidentum = Teufelsverehrung bedeutsam geblieben. In den letzten Jahrzehnten hat es unter völlig neuen kulturwissenschaftlichen Fragestellungen sogar erhebliche Virulenz entwickelt. Hexereiverdächtigungen, soziale Ausgrenzungsprozesse unter Verwendung von Zaubereiinterpretamenten und illegale Aktionen gegen angebliche Hexen sind eine traurige Realität in vielen Ländern der Erde. Insbesondere in Afrika haben sie immer wieder zu Ausbrüchen von Verfolgungen geführt, die strukturelle Ähnlichkeit mit den Hexenverfolgungen haben, obwohl sie heute fast immer gegen den Widerstand des Staates und der christlichen Kirchen geschehen. Daneben hat die ethnologische Feldforschung aber auch Glaubenssysteme in traditionellen v. a. afrikanischen Gesellschaften beschrieben, die erstaunliches Licht auf die europäischen Hexenvorstellungen werfen. Hier haben wir den Vorteil, dass wir die beteiligten Personen ausführlich interviewen können und eine Direktheit und Dichte des Bildes gewinnen, das uns für die frühe Neuzeit verwehrt ist. Wie immer ist der Vergleich so unterschiedlicher Gesellschaften freilich nicht ungefährlich, weil er auch Ähnlichkeiten an Stellen suggeriert, wo es erst einmal gelten könnte, die Unterschiede zu verstehen. Dies alles sind jedenfalls Aspekte der seit Jahrzehnten intensiv geführten Debatte um das „fremde Denken".

Sir Edward Evan (E. E.) Evans-Pritchard (1902–1973), dessen Forschungen wir uns nun kurz zuwenden, war ein britischer Anthropologe und eine der Gründungsfiguren der Sozialanthropologie (1946–1970 Professor of Social Anthropology an der University of Oxford; 1971 wurde er zum Ritter geschlagen). In seinen jüngeren Jahren war er zum Katholizismus konvertiert. Sein frühes Buch „Witchcraft, Oracles and Magic Among the Azande" (1937) hat über seine konkrete inhaltliche These hinaus Bedeutung in der Entwicklung eines nicht-normativen (manche würden sagen: relativistischen) Blickwinkels auf außereuropäische Kulturen. Vorausgesetzt ist nicht eine grundsätzliche Überlegenheit eines europäischen Weltbildes, sondern das Weltbild der Azande wird in seiner Eigendynamik und seinen inneren Verarbeitungsstrukturen für die Nöte des menschlichen Lebens ernst genommen und beschrieben. Die Azande bzw. Zande sind ein kriegerisches Volk in Zentralafrika (Zande ist Selbstbezeichnung, Azande eine Pluralform). Heute leben etwa 1, 1 Millionen Azande in der Demokratischen Republik Kongo, im Süd-Sudan und in der Zentralafrikanischen Republik. Die Mehrheit von ihnen ist mittlerweile christlich, ohne dass dies den Hexereidiskurs destruiert hätte. Mangu („Witchcraft") gilt als eine Substanz im Bauch, in den Innereien der Hexe, die in gewisser Hinsicht eine Eigenexistenz führt. Die Hexe muss nicht einmal wissen, dass sie sie besitzt. Diese Hexensubstanz kann Böses bewirken, wie ein Fluch, wobei das von der Hexe weder geplant noch gewollt sein muss. Diese Wirkungen lassen sich allerdings durch einfache Riten abwehren, deren Kenntnis eine traditionelle kulturelle Fertigkeit ist. Grundsätzlich hat jedes Unglück, jede Krankheit eine Ursache: ist diese nicht offensichtlich, wird man Hexerei in diesem Sinn vermuten. Das elaborierte Orakelwesen (soroka) dient der Eruierung dieser genauen Ursache. Ngua („magic" bei Evans-Pritchard) dagegen ist bei den Azande etwas ganz anderes. Es ist eine erlernbare technische Kunst. Diese hat Berührungen mit der Heilkunst und anderen okkulten Fertigkeiten. Ngua kann gesellschaftlich legitim (wene ngua) sein oder sich illegitimer Praktiken bedienen, also schwarze Magie im europäischen Sinn (gbegbere ngua). Evans-Pritchard beschreibt präzise den sozialen Ort dieser Phänomene und ihre Funktion in der Verarbeitung von Unglück, Krankheit und sozialen Schieflagen.

Seit diesen älteren Forschungen sind auch die Gestalten des Hexenglaubens in afrikanischen Gesellschaften in der globalisierten Moderne angekommen. Edwin Ardener hat für die Bakweri in Kamerun gezeigt, wie sich unter dem Einfluss veränderter sozioökonomischer Bedingungen die Vorstellungswelten ändern, die mit Hexerei verbunden sind, Isak Niehaus hat dies für Südafrika umfassend untersucht; daneben liegen zahlreiche weitere einschlägige Arbeiten vor. Neben diesen „realen" Hexen treten natürlich auch mythologische Figuren als übernatürliche Wesen, die den Alptraum bzw. Alpdruck verursachen. Das Motiv ist offenbar weltweit verbreitet, z. B. auch noch bei den Gullah, einer Ethnie von Amerikanern afrikanischer Abstammung (im Südostteil der USA), die im Gegensatz zu den meisten ehemaligen Sklaven ihre westafrikanische Sprache partiell bewahrt haben. In eine andere Richtung führt der vielfach beschriebene „symbolische Kannibalismus" afrikanischer Hexen, von denen geglaubt wird, dass sie die „Seele lebender Menschen" essen und diese damit in Todesnähe bringen (belegt bei den Ibo, Nube, Azande, Bazuto u. a. Völkern; vgl. Parrinder 147f.). Das Feld ist vielschichtig und im Zuge der weltweiten Migrationsbewegungen ist sein Einfluss auf westliche Kulturen noch nicht absehbar (wie ähnlich Yoruba u. a. afrikanische Religionen längst eine weltweite Diaspora besitzen).

Literatur: E. E. Evans-Pritchard, Witchcraft, Oracles and Magic among the Azande. Oxford 1937 * Geoffrey Parrinder, Witchcraft European and African. London 1963 u. ö. * Edwin Ardener, Witchcraft, Economics and the Continuity of Belief. In: ders., Kingdom on Mount Cameroon. Studies in the History of the Cameroon Coast, 1500–1970. Oxford 1996, 243–260 * Isak Niehaus, Witchcraft, Power and Politics: Exploring the Occult in the South African Lowveld. Cape Town u. a. 2001 * Lorenzo Turner, Africanisms in the Gullah Dialect. Chicago 1949 = Ann Arbor, MI 1973, 274–279.

Und der Teufel? Religionsgeschichtliches zum Herrn der Finsternis

Ein Teufel ist kein Universale der Religionsgeschichte, sondern tritt nur in bestimmten Konstellationen auf. Doch gibt es ein Umfeld (oft nur entfernt) teufelssähnlicher Gestalten, die beachtet werden müssen, wobei wir hier nur kurz auf solche Fälle achten, die das Böse in *einer* Figur fokussieren. Das ist in der Religionsgeschichte eher selten der Fall. Für die ideologischen Hintergründe des Hexenglaubens wollen wir daher einen weiteren Baustein in einer stärker „globalen Perspektive" verorten, die hilft, das Spezifische des europäischen Teufelsglaubens besser wahrzunehmen. Eine Analogie zum Teufel bietet der iranische Zoroastrismus (die Religion des vorislamischen Iran, die heute u. a. in Indien noch Anhänger hat) in der Figur des Angra Mainyu, mitteliranisch Ahriman, des Gegenspielers des guten Gottes Ahura Mazdā und Schöpfers einer bösen Gegenschöpfung (der sich u. a. Kriechtiere und Insekten, aber auch manche Raubtiere verdanken). Er ist dem guten Gott aber nicht gleichwertig und wird am Ende des Weltlaufs besiegt. Mythologisches Erzählgut über ihn (griech. Areimanios) ist über Plutarch, De Iside et Osiride 46f. (aus dem Historiker Theopomp) Teil des europäischen Bildungserbes. Im Mithraskult wurde er vielleicht sogar kultisch verehrt. Der altägyptische Gott Seth (griech. seit Herodot 2, 144. 156 mit dem Dämon Typhon gleichgesetzt) ist ein anderes Beispiel einer teufelsähnlichen Gestalt. Er ist ursprünglich Gott der Wüste, des „Draußen", der Fremdländer, wird aber in hellenistisch-römischer Zeit zunehmend zur Teufelsgestalt (v. a. im Zauber). Ähnlich ist

schon im alten Ägypten die Apophis-Schlange ewiger Gegenspieler des Sonnengottes Ra. Es ist aber auch sonst zu
stark vereinfacht, wenn etwa der Volkskundler Lutz Röhrich schreibt: „Der Teufel ist erst christlich". In der spätantiken Philosophie kennt zuerst der neuplatonische Christen-
gegner Porphyrios, de abstinentia 2, 41 einen „Vorsteher"
der Dämonen, die er ganz analog christlichen Vorstellungen
schildert. Vereinzelt begegnet eine solche Idee auch in der
philosophischen Hermetik (Laktanz, divinae institutiones 2,
14, 6; Ps.-Asclepius 3, 28), während im 2. Jhdt. dem Philosophen Kelsos (ebenfalls ein Gegner der Christen) eine solche Idee noch ganz fremd ist (bei Origenes, c. Cels. 6, 42).
In seiner Jugend hatte Porphyrios noch Sarapis-Pluton als
Fürsten der Dämonen gesehen (De philosophia ex oraculis
haurienda). Auch Hekate erscheint als Herrin der Dämonen
(l. c. 150). Das alles sind wie gesagt immerhin angrenzende
mythologische Spekulationen außerhalb eines christlichen
Rahmens.

In einem entfernteren Sinn teufelsähnliche Figuren kennen auch andere Religionen, so das vedische Pantheon
Rudra, den dunklen „Außenseiter" des Kultsystems (ähnlich dem Teufel wird er mit Kreuzwegen verbunden). Bei
ihm wie dem späteren Weltzerstörer Śiva bleiben Züge des
christlichen Teufels noch in eine Gottheit integriert. Vor allem listenreiche und zuweilen bösartige Tricksterfiguren
anderer Religionen werden in monotheistischen Kontexten oft als Teufel interpretiert. So nimmt der germanische
Gott Loki, Gegenspieler Odins, in manchen mittelalterlichen
Überlieferungen Züge eines Teufels an und wird z. B. bei
Snorri Sturluson zum Verursacher alles Bösen und Erz-Stö-
renfried in der Welt der Götter (Snorra Edda 34). Inwieweit
diese Entwicklung vom Christentum abhängig ist, ist in der
Forschung umstritten. Auch andere kapriziöse Tricksterge-
stalten wurden in einer Außenperspektive (etwa in der Mission) oft als Teufelsfiguren interpretiert. Der hawaiianische
Meeres- und Unterweltgott Kanaloa (Maori: Tangaroa-i-te-
po) „der mit Vergnügen Böses tut" galt christlichen Missi-
onaren als Satan, wohl auch, weil er in den Mythen öfters

in Opposition zum Schöpfergott Kane tritt. Bis ins 19. Jhdt. werden im Missionskontext viele Figuren paganer Mythologien mit dem Teufel identifiziert. Schon das „Sächsische Taufgelöbnis" (9. Jhdt.) setzt die germanischen Götter Donar, Wotan und Saxnôt mit den „dioboles" gleich.

Eine Gruppe von Göttern, die sich immer wieder zu einer Teufelsfigur entwickeln, sind auch Todesgötter und Unterweltfürsten. Im Buddhismus wird der alte Todesgott Māra (idg. *móro-s „Tod") zum exemplarischen Versucher Buddhas und seiner Anhänger. Aus diesen Quellen wird er in viele asiatische (chinesische, japanische, koreanische, Mandschu-) Mythologien übernommen, fast immer als dämonischer Versucher und oft mit dem Beinamen „der Böse" (chines. po-hsün). Er ist eine wichtige Figur und tritt in erschreckenden und erotischen Verwandlungen auf. Autochthone Totengötter wie der mongolische Erlig qaγan und der tibetische gŚin-rje nähern sich in buddhistischer Interpretation der Figur eines Höllenfürsten an, sind aber nicht „böse", sondern eher „zornig", Kämpfer gegen Übel und Dämonen. Sie haben daher sachlich kaum Ähnlichkeit mit dem Teufel, auch wenn sie ihm mit Hörnern, Feuerflammen, dunkler Haut, Totenschädelketten etc. ikonographisch nahestehen. Der christliche Teufel heißt altkirchlich „der Schwarze" als Nachfolger des Unterweltgottes Pluton-Dis. Schon der neutestamentliche Teufelsname Beelzebul (später Beelzebub) stammt aus einem Götternamen, dem ekronitischen Baal Zebub (2. Kön. 1), dessen Name (vielleicht nur volksetymologisch, oder als Heilgott) als „Herr der Fliegen" gedeutet wurde (ähnlich dem griechischen Zeus apomyios).

Ethnologie und Religionswissenschaft haben solche Vergleiche autochthoner Figuren mit dem Teufel seit dem späten 19. Jhdt. meist energisch abgewehrt. Dabei haben sie jedoch gelegentlich die christlichen Vorstellungen als dualistisch verzeichnet, und in Folge öfter eine überzogene Differenz zwischen christlichen und nichtchristlichen Mythologien konstruiert, also auch ihrerseits eine koloniale Überlegenheitsattitüde eingenommen. Dazu darf nicht übersehen werden, dass in manchen Fällen nichtchristliche Erzähler im

Schatten des Christentums die Teufelsfigur direkt übernommen und z. T. polemisch gegen die europäischen Einwanderer gewandt haben. Für unser Hexenthema ist dies alles insofern interessant, als Umgang mit einer dämonischen Figur eine religiöse oder magische Praxis oft außerhalb des „legitimen" Bereichs einer Gesellschaft darstellt. Auch hierin ist das europäische Hexenparadigma (die Hexe als eine Person, die mit dem Teufel paktiert) in der Religionsgeschichte keineswegs isoliert, sondern entspricht mutatis mutandis einem nicht seltenen Normalfall.

Literatur: Michael Stausberg, Die Religion Zarathustras. 3 Bände. Stuttgart 2002–2004, hier Bd. 1, 91–95. 129–133. 325–338 u. ö. * Carsten Colpe, Ahriman. In: W. H. Haussig (Hrg.), Wörterbuch der Mythologie 4 (1982), 239–241; Christoph Elsas, Arimanius Deus, ebd. 288–290 * Jan Dieleman, Priests, Tongues and Rites. The London-Leiden Magical Manuscripts … Leiden u. a. 2005, 130–138 (Seth im graecoägyptischen Zauber) * Alfred Hillebrandt, Vedische Mythologie 2. 2. Aufl. Breslau 1929, 433–462 * Lutz Röhrich, Teufelsmärchen und Teufelssagen. In: ders., Sage und Märchen. Erzählforschung heute. Freiburg u. a. 1976, 253 (Zitat) * James W. Boyd, Satan and Mara: Christian and Buddhist Symbols of Evil. Leiden 1975.

9. Salem: ein regionales Beispiel

Obwohl die Hexenverfolgungen in Neuengland verglichen mit Europa keineswegs typisch verlaufen sind, und schon zeitlich und in ihrem kulturellen Hintergrund in vielerlei Hinsicht einen Sonderfall darstellen, sind sie vor allem in der englischsprachigen Welt sozusagen zum archetypischen „Normalfall" des Hexen- und Verfolgungsszenarios geworden. In Salem lebt heute eine erhebliche Industrie von der Erinnerung an die auf wenige Monate begrenzten Ereignisse des Jahres 1692, was umso kurioser ist, als das heutige Salem geographisch gar nicht dem Ort des 17. Jhdts. entspricht: das alte Salem Village ist heute Danvers, MA. Andere Anhörungen fanden auch in Andover, Ipswich und Salem Town statt. Ein Witchcraft Museum im heutigen Salem (eine der schönsten kleinen Städte der USA) kultiviert für Touristen die Erinnerung an die Ereignisse (es ist im Eingangskapitel schon erwähnt worden), und das Thema wurde zu einem der großen Stofflieferanten der amerikanischen Literatur. In dem erstaunlichen und radikalen Übergang zwischen dem Amerika des Puritanismus und dem der späteren USA („how the puritan became the Yankee") stellen die Ereignisse in einer küstennahen Kleinstadt am Ende des 17. Jhdts. wohl einen wesentlichen Wendepunkt dar. Das theokratische Staatsmodell des alten Massachusetts erwies sich als nicht zukunftsfähig, und bald wurde sichtbar, in welchem Ausmaß sich das kulturelle, soziale und politische Milieu würde ändern müssen, um die innovativen Energien des neuen Amerika aufnehmen und ausdrücken zu können.

Was war geschehen? Schon frühe Zeugnisse drücken ein Entsetzen darüber aus, dass es in kürzester Zeit zu einer solchen unheilvollen Ereignislawine kommen konnte. Robert

Calef schrieb (wie zitieren hier einmal das Original): „And now Nineteen persons having been hang'd, and one prest to death, and Eight more condemned, in all Twenty and Eight, of which above a third part were Members of some of the Churches of N. England, and more than half of them of a good Conversation in general, and not one clear'd; about Fifty having confest themselves to be Witches, of which not one Executed; above an Hundred and Fifty in Prison, and Two Hundred more acccused; the Special Commision of Oyer and Terminer comes to a period …" Governor William Phips war es, der faktisch das Ende der Prozesse befahl. Die Prozesse hätten wie eine dunkle Wolke über der Provinz gehangen, schreibt er.

Obwohl die „Glorious Revolution" 1688 auch diverse Veränderungen für Neuengland brachte, war das puritanische System in Massachusetts dennoch ungebrochen. Magieverdächtigungen spielten in diesem nur eine marginale Rolle: insgesamt hatte es in Neuengland in über 70 Jahren nur 12 Hinrichtungen wegen Hexerei gegeben. Zudem war das politische Klima sehr angespannt. Im „King Philip's War" war es zu einer nachhaltigen Verschlechterung des Verhältnisses zu den indianischen Völkern gekommen, die in Neuengland selbst rein quantitativ nicht zahlreich waren; dennoch führte der Krieg zu Flüchtlingsströmen, die in den sicheren Küstenstädten unterkommen wollten. Oktober 1690 war ein Angriff auf das französische Quebec gescheitert. Seit Mai 1692 war Sir William Phips Gouverneur, und seine Bemühungen galten sofort der Erneuerung des Rechtswesens.

Salem Village, Zentrum des Geschehens, war eine Kleinstadt mit erheblichem Konfliktpotential (die Bürger galten in den Nachbarkommunen als „quarrelsome", rasch zum Streit aufgelegt). Mehrere Kleriker hatten die Stadt verlassen, als ihr zugesagtes Gehalt nicht bezahlt wurde. Der öffentliche Druck, immer ein Problem puritanischer Kommunen, war hoch; Kirchendisziplin, Sonntagsruhe u. ä. wurden streng eingehalten. Alles, was irgendwie an die englische Staatskirche (vor der man ja in den 1620er und 1630er Jahren geflohen war) oder gar an den Katholizismus, Inbegriff der

Gottlosigkeit, erinnerte, war verpönt, ebenso alle Formen von Tanz oder „leichtfertigem Leben". Selbst der Kirchengesang war nicht instrumental begleitet. Auch traditionelle christliche Feste wie Weihnachten und Ostern galten als heidnisch, was im Gegenzug bedeutete, dass sich ein reicher, aber geheimgehaltener Untergrund älteren bäuerlichen Brauchtums sehr wohl gehalten hatte. Auch für Kinder war das Leben ernst, mit intensivem Lernen und Bibelstudium, während Spiel und z. B. Puppen für Mädchen als frivol galten. Das intellektuelle Niveau darf aber nicht unterschätzt werden: Bildung wurde hochgehalten (1636 war Harvard College, Keimzelle der späteren Harvard University, gegründet worden). Es war ein ernstes, fleißiges Leben, nicht ganz so „unterdrückt", wie es gelegentlich ausgemalt wird, aber doch mit sehr begrenzten Möglichkeiten zum Ausleben oder Lösen von Konfliktpotenzialen (Schlägereien waren allerdings erstaunlich häufig, oft über Grenz- und Nachbarschaftsfragen). Mittwochs und Sonntags traf man sich im Meeting-House zu langen Predigten, und jeder war da.

Januar und Februar 1692, noch im harten neuenglischen Winter, begannen die neunjährige Betty Parris und ihre Cousine, die elfjährige Abigail Williams, seltsame Anfälle zu haben. Die beiden lebten im Haus des Reverend Parris, einer der Pfarrer der Kommune. Die Mädchen warfen unter lautem Geschrei Gegenstände durch die Zimmer, gaben merkwürdige Geräusche von sich, krümmten sich auf dem Boden in noch merkwürdigeren Konvulsionen. Man sah rasch, dass es sich nicht um epileptische Anfälle handelte (diese kannte man durchaus). Die Mädchen klagten auch, sie würden von unsichtbaren Nadeln gestochen. Der Dorfarzt konnte keine ihm bekannte Krankheit feststellen. Dann begannen andere Mädchen und jungen Frauen im Dorf ähnliche Symptome zu zeigen. Bald kam es zu drastischen Szenen sich auf dem Boden windender Kinder in den Gottesdiensten und Gemeindeversammlungen. Jeder Bibelkundige musste sich an die Besessenheitsszenen in den Evangelien erinnern, bei denen Jesus zuweilen gerade in der Dorfsynagoge Besessene geheilt hatte. Schließlich begannen die Kinder, Namen von

Personen zu rufen, die an ihrem Leiden schuld seien und die sie behext hätten.

Die ersten Namen, die fielen, waren die von Sarah Good, Sarah Osborne und einer farbigen Sklavin Tituba. Einige Historiker vermuten, dass auch eine Familienfehde beim Ausbruch der Ereignisse eine Rolle spielte, aber bald wurden diese und alle anderen realen Motive in einen Strudel gezogen, der zahlreiche Menschen das Leben kostete. Sarah Good war eine obdachlose Bettlerin von schlechtem Ruf, die den Fehler beging, die Kinder und ihre Familien bei ihren ersten Anhörungen wüst zu beschimpfen. Sarah Osborne, in zweiter Ehe verheiratet, die ihren eigenen Sohn um sein Erbteil zu betrügen versucht hatte, war außerdem durch Abwesenheit bei den Gemeindeversammlungen aufgefallen. Es waren also soziale Außenseiter, die zum Gegenstand der Angriffe wurden (doch stießen diese bald in die Mitte der Gesellschaft vor). Tituba, eine ältere farbige Sklavin gemischter Herkunft, hat das meiste Interesse auf sich gezogen. Entgegen vielen neueren Darstellungen (auch in der Kunst und im Film) war sie aber vermutlich nicht afrikanischer, sondern hauptsächlich venezuelanisch-indianischer Abstammung. Sie übte offenbar auf junge Mädchen eine erhebliche Faszination aus, denen sie mit Vorliebe Geschichten von Hexerei und Beschwörungen erzählte, oft auch mit sexuellen Elementen. (Die Puritaner waren zwar streng, aber nicht ganz so prüde, wie ihnen gelegentlich nachgesagt wurde: tatsächlich ist die große Epoche der Tabuierung des Sexuellen in der Kultur familiärer und öffentlicher Rede erst das 19. Jhdt.). Diese Geschichten entstammten nach allem, was wir wissen, der europäischen, nicht etwa einer afrikanischen oder indianischen Tradition.

Rasch folgten weitere Anklagen: Martha Corey, Dorothy Good und Rebecca Nurse, ebenfalls aus Salem Village, und aus dem benachbarten Ipswich eine Rachel Clinton. Damit waren nun voll integrierte und angesehene Mitglieder der Kirchengemeinden in Verdacht geraten, und Entsetzen machte sich breit: wenn sich diese mit schwarzer Zauberei eingelassen hatten, konnte das auch für andere gelten. Dorothy Good, die erst vierjährige Tochter der Sarah Good, sagte gegen ihre Mutter aus. Weitere Anklagen traten hinzu, längst über die Anfälle der Kinder aus Salem Village hinausgehend. Die lokalen Magistrate waren offenbar völlig überfordert und konnten die ablaufenden Dynamiken nicht durchschauen. Es musste der Eindruck eines dämonischen Generalangriffs entstehen, gegen den nur energische Gegenwehr helfen konnte. Die Sache zog immer größere Kreise. Im April kam es zu stärker formalen Prozessen (bisher hatten lokale Magistrate, keine Richter die Verhöre geleitet). Ein gewisser John Proctor, der die Rechtmäßigkeit der Verfahren anzweifelte, wurde sofort ebenfalls gefangengesetzt. Und dann traf es innerhalb einer Woche Giles Corey, Abigail Hobbs, Bridget Bishop, Mary Warren (die als Dienstmädchen im Haushalt Proctor arbeitete und selbst Anklägerin gewesen war) und Deliverance Hobbs. Abigail Hobbs, Mary Warren und Deliverance Hobbs bekannten sich sofort schuldig und begannen, zahlreiche weitere Personen anzuklagen. Wir wissen aus europäischen Prozessen, dass manche Angeklagte, genötigt, weitere „Hexen" anzuzeigen, die Geistesgegenwart besaßen, schon verstorbene Personen zu nennen. In Neuengland aber kam es zu einer Lawine von Anklagen im Bereich der unmittelbaren Nachbarn. Am 30. April wurde auch Reverend George Burroughs zusammen mit Lydia Dustin, Susannah Martin, Dorcas Hoar, Sarah Morey und Philip English inhaftiert. Ein Nehemiah Abbott Jr. wurde freigelassen, weil die Ankläger sich einigten, er wäre nicht derjenige, dessen gespenstisch-schattenhafte Erscheinung sie gesehen hätten. Eine Mary Eastey dagegen war erst inhaftiert, dann freigelassen, dann wieder inhaftiert worden, je nach dem schwankenden Urteil der „Zeugen". Ende Mai richtete Gouverneur William Phips einen förmlichen Kapitalgerichtshof ein, der Todesurteile fällen konnte.

Anklage und Prozess

Und damit sind wir bei den Anklagepunkten. Diese waren oft sogenannte „spectral evidence". Die Behexten, die von allerlei Leiden geplagt waren, sahen „Schatten" oder gespenstische Umrisse von den Personen, die den Schadenzauber ausübten. Der theologische Streit, ob der Teufel solche Schattengespenster nicht einfach nachahmen (und damit Unschuldige ins Gefängnis bringen) könne, wurde dahingehend entschieden, dass ihm dieses nicht ohne die Einwilligung der so erscheinenden Personen selbst erlaubt sei. So hatte es sogar in England der hochangesehene Arzt und Philosoph Thomas Browne in einem vielbeachteten Prozess in Bury St. Edmunds (Suffolk) gegen zwei Frauen aus Lowestoft gelten lassen (1662), ein Präzedenzfall, der in Neuengland beachtet wurde (Ähnliches galt für den führenden Juristen Sir Matthew Hale). Die Entscheidung über diese Frage wurde übrigens nicht etwa von den Predigern und Pfarrern der Gemeinde, sondern von den Gerichtsjuristen getroffen. Tatsächlich schrieb Increase Mather (1639–1723, der bedeutendste Theologe Neuenglands aus der hochangesehenen Mather-Familie) mit anderen Pfarrern an das Gericht einen offenen Brief „The Return of Several Ministers Consulted" mit der dringenden Ermahnung, niemals ein Urteil allein auf solcher „spectral evidence" zu begründen (obwohl diese alle tief „hexereigläubig" waren). 1693 wurde der Brief abgedruckt in Increase Mathers „Cases of Conscience Concerning Evil Spirits" (hier der später berühmte, leider erst einmal wirkungslose Satz „It were better that Ten Suspected Witches should escape, than that one Innocent Person should be Condemned").

Im Volksglauben, der vor Gericht aber nur eine geringe Rolle spielte und von den Predigern durchaus abgelehnt wurde, kamen auch andere Erkennungszeichen von Hexen zum Zuge. Eine gewisse Mary Sibly (Tante der „behexten" Mary Walcott) ließ einen Hausdiener einen „witch cake" backen, einen Hexenkuchen, der aus Roggenmehl und dem

Urin des behexten Mädchens hergestellt wurde. Dieser wurde dann an einen Hund verfüttert. Die volksmagische Vorstellung war, dass die Schadenszauberpartikel (Zauber ganz dinglich verstanden), welche die behexte Mary Walcott quälten, auch in ihrem Urin sein würden, und das Fressen des Kuchens denjenigen oder diejenige entsetzlich schmerzen (und also entlarven) würde, der den Schadenszauber gewirkt hatte. Wir haben also ein Stück „weißer" sympathetischer Volksmagie vor uns, wie sie aus England nach Neuengland mitgebracht worden war. In den religiösen Versammlungshäusern wurde gegen solche weiße Volksmagie gepredigt, aber ihre Verwendung war nicht zu unterdrücken, und sie ist vielfach bezeugt. Im Fall der Mary Sibly kam es nicht zur Anwendung dieses „Beweises", weil es ihrem Nachbarn, dem Reverend Parris gelang, ihr die Sache auszureden (obwohl er selbst zu denen gehörte, dessen Familie sich „behext" fühlte). Da Mary Sibly im Gottesdienst der Gemeinde ein Bekenntnis ablegte, wurde die Sache öffentlich. In anderen Fällen scheinen solche Indizien aber sogar im Prozess eine Rolle gespielt zu haben. Auf den gleichen volksmagischen Prinzipien beruht vor allem eine Praxis, die uns an Hexenproben in europäischen Prozessen erinnert. Wenn das Opfer einen „Anfall" hatte, musste die angeklagte Person es berühren. Kam der Anfall zu einem Ende, galt dies als sicheres Zeichen der Schuld der Angeklagten (den „Behexten" wurden die Augen verbunden, so dass sie nicht sehen konnten, wer sie berührte). Man beachte, dass nicht die „Hexen" aus dem Umfeld der Volksmagie kamen, sondern ihre Ankläger. Andere aus den europäischen Prozessen bekannte Hexerei-Indizien werden ebenfalls gelegentlich genannt, etwa der Besitz verdächtiger Salben oder das Auffinden eines schmerzunempfindlichen Hexenmals am Körper der Angeklagten. Auch der Besitz von Wahrsagebüchern chiromantischen oder astrologischen Inhaltes sprach gegen die Besitzerin oder den Besitzer; solche waren in Neuengland aber gar nicht selten (förmliche Zauberbücher, Grimoires, sind aber offenbar nicht bezeugt).

Manche spätere Legende hat sich an die Person der Sklavin Tituba gehängt (besonders in der Darstellung von Charles W. Upham aus dem 19. Jhdt.). Diese habe einen Zirkel von Mädchen in die Praktiken des Voodoo eingeführt. Die Mädchen hätten auch versucht, mithilfe eine Eies und eines Spiegels einen populären Wahrsagezauber auszuüben, um ihre zukünftigen Ehegatten zu Gesicht zu bekommen. Dabei habe sie dann die Erscheinung eines Sarges in Angst und Schrecken versetzt. Diese Geschichte ist jedoch sukzessive angewachsen und geht in dieser Form nicht auf die alten Quellen zurück. Nach John Hale (1636–1700) hätte nur eines der Mädchen dies versucht, und von einer Beteiligung Titubas ist nicht die Rede (die, wie oben erklärt, auch gar nicht afrikanischer Herkunft war). Hale, Pfarrer in Beverly, MA, war erst ein Befürworter der Prozesse, wurde aber rasch zu einem ihrer heftigsten Kritiker.

Ende Mai saßen 62 Personen als der Hexerei Verdächtige im Gefängnis. Cotton Mather, später langjähriger Verteidiger der Prozesse, war selbst an diesen nur indirekt (als Prediger in Boston) beteiligt. Tatsächlich warnte er – obwohl fest von der Realität der Hexerei überzeugt – davor, „spectral evidence" ohne weiteres anzuerkennen. Bridget Bishop war die Erste, die vor dem Gerichtshof am 2. Juni 1692 verhandelt wurde; sie hatte sich durch unmoralisches Leben, merkwürdige schwarze Kleidung u. a. verdächtig gemacht, und wurde rasch abgeurteilt. Am 10. Juni starb sie am Galgen. In den folgenden Tagen kam es erst einmal zu einer Unterbrechung – offenbar war das Gericht verunsichert. Man schrieb an die einflussreichsten Geistlichen der Kolonie um Rat. Am 15. Juni kam eine gemeinsame Antwort, die Cotton Mather stellvertretend formuliert hatte. Wir zitieren diese hier einmal wörtlich auf Englisch, weil sie gut in den Geist dieser Verfolgung einführt, und auch die eigentümlich konzentrierte, ernste Sprache der Puritaner erkennen lässt: „1. The afflicted state of our poor neighbours, that are now suffering by molestations from the invisible world, we apprehend so deplorable, that we think their condition calls for the utmost help of all persons in their several capacities.

2. We cannot but, with all thankfulness, acknowledge the success which the merciful God has given unto the sedulous and assiduous endeavours of our honourable rulers, to detect the abominable witchcrafts which have been committed in the country, humbly praying, that the discovery of those mysterious and mischievous wickednesses may be perfected. 3. We judge that, in the prosecution of these and all such witchcrafts, there is need of a very critical and exquisite caution, lest by too much credulity for things received only upon the Devil's authority, there be a door opened for a long train of miserable consequences, and Satan get an advantage over us; for we should not be ignorant of his devices. 4. As in complaints upon witchcrafts, there may be matters of inquiry which do not amount unto matters of presumption, and there may be matters of presumption which yet may not be matters of conviction, so it is necessary, that all proceedings thereabout be managed with an exceeding tenderness towards those that may be complained of, especially if they have been persons formerly of an unblemished reputation. 5. When the first inquiry is made into the circumstances of such as may lie under the just suspicion of witchcrafts, we could wish that there may be admitted as little as is possible of such noise, company and openness as may too hastily expose them that are examined, and that there may no thing be used as a test for the trial of the suspected, the lawfulness whereof may be doubted among the people of God; but that the directions given by such judicious writers as Perkins and Bernard [be consulted in such a case]. 6. Presumptions whereupon persons may be committed, and, much more, convictions whereupon persons may be condemned as guilty of witchcrafts, ought certainly to be more considerable than barely the accused person's being represented by a specter unto the afflicted; inasmuch as it is an undoubted and notorious thing, that a demon may, by God's permission, appear, even to ill purposes, in the shape of an innocent, yea, and a virtuous man. Nor can we esteem alterations made in the sufferers, by a look or touch of the accused, to be an infallible evidence of guilt, but frequently liable to be abused by the

Devil's legerdemains. (…) 8. Nevertheless, we cannot but humbly recommend unto the government, the speedy and vigorous prosecution of such as have rendered themselves obnoxious, according to the direction given in the laws of God, and the wholesome statutes of the English nation, for the detection of witchcrafts."

Nun ging die Prozesslawine im Ernst los. Am 16. Juni starb ein erster Gefangener an den Haftbedingungen (Roger Toothaker; wir nennen hier lieber Namen von Opfern als die der Richter). Am 19. Juli 1692 wurden Sarah Good, Elizabeth Howe, Susannah Martin, Sarah Wildes und Rebecca Nurse hingerichtet, wie immer durch Erhängen. Was aus heutiger Sicht erstaunt, ist, wie rasch und in welchem Umfang es zu Geständnissen kam, was allein durch die nur wenig angewandte Folter nicht erklärt werden kann. Offenbar hatte das Bekenntnis zur Hexerei etwas von einem befreienden Tabubruch, einem radikalen Ausstieg aus einem unterdrückerischen System, selbst um den Preis des eigenen Lebens. Zusammen mit Martha Carrier, George Jacobs Sr., John Willard und John Proctor wurde George Burroughs am 19. August hingerichtet. Überhaupt bevorzugte man gemeinsame Exekutionen. Am 22. September starben Mary Eastey, Martha Corey, Ann Pudeator, Samuel Wardwell, Mary Parker, Alice Parker, Wilmot Redd und Margaret Scott.

Der Fall George Burroughs ist auffällig, weil er längere Zeit Pfarrer von Salem, später in Wells, Maine und überhaupt ein Geistlicher war. Wie auch in Deutschland, gehörten Geistliche im Gegensatz zu populären Klischees zu den bevorzugten männlichen Opfern der Hexenprozesse; wir haben u. a. aus dem Würzburger Raum eine ganze Welle von solchen Prozessen (hier gegen Priester), und Harald Schwillus hat in zwei Monographien gezeigt, dass Kleriker unter den männlichen Opfern tatsächlich eine bevorzugte Gruppe waren („Die Hexenprozesse gegen Würzburger Geistliche unter Fürstbischof Philipp Adolf von Ehrenberg (1623–1631). Würzburg 1989; Kleriker im Hexenprozeß. Würzburg 1992). Offenbar bot die Hexereidenunziation eine Möglichkeit der Rache für sozial Unterlegene, Hausangestellte etc. gegen Kleriker (vorgeworfen wurde ihnen u. a. Wetterzauber). Im Fall Burroughs sprach u. a. gegen ihn, dass er diverse Kunststücke von Körperbeherrschung und Körperkraft zu demonstrieren liebte, die anderen nicht geheuer waren. Burroughs wurde auf einem Viehwagen zur Hinrichtungsstätte gebracht, wo er noch einige letzte Worte sagen durfte. Dies tat er so würdevoll, dass es Bewunderung auslöste (erzählen uns Augenzeugen); danach sprach er laut und fehlerfrei das Vaterunser. Das löste nun erst recht Irritation aus: nach allgemeiner Auffassung können Hexen nicht fehlerfrei ein Gebet sprechen. Es half ihm aber nichts; er wurde hingerichtet. Cotton Mather, der zu Pferde anwesend war, richtet ebenfalls einige Worte an die versammelte Menschenmenge: der Teufel könne sich ja doch als Engel des Lichts verkleiden. Man sagte dann, der Schwarze Mann (der Teufel) habe Burroughs die richtigen Worte ins Ohr geflüstert. (Quelle für all dies ist die kritische Schrift von Robert Calef, „More Wonders of the Invisible World", verfasst direkt nach den Prozessen, aber gedruckt erst 1700 in England gegen starke Widerstände).

Der achtzigjährige Farmer Giles Corey starb nach zwei Tagen des Widerstands unter der Folter, bei der er so stark mit Steinplatten beschwert wurde, dass sein Brustkorb einbrach, legte aber kein Geständnis ab. Einer anderen älteren Angeklagten, Mary Bradbury, gelang die Flucht aus dem Gefängnis (was auch in Europa in den kleinen, wenig abgesicherten Dorfgefängnissen öfter möglich war). Die schwangere Abigail Faulkner Sr. wurde vorläufig entlassen, weil sie erst ihr Kind gebären sollte. Aber erst 1693 kam die Prozesslawine zum Stehen. Januar 1693 wurden fünf Angeklagte als unschuldig freigesprochen. Dann wurden von 16 weiteren Angeklagten nur noch drei schuldig gesprochen. Weitere Angeklagte wurden zwar verurteilt, aber sofort von Gouverneur Phips begnadigt. Einige Urteilssprüche, obwohl rechtskräftig, wurden schlicht nicht mehr ausgeführt. Ein langsames Aufwachen und Erschrecken lief durch die kleinen Städte des puritanischen Massachusetts. Sehr rasch artikulierte sich ein Entsetzen, dass etwas Ungeheuerliches geschehen war. Schriften zur Verteidigung der Prozesse erschienen (allen voran Cotton Mathers „Wonders of the Invisible World: Being an Account of the Tryals of Several Witches, Lately Executed in New-England", datiert 1693, obwohl schon 1692 erschienen), aber auch rasch kritische Darstellungen.

Formal liefen die Verfahren immer so ab, dass die lokalen Magistrate eine Voruntersuchung durchführten, und wenn die Anklagen ihnen plausibel erschienen, wurden diese dem übergeordneten Gerichtshof (technisch dem Court of Oyer and Terminer) überstellt. Zeugen sprachen vor der Grand Jury. Die Anklage lautete auf Schadenzauber mit Hilfe magischer Kräfte (afflicting with witchcraft) oder auf das Abschließen eines Teufelspaktes. Nach dem Tod wurden die Hingerichteten außerhalb der regulären Friedhöfe verscharrt, öfters wohl auch von den Familien in Familiengräbern geborgen. In die Kirchbücher eingetragen wurden sie nicht.

1696 wurde bereits ein Gedenk- und Feiertag eingeführt im Rückblick auf das entsetzliche Unheil, das der Hexenwahn über die Kommunen gebracht hatte. Zu den anrührendsten Dokumenten der Hexenverfolgung gehören die Schreiben, mit denen 13 Richter der Prozesse 1697 bekannten, hier katastrophal in die Irre gegangen zu sein; zugleich baten sie öffentlich um Vergebung. 1703 wurden in Salem Exkommunikationen gegen angebliche Hexen aufgehoben; und später gab es diverse öffentliche Rehabilitationen (einige verspätete erst 1957). Das ganze Kapitel ist heute für viele Amerikanerinnen und Amerikaner ein düsteres Beispiel für eine typisch „europäische" Verirrung, die sich nie in Amerika wiederholen dürfe. Als kleines Detail erwähnen wir, dass die Behauptung, sobald jemand in den Fängen der Justiz gewesen wäre, hätte er oder sie grundsätzlich der Verurteilung nicht entgehen können, hier (wie auch sonst) falsch ist. In Salem starben 14 Frauen, 6 Männer (von diesen einer unter der Folter) – das auch sonst häufige Verhältnis 1/3 Männer zu 2/3 Frauen. Aber es gab eine dreistellige Zahl von Anklagen. Keineswegs endete jede Anklage in einer Hinrichtung.

Literatur: The Salem Witchcraft Papers. Verbatim Transcripts of the Legal Documents of the Salem Witchcraft Outbreak of 1692. Edited and with an Introd. and Index by Paul Boyer and Stephen Nissenbaum. 3 Bände. New York 1977. Revidierte Neuausgabe in Vorbereitung, mittlerweile auch digital: law.umkc.edu * Margo Burns, Bernard Rosenthal, Examination of the Records of the Salem Witch Trials, William and Mary Quarterly 65/3 (2008), 401–422 * Charles W. Upham, Salem Witchcraft. 2 Bände 1867. Reprint New York 2000 * Richard Francis, Judge Sewall's Apology. New York 2005 * K. David Goss, The Salem Witch Trials: A Reference Guide. Westport, CT 2008 * Gretchen Adams, The Specter of Salem: Remembering the Witch Trials in Nineteenth-Century America. Chicago 2009 * Elaine G. Breslaw, Tituba, Reluctant Witch of Salem: Devilish Indians and Puritan Fantasies. New York 1996 * William H. Cooke, Justice at Salem: Reexamining the Witch Trials. Baltimore 2009 (über „real" praktizierte Volksmagie als Faktor in den Anklagen) * Richard Godbeer, The Devil's Dominion: Magic and Religion in Early New England. Cambridge u. New York 1992 * Marilynne Roach, The Salem Witch Trials: A Day-To-Day Chronicle of a Community Under Siege. New York 2002 * Bernard Rosenthal u. a., Records of the Salem Witch-Hunt. New York 2009 * N. P. Spanos, J. Gottlieb, Ergots and Salem Village Witchcraft: A Critical Appraisal, Science 194 (1976), 1390–1394 (über die These, die Anfälle der Kinder seien durch Ergotismus, also Mutterkornvergiftung bedingt) * Richard B. Trask, The Devil Hath Been Raised: A Documentary History of the Salem Village Witchcraft Outbreak of March 1692. Revised edition. Danvers, MA 1997 * Über das weitere Umfeld an Hexereiverdächtigungen im Neuengland des 17. Jhdts. vgl. v. a. Carol F. Karlsen, The Devil in the Shape of a Woman: Witchcraft in Colonial New England. New York 1987 * Zum Ende der Verfolgungen vgl. auch Owen Davies u. Willem de Blécourt (Hrg.), Beyond the Witch-Trials. Manchester 2004.

10. Europäische Schamanen?
Ein Gespräch mit Carlo Ginzburg

Der methodische Ansatz

Bisher haben wir das Hexenbild als eine Konfabulation interpretiert: ein gemeinsames System aus Bildern, Ideen, Vorstellungen, die zwischen Tätern und Opfern und in einem größeren gesellschaftlichen Kontext in einem Akt gemeinsamer Imagination entstehen. An dieser Imagination haben sehr viele Menschen und soziale Gruppen Anteil, und viele literarische und mündliche Traditionen fließen in sie ein. In einer durch Macht, Gewalt, Angst und Paranoia gezeichneten Situation gewinnt diese Konfabulation Stabilität und wirkt ihrerseits stabilisierend. Sie hat Diskurscharakter: nicht nur Inhalte, sondern auch Macht- und Ausgrenzungsstrukturen, Legitimationsmuster und überhaupt soziale Strukturen sind Teil des Systems, und die Inhalte sind aus diesem Kontext nicht isolierbar.

Aber gab es in Sachen Hexen gar nichts „Reales"? War es eine reine Fantasie, die zwischen Tätern und Opfern entstand und zur Lösung von extremen Kontingenzsituationen (wie Ernteausfällen) eine Zeit lang mehr schlecht als recht und um einen zu hohen Preis funktionierte? Wir haben bereits das Modell von Margaret Murray abgelehnt, das die Hexenverfolgungen als Krieg einer neuen gegen eine alte Religion gedeutet hat. Es kommt nun aber ein weiteres Modell ins Spiel, komplexer, besser begründet, ebenfalls nicht einfach konsensfähig oder aus den Akten erhebbar, aber doch in hohem Maße eine Herausforderung für die Forschung.

Carlo Ginzburg (geb. 1939 in Turin) ist ein italienischer Historiker und Kulturphilosoph (seit 2006 lehrt er in Pisa). Er entstammt einer ukrainisch-jüdischen Familie; sein Vater Leone Ginzburg wurde als Held des antifaschistischen Widerstandes in Italien gefeiert (1944 starb er in Rom nach

Folter durch die Gestapo), seine Mutter Natalia Ginzburg war eine der erfolgreichsten italienischen Schriftstellerinnen der Nachkriegszeit. Ginzburg selbst wurde zuerst bekannt durch sein methodisches Konzept der „Mikrogeschichte", das bereits für seine Hexenforschungen den Weg bereitete. In seinem Konzept der „Mikrogeschichte" ist Ginzburg von dem großen jüdischen Literaturhistoriker Erich Auerbach (1892–1957) beeinflusst, auf den er sich explizit beruft. Auerbach hatte in der Nazizeit im Istanbuler Exil ab 1935 sein Meisterwerk „Mimesis. Dargestellte Wirklichkeit in der abendländischen Literatur" (publiziert 1946) geschrieben, das sich der Frage widmet, wie Literatur durch die Geschichte hindurch in unterschiedlicher Weise Wirklichkeit repräsentiert und wie das Alltägliche zum Gegenstand von Literatur wurde. Mikrogeschichte bedeutet, im detailgetreuen Blick auf Personen und Ereignisse – meist solche, die früher als Individuen kaum Gegenstand der Geschichtswissenschaft waren – das Einzelne so präzise wie möglich zu erfassen. Größere Zusammenhänge werden hier in der Weise sichtbar, dass der genaue Blick auf das Einzelne, das Mikroereignis und sein unmittelbares Umfeld, erst die geschichtlichen und kulturellen Abstände deutlich macht. Eine Affinität dieses Ansatzes besteht zur Alltagsgeschichte, überhaupt zum „cultural turn" der ehemaligen Geisteswissensschaften, in dem diese zu Kulturwissenschaften wurden. „Kultur" ist hier nicht mehr ein normativer Begriff für den „Höhenkamm" einer Gesellschaft, sondern ein deskriptiver Begriff für das Diskurs- und Zeichengefüge, in dem Menschen leben. Alltagsgeschichte wird zum Gegenstand der kulturgeschichtlichen Forschung, nicht nur die früheren „Spitzenleistungen" von Kultur. Auch das Konzept der „dichten Beschreibung" in der Ethnologie ist von der Blickrichtung her verwandt. Der Anthropologe Clifford Geertz (1926–2006) hatte einen offenen Kulturbegriff entwickelt, der diese als Zeichensystem versteht, in das der Mensch sozusagen eingewoben ist. Die „dichte Beschreibung" als Ergebnis ethnologischer Bemühungen hat weniger kulturübergreifende Theorien zum Ziel, sondern eine Erweiterung des lokalen Diskursuniversums, in dem wir leben, durch die Begegnung mit der je anderen Kultur. Der beobachtende Ethnologe muss die eigene Person mit ihren Verstehensbedingungen bewusst einbringen und Kultur wird dabei in Analogie zu einem Text „lesbar"; die „Lesung" ist aber kein allgemeingültiger Akt, sondern eine Interpretationsleistung in der konkreten Begegnung. Der genaue, detaillierte Blick ist auch hierbei unverzichtbar. Doch hat Ginzburg daneben auch einen komplementären Sinn für größere Zusammenhänge und ist insofern ein Vertreter der Neueren Kulturgeschichte, welche über die klassischen sozial-, wirtschafts- und religionsgeschichtlichen Fragen hinaus alle mit „Bedeutung" belegten Lebensäußerungen von Menschen zum Gegenstand der Forschung macht (auch das ist „cultural turn"). Die erste einschlägige Publikation zu unserem Thema war „I benandanti. Ricerche sulla stregoneria e sui culti agrari tra Cinquecento e Seicento" (Turin 1966, Neuausgaben 1972 u. 2002).

Literatur: Carlo Ginzburgs wichtigste Publikationen in dt. Sprache sind (die italienischen Originale werden im Text genannt): Der Käse und die Würmer: Die Welt eines Müllers um 1600. Frankfurt a. M. 1979 * Die Benandanti: Feldkulte und Hexenwesen im 16. und 17. Jahrhundert. Frankfurt a. M. 1980 * Spurensicherungen: über verborgene Geschichte, Kunst und soziales Gedächtnis. Berlin 1983 * Hexensabbat: Entzifferung einer nächtlichen Geschichte. Berlin 1990 * Die Wahrheit der Geschichte: Rhetorik und Beweis, übers. v. Wolfgang Kaiser. Berlin 2001 * Mikro-Historie. Zwei oder drei Dinge, die ich von ihr weiß, Historische Anthropologie 1 (1993), 169–192.

BENANDANTI

Das Paradigma seines Ansatzes fand Ginzburg in den friaulischen Benandanti (den „guten Läufern"), die er seit den 1960er Jahren erforschte. Diese sind Männer wie Frauen, die in einem festen regionalen Traditionsstrom stehen (sie sind aber keine „Organisation") und sich ursprünglich als Kämpfer gegen das Hexenwesen verstehen. Textgrundlage sind Akten und Dokumente aus dem 16. und 17. Jhdt., als die Benandanti in das Visier der Hexenverfolger gerieten und selbst als Hexen (die sie eigentlich bekämpfen wollen!)

diffamiert und kriminalisiert wurden. In einer nächtlichen Trance schlüpfen sie in ihrer Vorstellungswelt aus ihrem Körper, oft als kleines Tier (Maus, Katze, Schmetterling, Kaninchen), also im Sinne einer „external soul", einer äußeren Seele, die den Körper verlassen kann, insbesondere im Schlaf (vgl. dazu Frenschkowski, Seele). Sie sind aber keine „Einzelkämpfer", sondern in Gruppen und Scharen ziehen sie aus, um die Felder der Dörfer nachts gegen die Hexen zu beschützen. Dabei reiten sie zuweilen auf allerlei Tieren (wie ehemals die Verehrerinnen der Diana). In langen Kämpfen vertreiben sie ihre Gegner. Diese sind die *streghe* (Hexen), die *malandanti* (die „Übellaufenden"), welche den Feldern und Familien Schaden zufügen wollen und ebenfalls außerhalb ihres Körpers nachts durch die Landschaft ziehen. Gegenstand des Streites ist vor allem die Fruchtbarkeit: das gesamte Ritualsystem der Benandanti ist im Prinzip eine elaborierte Form von Fruchtbarkeitsmagie. Sie sind an feste Zeiten gebunden (bestimmte Donnerstage im Kirchenjahr), und besitzen ihre Fähigkeiten von Geburt an, denn sie sind mit einer „Glückshaube" (einem Caput galeatum) über dem Kopf geboren. Neben ihren Trancereisen sagte man den Benandanti auch heilende Kräfte nach.

Zwischen 1575 und 1675 kommt es nun zu zahlreichen Prozessen gegen dieses Fragment archaischer Volkskultur. Es beginnt mit dem Aufmerken eines Dorfpriesters, Don Bartolomeo Sgabarizza, auf die Geschichten, die ein Benandante (das ist der Sg.), Paolo Gaspurotto, erzählt. 1580 wird die Inquisition eingeschaltet und es kommt zu zahlreichen Verhören. Die Benandanti bestehen vor dem Inquisitor Fra Felice de Montefalco lange darauf, keine Hexer oder Hexen zu sein. Aber aus der Perspektive der Behörden und der Inquisition verwischt sich der Unterschied zum stereotypisierten Hexensabbat, zumal die weiblichen Benandanti auch von der Teilnahme an großen Festivitäten sprachen. Die Männer verstanden sich eher als Krieger gegen die Hexen, wobei als Waffen Büschel und Stangen des Fenchels (Foeniculum vulgare) dienten. Ginzburg konnte in baltischen Traditionen Parallelen zu diesen Ideen nachweisen; tatsächlich ist das ethnologische Umfeld sehr breit (dazu sofort). Weibliche Benandanti berichteten auch, bei den großen Festen befänden sie sich in der Gesellschaft von Feen, Tieren und Geistern, unter der Leitung einer „Äbtin", also einer weiblichen Figur, und sie erführen, wer im nächsten Jahr sterben werde. Ginzburg hat Zusammenhänge mit Mythologien von Umzügen und Prozessionen der Totengeister nachgewiesen; überhaupt sind Bezüge zum Jenseits- und Totenbereich deutlich. In den älteren Berichten ist weder vom Teufel noch etwa von blasphemischen Riten oder einer Absage an das Christentum die Rede: im Gegenteil, die Benandanti verstehen sich als Kämpfer für das Gute in einem katholischen Diskursuniversum. Leider gab es im volkstümlichen Sprachgebrauch begriffliche Konfusionen (gelegentlich schloss „Benandanti" ihre Gegner ein), was es den Verhörenden leicht machte, die Benandanti selbst zu Hexen und Hexern zu erklären. In der friaulischen Folklore des 19. und 20. Jhdts. meint der Begriff dann nur noch „Hexen" im Sinne des Hexenstereotyps. Es ist der Verfolgung weithin gelungen, dieses Stück Volkskultur auszulöschen, obwohl die Strafen moderat waren: einige Verbannungen, förmliche Abschwörungen und einige Gefängnisaufenthalte, aber keine Hinrichtungen bei insgesamt (bis 1749) 85 Anklagen (von denen die Inquisition mehr als die Hälfte gar nicht erst annahm). Analoge Vorstellungen konnten fragmentarisch allerdings bis in die jüngste Vergangenheit in anderen Regionen Italiens und Istriens nachgewiesen werden (dazu vgl. Nardon).

GINZBURG UND DER HEXENSABBAT

Besondere Aufmerksamkeit hat die Forschung Ginzburgs weiteren kulturgeschichtlichen Thesen entgegengebracht. Diese gehen über die Benandanti weit hinaus und wurden in seinem Buch „Storia notturna. Una decifrazione del sabba" (Turin 1989 Neuausgabe 2008) publiziert. Dieses erregte wie kein anderes Hexenbuch eine weltweite Diskussion, die noch nicht abgeschlossen ist, und nach wie vor sehr kontroverse Stellungnahmen hervorruft.

Es war Ginzburg früh aufgefallen, dass Themen der Ben-andanti-Tradition wie das Verlassen des Körpers in einer Trance, die Kämpfe um die Fruchtbarkeit des Landes mit „Hexen", aber auch die Festivitäten unter der Leitung einer weiblichen „Königin" u. ä. in breiter Streuung auftreten. In den Pyrenäen, bei den Anhängerinnen der „Signora Orien-te" im Mailand des 14. Jhdts. und in diversen norditalieni-schen Prozessakten finden sich Bruchstücke, aber auch weit entfernt wie in Livland, bei den dalmatinischen *kresniki*, dem serbischen *zduhaćs*, dem ungarischen *táltos*, den rumänischen *căluşari* und im Kaukasus bei den ossetischen *burkudzauta*. Diese alle sind Typen von volkstümlichen magischen Funk-tionsträgern, die in irgendeiner Weise in Trance gegen Hexen kämpfen, z. T. dies auch in ritualisierter Form ausüben und damit für die Dorfgemeinschaft eine soziale Aufgabe erfül-len. Oft sind sie Heilerinnen und Heiler. Ginzburgs Haupt-these besteht nun darin, in diesen Tranceheilern sozusagen spirituelle Verwandte sibirisch-baltischer Schamanen zu se-hen, die es einst in ganz Europa gegeben habe. Damit werde nun aber ein zentrales Traditionselement des Hexensabbats greifbar. Natürlich ist dieser z. T. eine Konstruktion des 15. Jhdts. Aber er habe eben doch auch einen Anteil genuiner Volksüberlieferung, die in den Bereich der schamanistischen Trancetechnik und der sie begleitenden Jenseitsmythologien führe. Die „Realität" hinter dem Sabbat sei nicht ein alter Kult (wie bei M. Murray, von der sich Ginzburg absetzt), sondern ein überliefertes, in Tranceerfahrungen revitali-siertes schamanistisches Imaginarium. Plakativ gesagt heilt ein Schamane in Trance: er trennt seine „Seele" (oder einen Seelenteil) vom Körper, und versucht eine verirrte (darum „kranke") Seele wiederzufinden und zurückzubringen. Die Trance wird durch kinetische Mittel (Tanz, Trommelmusik) und Drogen (in Sibirien v. a. Amanita muscaria, den Fliegen-pilz) erzeugt. Nach der Trance weiß der Schamane oft nicht, was geschehen ist. Seine Initiation geschieht in einem lang-wierigen und schmerzhaften Prozess, oft gegen den Willen des Betroffenen. Der Schamane (oder sehr häufig auch die Schamanin) ist kein „Medizinmann": dieser heilt durch tradiertes volksmedizinisches Wissen, etwas völliges anderes als die Jenseitsreise des nordeurasiatischen Schamanen, wie er etwa aus Lappland, Sibirien, Korea, der Mandschurei und anderen Ländern bekannt ist. Das Bild des Schamanen ist klassisch durch Mircea Eliade definiert worden; seitdem ist die Forschung aber nicht stehen geblieben.

Ginzburgs These, bekannt geworden um 1990, traf sich mit einer Welle eines explosionsartigen westlichen Interesses am Phänomen des Schamanismus, wobei der Begriff oft (religionsgeschichtlich unsinnig) auf diverse Formen des Geistheilens ausgeweitet wurde. Dieser inflationäre Gebrauch des Wortes Schamanismus (gegen den die Fachwissenschaft vergeblich Einspruch erhoben hat) erschwert die Forschung erheblich. Volksmedizinische Heiler etwa, die tradiertes, erlernbares Wissen weitergeben, sind i. A. keine Schamanen. Zugleich war überhaupt seit einigen Jahren das „Wilde", das „Ekstatische" als Element von Kultur neu interessant geworden (Hans Peter Duerr, Traumzeit. Über die Grenze zwischen Wildnis und Zivilisation. Frankfurt a. M. 1978, Neuausgabe 1985).

Ginzburg versucht nun zu zeigen, dass es sowohl alteuropäische als auch aus dem asiatischen Raum rezipierte Formen eines Schamanismus im Mittelalter gegeben habe. Der Hexensabbat sei ursprünglich ein Konstrukt schamanischer Trance, die in den Dorfgemeinschaften überlebt habe und mit Motiven aus anderen Traditionen angereichert wurde, dann aber ins „Abseits" und in den Kontext des Hexenimaginariums geraten sei. Ähnlich der These von Margaret Murray traf Ginzburg in hohem Maße den Zeitgeist: allerdings ist er methodisch sehr viel sorgfältiger und dichter an den Quellen.

Aber überfrachtet Ginzburg seine Quellen nicht auch? Sein Versuch, aus griechischen, germanischen, keltischen und osteuropäischen Traditionen einen europäischen Schamanismus nachzuweisen, liefert immer nur Bausteine, die wie bei zu weit auseinanderliegenden Teilen eines Puzzles nie ein wirkliches Gesamtbild bieten. Viele Fragen der kommunikativen Vermittlung bleiben völlig offen. In der

Forschung besteht ein gewisser Konsens, dass Ginzburg seine These nicht hat beweisen können, in die aufgezeigte Richtung aber noch starker Forschungsbedarf herrscht. Die (zuweilen sogar rituelle Inszenierung) eines Kampfes zwischen „bösen" und „guten" Hexen führt jedenfalls auf wichtige ethnologische Parallelen, die der Sicht Ginzburgs Plausibilität verleihen, auch wenn man den Schamanismus-Begriff nicht bemühen will. So existiert (um nur ein einziges Beispiel aus sehr vielen zu nennen) auf Jamaika unter der afrikastämmigen Bevölkerung die Kultopposition zwischen *obeah* und *myal*. Die Praktizierenden von Obeah verstehen sich als magisch Handelnde, welche die Gemeinschaft vor bösen Hexen und ihrem Schadenzauber schützen. Myal ist aber ebenfalls ein realer kultischer Zusammenhang, der eigene Anhängerinnen und Anhänger hat. Die „Wertung" der eigenen magischen Praxis kann also variieren, je nachdem in welchem Kontext sie stattfindet (vgl. Beckwith, Black Roadways). Möglicherweise werden wir hier auf die Spuren eines agrarmythologischen Szenarios geführt, das in sehr frühe Zeiten zurückgeht, und das in verschiedenen Variationen existiert.

Literatur: Ethnologische Parallelen: Martha Beckwith, Black Roadways. A Study of Jamaican Folk Life. Chapel Hill 1929 * Marco Frenschkowski, Art. Seele. In: Enzyklopädie des Märchens 12 (2007), 476–489 * Zum Hexensabbat: Wolfgang Behringer, Art. Hexensabbat. In: Enzyklopädie der Neuzeit 5 (2007), 431f. * Stuart Clark, Thinking with Demons. The Idea of Witchcraft in Early Modern Europe. Oxford 1996 u. ö. * Franco Nardon, Benandanti I inquisitori nel Friuli del Seicento. Triest 1999 * Ders., Art. Benandanti. In: Richard Golden (Hg.), Encyclopedia of Witchcraft. The Western Tradition 1. Santa Barbara, CA u. a. 2006, 108f. * Homayun Sidky, Witchcraft, Lycanthropy, Drugs and Disease. An Anthropological Study of the European Witch-Hunts. New York u. a. 1997 * Christa Tuczay, Ekstase im Kontext. Mittelalterliche und neuere Diskurse einer Entgrenzungserfahrung. Frankfurt a. M. 2009, bes. 413–454 (über „Nachtfahrerinnen" und Hexen).

DER HEXENSABBAT: WAS WIR ÜBER SEINE HERKUNFT WISSEN

Wenn wir von diesen tieferen, aber eben auch spekulativen Dimensionen absehen, was wissen wir mit einiger Sicherheit über die Herkunft der Hexensabbat-Bilder? Der Name selbst legt ja eine Beziehung zur Dämonisierung des Judentums nahe (Sabbat!). Vielleicht war der Vergleichspunkt zuerst das laute Lärmen der Versammlung, das zum antisemitischen Klischee geworden war. Daher findet sich synonym französisch auch *synagogue* für die Hexenversammlung. Im Deutschen ist Hexensabbat u. ä. seit dem 15. Jhdt. üblich (wie franz. *sabbat des sorciers* etc.), obwohl sich das Bild nicht allgemein durchsetzt. Im Hexenhammer (s. o.) etwa spielt er noch keine Rolle, wohl aber bei späteren Dämonologen wie Martin Delrio (zu weiteren, wenig erforschten Beziehungen zwischen Judentum und Hexenbild s. jetzt Idel).

Bausteine des Bild- und Motivfeldes sind einmal Traditionen der „wilden Jagd", in der Totengeister und Naturdämonen durch die Natur fahren und gelegentlich Menschen in ihren Zug einbeziehen. Die Festbankette und Festivitäten (immer im Freien, immer fern des Dorfes) haben Züge eines Schlaraffenlandes, ein überaus beliebtes Bildfeld im Mittelalter mit antiken Wurzeln (goldenes Zeitalter, Saturnalienfeste; Country of Cockaygne, zuerst bezeugt im Irland des 14. Jhdts.). Das eigenartige Oszillieren zwischen Realität und Fantasie (man kann etwa nichts von den Festen mitnehmen: es zerfällt im Bereich des „Normalen" zu Staub u. ä.) deutet auf Bezüge zu Feen-Versammlungen und überhaupt zur Welt der Elfen, Naturgeister, Jenseitigen, die sozusagen den spielerischen Flatterrand des mittelalterlichen Weltbildes ausmachen. Mit der Welt der Magie im klassischen Sinn verbinden den Hexensabbat nicht zuletzt die häufigen Inversionsriten und Tabubrüche. So wird nach manchen Berichten „verkehrt" getanzt (rückwärts), der Teufel wird geehrt, indem er auf sein Hinterteil geküsst wird, etc. Man hat auch mit Rügebräuchen und der Welt des Karnevals verglichen. Überhaupt liegen die karnevalesken Züge auf der Hand. Erst allmählich im Zuge des Häresieverdachtes gegen Hexen ist dem Hexensabbat die Idee zugewachsen, er sei sozusagen eine Persiflage, eine blasphemische Verkehrung des christlichen Gottesdienstes, und das Abschwören gegenüber dem christlichen Gott sei eines seiner Elemente. Gar mit der schwarzen Messe hat er von Hause aus nichts zu tun. Dennoch stellt sich rasch die Idee ein, der Teufel nehme Ehrungen und Berichte von bösen Taten entgegen, und erteile Aufträge zum Bösen. Aber ursprünglich gehört er offenbar gar nicht in die Welt dieser nächtlichen Versammlungen: wir sprachen oben ausführlich von Diana und anderen „Damen", weiblichen Numina in der Mitte volkstümlicher Festfantasien. Im Kontext der Hexenprozesse spielte es eine unheilvolle Rolle, dass Teilnehmer am Hexensabbat gesehen haben mussten, wer sonst ebenfalls teilnahm. Sie wurden damit zu potenziellen Zeuginnen und Zeugen, und der erzwungenen Denunziation wurde Tür und Tor geöffnet.

Literatur: Wolfgang Behringer, Art. Hexensabbat. In: Enzyklopädie der Neuzeit 5 (2007), 431ff. * Moshe Idel, Saturn´s Jews. On Witches´ Sabbat and Sabbateanism. New York 2011 * Richard van Dülmen, Imaginationen des Teuflischen. Nächtliche Zusammenkünfte, Hexentänze, Teufelssabbate. In: Ders. (Hrg,), Hexenwelten. Magie und Imagination vom 16.–20. Jahrhundert. Frankfurt a. M. 1987, 94–130.

11. „There is no such thing as magic": Hexenbilder in Literatur und Film (19.–21. Jhdt.)

Im Rahmen unserer kleinen Skizze kann dieses Thema hier nur eben angerissen werden. Vor allem das Volksmärchen hat in der Hexenforschung immer besonderes Interesse gefunden. Für Jakob Grimm und seinen Bruder Wilhelm war es Träger uralter, tendenziell vorchristlicher Volksüberlieferungen. Das machte auch die Hexe im deutschen Märchen (immer eine abgrundtief böse Figur) interessant. Der aus „Hänsel und Gretel" bekannte Kannibalismus der Hexe etwa ist ein hochaltertümlicher Zug, der sich z. B. auch in der „Capitulatio de partibus Saxoniae" Karls d. Großen findet (c. 6): die heidnischen Sachsen sagten den Hexen nicht nur Kannibalismus nach, sondern würden auch ihrerseits Fleisch von als Hexen (striga) getöteten Menschen essen, wohl im Sinne magischer Kraftübertragung. Der Stereotyp der alten, auf einem Besen reitenden Frau verdankt sich allerdings wohl erst den klischeehaften Illustrationen des 19. Jhdts. Ein Beispiel, wie viel anders als die „deutsche" Hexe sich ähnliche Figuren in anderen Erzähltraditionen entwickeln können, ist die russische Baba Jaga (Баба Яга). In den südslawischen Sprachen heißt sie auch Baba Roga, die „Alte" oder „Gehörnte", wobei Baba einfach eine alte Frau oder Großmutter meint (Jaga ist etwa im Polnischen Abkürzung des Vornamens Jadwiga). Mehr noch als die mitteleuropäische Hexe ist sie mythologische Figur, eine Art Waldfrau, anders als diese jedoch alt, gefährlich und manchmal bösartig. Triaden (Jungfrau, Mutter und altes Weib) sind in vielen Mythologien des Weiblichen nicht selten; auch die Baba Jaga kann in eine solche eingezeichnet werde, als eine von „drei Schwestern". (Die „Matronen" der spätantiken keltisch-germanischen Göttinnenbilder sind aber eher gleich alte Frauen, falls in der Mehrzahl auftretend). Stirbt eine dieser Schwestern durch Schwert oder Feuer, so besprenkeln die anderen beiden sie mit dem „Wasser des Todes". Dadurch heilen ihre Wunden und die dritte Schwester steht von den Toten wieder auf. Sehr altertümlich ist auch ihr „Haus auf Hühnerbeinen", dessen Eingang sich nur auf ein Zauberwort hin öffnet. Wie die mitteleuropäische Hexe ist sie mit Besen und Mörser verbunden (auf dem sie freilich fliegt) und stellt als Menschenfresserin die Schädel der von ihr Getöteten auf ihrem Gartenzaun auf, Züge, die man chthonisch gedeutet hat, also als Unterweltsymbolik. Oft sind ihre Kräfte an einen bestimmten Ort gebunden. Sie kann auch eine wohltätige Figur sein und Geschenke und weise Worte zuteilen. Wiederum kann sie wie manche mitteleuropäische Gespenster einem nächtlichen Reisenden aufspringen und ihn zu Tode hetzen. Die Entwicklung scheint eine zunehmende Depotenzierung zu suggerieren: von der mit dem Totenreich verbundenen Göttin zur Dämonin, dann zur Hexe und schließlich in modernen Geschichten zur normalen Frau, die nur nachts oder bei Vollmond bestimmte okkulte Kräfte hat. Hexen im Märchen unterscheiden sich deutlich von Zauberern: magische Riten werden kaum angedeutet; meist sind ihre Kräfte ohne besondere Anstrengungen verfügbar und Attribute der Figuren selbst. Das Märchen kennt ja auch Verwünschungen und Wünsche, aber kaum je die „Arbeit" magischer Riten.

Literatur: Hildegard Gerlach, Art. Hexe. In: Enzyklopädie des Märchens 6 (1990), 960–992 * Nikolai W. Nowikow, Baba-Jaga. In: Enzyklopädie des Märchens 1 (1977), 1121ff. * Andreas Johns, Baba Yaga: The Ambiguous Mother and Witch of the Russian Folktale. New York 2004 * Wilhelm Boudriot, Die altgermanische Religion in der amtlichen kirchlichen Literatur vom 5. bis 11. Jahrhundert. Bonn 1928, 48. 53.

Über die Hexen der großen Literatur (Goethe, Shakespeare etc.) soll hier nicht gehandelt werden. Wir weisen nur auf eine erstaunliche Entwicklung hin. Wie nahezu alle Bilder und Symbole des Bösen verliert auch die Hexe mit der Zeit sozusagen ihre Bösartigkeit. Das ist besonders bei ihrer Entwicklung in der Kinder- und Jugendliteratur sichtbar. 1957 erschien Otfried Preußlers Kinderbuch „Die kleine Hexe", in dem diese Heldin und Sympathieträgerin ist, in dem es

aber auch böse Hexen gibt. Überhaupt sind Szenarien „gute"
vs. „böse" Hexen häufig (Roald Dahl, „The Witches", 1983).
Diese „Verniedlichung" der Hexe teilt sie mit dem Drachen,
dem Gespenst, gelegentlich gar dem Teufel und in jüngster
Zeit auch dem Vampir. Kulturmorphologisch bedarf dieser
Verlust einer Ikonographie des Bösen oder Monströsen einer
Erklärung (zumal rasch andere Bilder in die Lücken vorsto-
ßen), die hier aber nicht entfaltet werden soll (vgl. Frenschkowski, Verführung als Erleuchtung). Gelegentlich kippt die
„gute" Hexe wieder in eine böse Figur zurück, so cineastisch
eindrücklich in der Teenager-Fernsehserie „Buffy the Vampire Slayer", in deren Staffel 6 (USA 2001/2) der Charakter der
„Willow" (grundsätzlich eine Sympathieträgerin und eine
lesbische Hexe) in einer Situation persönlicher Verzweiflung
böse und zur Rächerin ihrer ermordeten Lebensgefährtin
wird. Die ganze Serie behandelt das Thema „Magie/Hexe-
rei" außerordentlich vielschichtig und intelligent, u. a. unter
den Aspekten „Sucht" und „Dosiserhöhung", und mit einer für amerikanische Verhältnisse erstaunlichen Offenheit
für Tabuthemen. Die „neuen Hexen" der Wiccabewegung
(dazu unten) sind ebenfalls immer häufiger Gegenstand von
Filmen oder Romanen: „The Craft" (USA 1996, mit Fairuza
Balk) etwa ist geradezu ein Wicca-Werbefilm.

Nennen wir, um immerhin das Spektrum etwas auszu-
leuchten, einige völlig andere Hexenbilder aus der jüngeren
phantastisch-imaginativen Literatur. Eine der kuriosesten
Hexengeschichten stammt von dem amerikanischen Phantastikautor Howard P. Lovecraft (1890–1937): „The Dreams in
the Witch House". Geschrieben 1932, erschien die Geschichte
Juli 1933 in der Zeitschrift „Weird Tales". Die namengebende
Hexe ist hier eine alte Frau des 17. Jhdts., die durch kuriose
Umstände in den Besitz eines mathematischen Wissens gerät,
das ihr transdimensionale Reisen und ein Heraustreten aus
dem Raum-Zeit-Kontinuum erlaubt. Die Magie des Hexenglaubens wird mit Spekulationen Riemannscher (nichteukli-
discher) Geometrie verbunden (die durch Einsteins Allgemeine Relativitätstheorie allgemein bekannt geworden waren).
Überhaupt ergänzen sich Naturwissenschaft (vor allem Phy-

sik) und die Traditionen des Hexenwesens zu einem Gemisch schrecklicher Offenbarungen und latenter Möglichkeiten, die Lovecraft in weit ausholenden Andeutungen suggeriert. Ein Student, der das ehemalige Haus der Hexe bewohnt, gerät in den Strudel ihrer Magie und wird schließlich von ihrem Familiar (einem koboldhaften Dämon) getötet. Magie ist hier eine Art Bewusstseinserweiterung, die aber die Grenzen des Menschlichen sprengt und zu Tod und Verderben führt.

Hexerei begegnet auch in dem im 19. Jhdt. entstandenen Typ des „okkulten Romans", sei es positiv besetzt für moderne Formen der Magie (Dion Fortune, „The Sea Priestess", 1938; Gerald Gardner, „High Magic's Aid", 1949; Stewart Farrar, „The Twelve Maidens", 1973) oder als traditionell-kritische Warnung vor den Gefahren okkulter Abhängigkeit u. ä. (Dennis, „The Devil Rides Out", 1934, verfilmt 1968). Speziell amerikanisch-christliche Fantasy benutzt Hexen gerne als Negativfolie, doch lässt sich insgesamt von einer sukzessiven Reintegration der Magie in den kulturellen Mainstream im 19.–21. Jhdt. sprechen, die sich auch in einer Aufwertung „guter" Hexen in der Fantasy spiegelt. Magie wird hier meist in einem holistischen Sinn als notwendige komplementäre Größe zu rationalen Diskursen verstanden. Während in der Fantasy Zauberei meist ein regulärer Aspekt der imaginativen Welten und insofern nicht phantastisch ist, kann die Evokation einer magischen Subkultur in einem realistischen Setting dezidiert phantastische Züge annehmen. In Fritz Leibers „Conjure Wife" (1943) wird die akademische Karriere ahnungsloser Universitätsgelehrter insgeheim von ihren magisch begabten, miteinander konkurrierenden Frauen in Bewegung gesetzt. Der Genderaspekt des Themas wird geschickt in die Moderne übertragen: die „Rationalität" der Männer funktioniert in Wahrheit durch die „Magie" ihrer Frauen.

Literatur: Marco Frenschkowski, Magie. In: Hans Richard Brittnacher, Markus May (Hrg.), Phantastik. Ein interdisziplinäres Handbuch. Stuttgart 2012 (im Druck) * Ders., Verführung als Erleuchtung. Ein Essay über antike, v.a. gnostische Schlangensymbolik und religiöse Inversionsphänomene. In: Willem de Blécourt, Christa Agnes Tuczay (Hrg.), Tierverwandlungen. Codierungen und Diskurse. Tübingen: 2011, 13–33.

12. Wie aus bösen Hexen gute Hexen wurden: ein Gespräch mit Charles Godfrey Leland

Hexen und Göttinnen

Die älteste Geschichte Kaschmirs, Kalhaṇa´s Rājataraṅgiṇī aus der Mitte des 12. Jhdts., erzählt von einer Begegnung mit dämonischen lüsternen Hexen, die auf dem Friedhof eine Leiche stehlen, um sie für ihre nekrophilen Zwecke zu missbrauchen. Diese extrem makabre Szene ist aber nur der Auftakt zu einer sehr viel erstaunlicheren Geschichte, in welcher der Tote wieder mit seiner entflohenen Seele vereint wird und die Hexen sich in Wahrheit als große Göttinnen enthüllen. Erst durch ihr Handeln kommt eine alte Prophezeiung zur Erfüllung, die dem Verstorbenen versprochen hatte, er werde erst nach seinem Tode zum König Kaschmirs werden (2, 84–112; Bd. 1, S. 63f. üb. S. A. Stein. Westminster 1900). Dieses indische Märchen erinnert uns an einen der erstaunlichsten Paradigmenwechsel in der Geschichte des Hexenglaubens. Wie wurden aus den „bösen Hexen" der Verfolgungsimaginarien, des Märchens etc. die „guten Hexen" der ökofeministischen Frauenbewegung, des neuen Heidentums, der Wiccabewegung? Wir wollen diese Frage exemplarisch an einem Wendepunkt des Hexenparadigmas vorführen, indem wir uns der Gestalt des amerikanischen Schriftstellers Charles Godfrey Leland zuwenden. Zuvor aber müssen wir einige Sätze zum Kontext Lelands voranstellen. Aus der Perspektive der Aufklärung, ja noch der Goethezeit gesehen ist es im späten 19. und 20. Jhdt. zu einer ganz erstaunlichen Rehabilitation der Magie, zu einem Statusgewinn okkulter Riten und Ideen gekommen. Im deutschen Sprachraum hat diese Entwicklung einen anderen und sehr viel zurückhaltenderen Charakter als in Großbritannien, dem wir uns hier in erster Linie zuwenden müssen. Ein bekannter Ausdruck dieser Verschiebungen ist die Gründung des magischen „Hermetic Order of the Golden Dawn" 1888. Mit seinen oft pompösen Ritualen, seiner Liebe zu farbenprächtigen Zeremonialgewändern und langen Initiationsszenarien steht der Orden in freimaurerischer Tradition, doch inhaltlich ist er anders als diese kein Kind der Aufklärungszeit, sondern des Fin de Siècle und der Décadence, getragen von einer etwas gelangweilten, sehnsüchtigen und okkultgläubigen Klientel der oberen Mittelschicht bis Oberschicht. Ins Leben gerufen wird der Orden durch eine gemeinsame Erklärung von William Wynn Westcott (1848–1912), Samuel Liddell Mathers (1854–1918) und William Robert Woodman (1828–1891). Ein „Isis-Urania-Tempel" wird Ordenszentrum. Das gesamte Initiationsszenario beruht auf antiker Hermetik, jüdischer Kabbala und mystisch-theosophischen Ideen. Bis 1892 wuchs die Zahl der Mitglieder auf 150. Erst jetzt wurde das praktisch-magische Element zentral. Aber dies ist nur ein kleines Beispiel für ein erwachendes Interesse am Magischen in der britischen Gesellschaft des späten 19. und frühen 20. Jhdts., der in einem völlig anderen Diskurs – dem wissenschaftlichen – etwa auch James George Frazers großes Werk „The Golden Bough" entspricht, welches in drei Auflagen ab 1890 die Beziehungen zwischen Religion und Magie auszuloten versuchte und zu den einflussreichsten Büchern der Zeit gehörte.

Wir skizzieren exemplarisch einen weniger bekannten Fall von Schadenzauber im Kontext der britischen Oberschicht dieser Jahre. Anna Kingsford (1846–1888) war eine hochgebildete britische Autorin und Ärztin – die zweite Frau in Großbritannien, die gegen massiven Widerstand männlicher Kollegen den medizinischen Doktortitel erwarb (1880), Herausgeberin einer feministischen Zeitschrift und Kämpferin für Vegetarismus und gegen Vivisektion. Außerdem war sie eine christlich-esoterische Mystikerin. Uns interessiert hier aber ihr Einsatz gegen Tierexperimente, den sie mit ungeheurer Vehemenz führte, vergleichbar den Abtreibungsgegnern späterer Jahre. Als eine führende Persönlichkeit der in Großbritannien schon damals sehr großen „alternativ-esoterischen" und spiritistischen Szene, aus der auch die Theosophische Gesellschaft ihre Mitglieder rekrutierte, wurde sie in hohem Maße zur Kenntnis genommen und war Gegenstand zahlreicher Zeitungsartikel. Dazu wird auch beigetragen haben, dass sie eine Frau von großem Charme und persönlicher Schönheit war, die u.a. auch ein Buch mit Kosmetiktipps geschrieben hatte. Sogar das berühmte Magazin „Punch", kein Freund der Frauenbewegung, brachte einmal einen satirischen Limerick mit einer Karikatur über sie (14. März 1885), während Samuel MacGregor Mathers, einer der Begründer des Golden Dawn, ihr seine Schrift „The Kabbalah Unveiled" (1887) widmete mit der Bemerkung, sie habe das bedeutendste okkulte Werk seit Jahrhunderten geschrieben: „The Perfect Way" (1882, rev. 1887), in dem sie das frühe Christentum als Mysterienreligion deutet. Mit Madame Blavatsky, der Begründerin der Theosophie, stand sie in einem freundschaftlich-respektvollen Konkurrenzverhältnis; beide kannten sich gut. 1884 gründete Anna Kingsford die „Hermetic Society", die sozusagen eine an westlicher Esoterik orientierte Konkurrenzorgansiation zur Theosophischen Gesellschaft war, mit dieser aber freundschaftlich verbunden blieb.

In ihrem Einsatz für den Tierschutz wurde sie nun mit Medizinern konfrontiert, welche die Notwendigkeit von Tierexperimenten ganz anders als sie sahen. In schwärzesten Farben malt sie in ihren Artikeln die Grausamkeit und Härte jener Wissenschaftler aus, die ihr Tierschutzanliegen nicht mittrugen (einen gesetzlich verankerten Tierschutz in unserem heutigen Sinn gab es ja erst in Ansätzen). Projektionsfläche ihrer Verachtung für die „Tiermörder" war besonders der Mediziner Claude Bernard (1813–1878), der in großem Umfang Experimente an Tieren ohne Betäubung durchführte (die damals bereits möglich gewesen wäre). So beschloss sie, ihn durch eine magische Konzentration ihres Willens aus der Ferne zu töten. Die Ereignisse sind aus dem ausführlichen Bericht ihres „Seelenfreundes" und Biographen Edward Maitland bekannt. Sie produzierte nach eigenem Verständnis magisch, durch Konzentration von Willen und

Imagination, etwas, was sie einen „spiritual thunderbolt" nannte, einen Fluch gegen Bernard (und brach bei der Anstrengung bewusstlos zusammen). Bernard verlor angeblich zum gleichen Zeitpunkt während einer Visite ebenfalls das Bewusstsein und starb dann überraschend, wenn auch erst sechs Monate nach der magischen Verfluchung. Jedenfalls deutete sie selbst das Geschehen so (das durchaus ihr Gewissen belastete). Bernard wurde mit einem Staatsbegräbnis geehrt: der erste Wissenschaftler, dem in Frankreich je diese Ehre zuteil wurde (von seinem „Fluch" hat er vermutlich nie erfahren). Für unseren Kontext interessant ist dabei auch ihre Definition der Magie, die sie nach einem Gespräch mit Countess Wachtmeister (einer Freundin von Madame Blavatsky) wie folgt aufschrieb: „Das Werk des weißen Magiers sei ein unterrichtetes Lenken des göttlichen Willens, der konzentriert wird wie die Sonnenstrahlen durch ein Brennglas (...) Dass der Wille wütender Menschen wirkungslos ist, liegt nur daran, dass diese, anders als der des Adepten, nicht mit Wissen verbunden ist und sie ihre Willenskraft nicht fokussieren können. Ihr Wille ist diffus, und daher wirkungslos. Der Magier dagegen handelt in vollem Bewusstsein, methodisch, und daher effektiv (...) Wo sie vage etwas wünschen, will er es mit Intensität". Das ist im Prinzip die gleiche Theorie der Magie, die wenige Jahre später und ohne Anna Kingsfords christlich-esoterischen Bezugsrahmen Aleister Crowley vertreten hat. Das Ganze sei weiße Magie, weil sie ohne persönlichen Vorteil ganz zum Nutzen der Menschheit geschehe, während schwarze Magie (von deren Realität sie überzeugt war) die gleiche Handlung zum Eigennutz sei. Der weiße Magier handle immer im Einvernehmen mit Gott und nie ohne Gebet, auch wenn er einen Tyrannen mit seiner Magie zu Tode bringe.

Es war damit ein Territorium betreten, auf dem selbstverständlich Menschen in einem kirchlichen Bezugsrahmen nicht mehr folgen konnten. Wir merken aber, wie die Aufwertung und Rehabilitation der Magie einen esoterisch-mystischen Hintergrund hat, nicht nur einen neopaganen. Diesem wenden wir uns später in unserem letzten Kapitel zu.

Literatur: Marco Frenschkowski, Die Geheimbünde. Eine kulturgeschicht-
liche Analyse. Wiesbaden 4. Aufl. 2010, 142–164 * Edward Maitland, Anna
Kingsford. Her Life, Letters, Diary, and Work. 2 Bände. 3. Aufl. London
1913 (hier 1, 250–254; 2, 295f.) * Joy Dixon, Divine Feminine: Theosophy and
Feminism in England. Baltimore 2001 * Alex Owen, The Darkened Room:
Women, Power and Spiritualism in Late Victorian England. London 1989
* Alan Pert, Red Cactus. The Life of Anna Kingsford. Watsons Bay, NSW
Australia 2006 * Aniela Jaffé, Religiöser Wahn und schwarze Magie. Das
tragische Leben der Anna Kingsford. 2. Aufl. Zürich 1986.

MICHELET UND LELAND

Solche Entwicklungen waren flankiert von einem allmäh-
lichen Umkippen des Blickwinkels auf die „Hexen". Sie sind
nun nicht mehr nur einfach Opfer eines abergläubischen
Systems (so in der Aufklärung), sondern werden selbst als
Personen interessant. Der etablierte französische Historiker
Jules Michelet (1798–1874) publiziert 1862 seinen Roman „La
Sorcière". Hier ist die Hexe Urbild der revolutionären Frau,
die gegen Unterdrückung aufbegehrt, eine Aussteigerin,
die zum Opfer ihrer protofeministischen Energien in einer
patriarchalen Welt wird. Es ist aber erst der amerikanische
Journalist, Dichter und Folklorist Charles Godfrey Leland
(1824–1903), der dieses neue Paradigma klassisch definiert
und damit an der zentralen Weichenstellung im „Kippen
des Hexenparadigmas" steht. Leland verdient ein ehren-
volles Gedenken als ein unermüdlicher Sammler von Erzählungen, Liedern, Legenden, Zaubersprüchen, verschollenen
Sprachen und Bräuchen, in mancher Hinsicht von allem, was
die bürgerliche Gesellschaft des späten 19. Jhdts. als sprach-
liches bzw. narratives Überbleibsel vergangener Kulturepo-
chen in ihrer Mitte ansah. Dabei richtete sich sein immenser
Fleiß gerade auf jene magischen bzw. superstitiösen Subkul-
turen, die einerseits längst Gegenstand gesellschaftlichen
Misstrauens und gesellschaftlicher Überlegenheitsattitüden
geworden waren, die aber andererseits in der 2. Hälfte des
19. Jhdts. auch als archaisches Faszinans wiederentdeckt
wurden. Seine Informanten waren dabei Menschen, die sich
am Rande der viktorianischen Gesellschaft bewegten (bzw.
ihres Gegenstückes in den USA und in Italien) – seien sie

Zigeuner und anderes „fahrendes Volk", Algonkin-Indianer an der amerikanischen Ostküste, oder Wahrsagerinnen, Kartenlegerinnen und „Hexen" in der italienischen Toskana. Zu ihnen fand er leicht Zugang – eine Begabung, die ihm Türen öffnete, die zum Teil kaum ein anderer Sammler seitdem durchschreiten konnte. Im besonderen suchte er systematisch nach narrativen und volksmagischen Traditionen, die in der zeitgenössischen Volkskunde noch nicht bearbeitet waren, und die in einem christlichen Bezugsrahmen nicht recht zu verstehen waren. Dabei wurde er zum Entdecker eines breiten Stratums paganer Traditionen insbesondere in Italien, das er „vecchia religione" nannte, die alte Religion. Seine Materialien sind freilich in vielen Fällen in ihrer Authentizität umstritten, was dazu beigetragen hat, dass sie in der neueren volkskundlichen Forschung nur wenig Beachtung gefunden haben. Dieses Problem ist jedoch für die Frage von Lelands Rezeption in der neopaganen Bewegung nicht ausschlaggebend (ausführliche Diskussion bei Frenschkowski, Charles Godfrey Leland). Daneben war Leland als Journalist, Übersetzer deutscher Literatur ins Englische (u.a. Heinrich Heines) und Verfasser humoristischer Gedichte, vor allem aber als Vorkämpfer einer pädagogischen Erneuerung des amerikanischen Schulwesens (Integration von praktisch-handwerklichen Fertigkeiten in das Schulcurriculum) in vieler Hinsicht ein geachteter Mann der Kulturszene. Auch zu Themen der Frauenbewegung des 19. und frühen 20. Jhdts. hat er einen beachtlichen Beitrag geleistet, der vielleicht von der Forschung noch einmal ausgiebiger wiederentdeckt werden wird.

Ab 1888 lebt Leland mit seiner Frau in Florenz. Die Stadt zieht ihn nachhaltig in ihren Bann: und hier begegnet er jenen „Hexen", die seine letzten großen Werke prägen sollten. Wir besitzen Schilderungen über seine Zeit in Florenz nicht nur aus den verschiedenen Büchern, die er der Stadt selbst gewidmet hat (vornehmlich „Legends of Florence", 1895/96), sondern auch aus Berichten anderer, so von Lady Roma Lister, einer in Rom geborenen Engländerin, die zum Zentrum eines Zirkels volkskundlich und überhaupt kulturell Interessierter wurde (erst in Florenz, später in Rom), und welche die Begabung besaß, allerlei Berühmtheiten in ihren Kreis zu ziehen. In ihren „Reminiscences – Social und Political" (London 1926) und „Further Reminiscences: Occult and Social" (London 1927) schildert sie Leland respektvoll und mit Sorgfalt. Bedeutung hat sie auch, weil sie neben Leland auch dessen hauptsächliche Gewährsfrau „Maddalena" persönlich kannte (ihr wahrer Name war nach Roma Lister freilich Margherita), die mit der Entstehung von Lelands „Hexenbüchern" untrennbar verbunden ist. Margherita bzw. Maddalena beanspruchte, von einer Familie etruskischer Zauberer und Hexen abzustammen; obwohl persönlich nicht wohlhabend, hatte sie die Ausstrahlung einer „großen Dame". Maddalenas Nachname, lange als Talenti angegeben, war nach neueren Forschungen offenbar Taluti. Zur Zeit ihrer Bekanntschaft mit Roma Lister wohnte sie in einem alten Turm am Ponte Vecchio und konnte den Arno von ihren Fenstern aus überblicken. Unermüdlich sammelt Leland in den 1890er Jahren das magische und abergläubische Traditionsgut in Florenz und Umgebung und publizierte es in diversen Bänden. Höhepunkt war die Veröffentlichung von „Aradia, or, the Gospel of the Witches" (1899). Dieser schmale Band beansprucht nichts Geringeres als der lange verschollene „heilige Text" der Hexen zu sein, ihr zentrales und wesentliches Traditionsgut, den Leland von Maddalena erhalten habe. Auszüge sind im Textanhang dieses Bandes wiedergegeben. In diesem Text ist die Hexe nun zwar sehr wohl eine zauberkräftige Frau (auch Schadenzauber liegt ihr nicht fern), aber der Grund ihrer Handlungen ist doch eine Selbstbefreiung von Unterdrückung und Ausbeutung. Die geheime Welt der Hexen wird zu einer Gegenwelt gegen die Strukturen der patriarchalen und klerikalen „sichtbaren" Welt. Aradia selbst, die Hauptfigur, ist eine Art weiblicher Messias, eine Wegbereiterin für alle Unterdrückten. Für die „neuen Hexen" wird „Aradia" zu einer durchaus ambivalent gesehenen Inspiration. Vieles befremdet heutige Praktizierende von Magie, so jene magischen Formeln, in denen Diana, die Königin der Hexen, von der Hexe bedroht wird, wenn sie ihr nicht zu Willen sein wolle. Diese „Bedrohung der Götter" ist aber in der ägyptischen, griechischen und sonstigen älteren Magie so gut bezeugt, dass sie eher ein Indiz für die Authentizität von Lelands Überlieferung ist, obwohl sie moderne neopagane Sensibilitäten verletzt. Innerhalb des katholisch-christlichen Italien lebe – wie mutatis mutandis auch in anderen europäischen Ländern – ein Substratum volkstümlicher Magie. Diese existiert nun zufolge Leland in zwei grundsätzlich zu unterscheidenden Formen. Innerhalb der christlichen Volkskultur hätten sich viele ältere Elemente erhalten, verließen aber nicht den grundsätzlich christlich-katholischen Bezugsrahmen. Daneben ständen nun in geringen Resten (nach Leland v.a. bei den Hexen) Traditionen eines fast ungebrochenen Heidentums. Dieses reiche in Italien über die römische Epoche hinaus bis in die etruskische Zeit zurück, ja noch weiter bis in eine schamanistische Vorzeit. Im Schamanismus sah Leland die älteste erreichbare Phase der Religionsgeschichte. In der Glaubenswelt der toskanischen Hexen begegneten die beiden Systeme zwar gelegentlich gemischt, aber doch inhaltlich deutlich differenzierbar. Erhebliche Teile des von ihm gesammelten Materials hätten keine Bezüge zum Christentum, und stammten aus vorchristlicher Zeit. Damit waren die Thesen M. Murrays vorbereitet.

Die Bedeutung Lelands für Wicca und ähnliche Bewegungen liegt darüber hinaus in zwei weiteren Punkten. Er hat die Praxis der Hexen von jeder Form von Satanismus unterschieden; und er hat als einer der ersten den Unterschied zwischen dem Hexenwesen und der zeremoniellen Magie begriffen, der nicht nur in ihrem unterschiedlichen sozialen Performanzort liegt. Damit hat er Fragestellungen der neueren Gender Studies vorweggenommen, die noch lange nicht hinreichend bearbeitet sind. Gerald Brosseau Gardner (1884–1964), der Begründer der modernen Form von Wicca, hat Lelands Schriften gut gekannt, und diskutiert ihn ausführlich in seinen Büchern. Margot Adler, die Historiographin der amerikanischen neopaganen Bewegung der 1960er und 1970er, hat darauf hingewiesen, dass Teile von

Ritualtexten der gardnerschen „Craft" – ohne Hinweis auf die Autorschaft – aus Lelands Büchern übernommen sind.

Literatur: Jules Michelet, La Sorcière. Paris 1862 * Gabriel Monod, La Vie et la pensée de Jules Michelet, 2 Bde. Paris 1923 * Marco Frenschkowski, Charles Godfrey Leland (1824–1903) und die Ursprünge der Wicca-Religion. In: Wolfgang Müller-Funk, Christa Agnes Tuczay (Hrg.), Faszination des Okkulten. Diskurse zum Übersinnlichen. Tübingen: 2008, 273–335 * Aus Lelands Publikationen zum Hexenwesen nennen wir exemplarisch: Gypsy Sorcery and Fortune-Telling. London 1891; Etruscan-Roman Remains in Popular Tradition. London 1893; Legends of Florence Collected from the People. 2 Vols. London 1895–96; Aradia, or, the Gospel of the Witches. London 1899 (neue kritische Ausgabe: s. Textauszug im Anhang dieses Bandes); The Unpublished Legends of Virgil. New York 1900; The Witchcraft of Dame Darrel of York. Providence, RI 2011 (posthum).

13. Wicca und die Hexe als Identifikationsfigur: die Entstehung einer Religion

Wicca, die neomagische Religion der „neuen Hexen", ist nach einem vielzitierten Wort des Historikers Ronald Hutton die einzige Religion, die je auf dem Boden Großbritanniens entstanden ist. „Wicca" ist dabei eigentlich ein angelsächsisches Wort für Hexer, also eine männliche Form; die weibliche Form dazu heißt wicce, verwandt mit unserem Wort „wissen" (s. oben in Kap. 3). Im Gegensatz zu früheren Mystifikationen der Anfänge und Wurzeln der Bewegung ist heute deutlich, dass Wicca eine vollständig moderne Form magischer Lebensbewältigung ist. Die Anfänge von Wicca als Religion sind mit der Figur des ehemaligen Plantagenbesitzers, Kolonialbeamten und Waffensammlers Gerald Brosseau Gardner (1884–1964) verbunden. Nach langem Orientaufenthalt will Gardner in den späten 1930er Jahren (vermutlich 1939) in einen „Coven" (eine Versammlung) traditioneller Hexen im Raum des New Forest (Südengland) eingeführt worden sein. Diese hätten überlieferte magische Rituale als Mittel der Lebenssteigerung und Lebenshilfe ausgeführt und sich dabei als letzte Anhängerinnen und Anhänger alter vorchristlicher britischer Religion verstanden. Der Begriff der „vecchia religione", der „alten Religion" ist von Hause aus eine Prägung Lelands (s. im vorigen Kapitel), der ihn in „Aradia, or, the Gospel of the Witches" (1899) und anderen Büchern verwendet, woher Gardner das Konzept übernimmt. Verglichen mit dem Begründer der modernen zeremoniellen Magie, Aleister Crowley (1875–1947), ist Gardner eine völlig andere Art von Persönlichkeit. Während dieser pompös, dezidiert selbstverliebt, ironisch und wortgewaltig daherkommt, ist Gardner eher bescheiden, mit der Attitüde eines Volkskundlers und Sammlers, der sich selbst von dem ergreifen lässt, was er entdeckt haben will, und nur begrenzt eine Führungsfigur. Dennoch ist Wicca, wie es seit den 1950er Jahren erst in Großbritannien, dann in den USA und später auch in Deutschland eine rasch wachsende Zahl von Anhängerinnen und Anhängern findet, eine spezifische und sehr eigene neue Religion. Nur einzelne Bausteine der Wicca-Tradition können über das 19. Jahrhundert zurückverfolgt werden. Anhängerinnen und Anhänger legen größten Wert darauf, dass Wicca eine neopagane, also heidnische Religion ist, keine Bezüge zum Christentum hat und also auch keine Affinität zu einem wie auch immer verstandenen „Satanismus". Dieser ist ja eine Inversions- und Ausbruchsform christlicher Tradition: eine pagane Religion kann nicht satanistisch sein (zumal sie nicht an einen Satan glaubt). Crowley hatte mit satanistischen Symbolen geflirtet: das war für ihn aber eher eine Form der amüsanten Bürgerverschreckung. Immerhin verbindet sich mit Crowley ein Verständnis magischer Handlungen als symbolische, intentionale Akte, das sich von mittelalterlichen Konzepten durchaus unterscheidet.

Wicca ist eine natur- und erdbezogene Religion; Gott und Göttin stehen in unterschiedlicher Akzentuierung nebeneinander. Sehr häufig ist die (nicht-exklusive) Rede von einer großen Göttin, die gerne mit Göttinnen der Tradition (ägyptisch, keltisch, indisch etc.) und auch mit der Diana der mittelalterlichen Texte identifiziert wird („Thealogie" im Gegensatz zu einer traditionellen Theologie). Manche Formen sind polytheistisch (verehren viele Götter), andere monotheistisch, was in einem letztlich postmodernen Diskurs durchaus nebeneinander bestehen kann. Der christliche Bezugsrahmen ist vollständig verlassen. Die Existenz des New Forest Coven konnte mittlerweile nachgewiesen werden, doch kommt es zu einer eigentlichen „Religionswerdung" erst in den 1950er Jahren. Gardner tritt dabei ohne jede Autoritätsansprüche für seine Person auf und versteht sich nur als Vermittler tradierten Wissens. Im Jahr 1951 wurden in Großbritannien der Witchcraft Act (eigentlich „Witchcraft Statute") von 1736 und der Vagrancy Act von 1824 aufgehoben, die es u.a. unter Strafe stellten, eine Person als Hexe zu bezeichnen oder seinen Lebensunterhalt mit betrügerischen Weissagungen und angeblichen Zaubereien zu verdienen. Erst jetzt wurde es problemlos möglich, sich selbst öffentlich als „Witch" zu bezeichnen. In den 1960er Jahren überquert die Bewegung eher zögernd den Atlantik (Wicca ist bis heute von ihrem Charakter her dezidiert eine britische, keine amerikanische Religion, auch wenn sie in den USA ihre meisten Anhänger hat). Seit den 1980er Jahren wird sie auch in Deutschland immer wichtiger, obwohl sie anfänglich primär die Altersgruppen zwischen 16 und 35 zu erreichen schien. 1990 haben bei dem offiziellen, alle 10 Jahre stattfindenden US-Zensus 8000 Menschen als ihre Religionszugehörigkeit Wicca angegeben, 2002 waren es 768 400. Sollte sich dieser Trend fortsetzen, wird Wicca in wenigen Jahren die drittstärkste Religionsgemeinschaft der USA sein. Doch sind solche Entwicklungen notorisch schwierig vorauszusagen; die von Wicca-Gruppen selbst genannten Anhängerzahlen scheinen oft offenbar völlig willkürlich. Verlage wie Llewellyn Woldwide, Inner Traditions, Samuel Weiser und andere haben mit Wicca-Titeln von Autorinnen und Autoren wie Silver Raven Wolf, Starhawk (beides natürlich Pseudonyme, ohne dass die Identität der Autorinnen je ein Geheimnis gewesen wäre), Raymond Buckland (einer jener Autoren, die Wicca in den 1960ern in die USA brachten), Raven Grimassi u. a. Auflagen in Millionenhöhe erreicht. Längst hat die Wicca-Bewegung eigene Seminare und Ausbildungsstätten, und kann ihren Platz im großen neopaganen Netzwerk sehr präzise definieren. Dazu trägt sicher ihre – sit venia verbi – ideologische Offenheit bei: sie kann sich problemlos mit feministischen, ökologischen, naturmystischen, tiefenpsychologischen oder utopischen Interpretamenten verbinden. Ihr Deutungspotential ist immens, eben weil sie keine „Lehre", sondern primär eine „Praxis" hat. Außerdem kommt Wicca den auf Machbarkeit, individuelle imaginative Bereicherung und unverbindlich-hedonistische „Spiritualität" bedachten religiösen Bedürfnissen des modernen westlichen Menschen in hohem Maße entgegen – um es nun doch auch einmal kritisch zu formulieren. Wicca hat dazu eine bemer-

kenswerte und originelle Variante eines sakralen Buches
entwickelt: das „Book of Shadows", das im Gegensatz zu
anderen sakralen Büchern fast aller Religionen keine fixier-
te Gestalt hat, sondern grundsätzlich in Form individueller
Varianten existiert. Leere Manuskriptbücher (gerne luxuri-
ös in Leder gebunden) bieten viele esoterische Verlage an;
fast jede esoterische Buchhandlung z. B. in den USA führt
solche vorerst noch leeren „Books of Shadow" in großer
Zahl. Darin liegt ohne Frage – wie in der ganzen Wicca-
Bewegung – ein nostalgisch-utopischer Zug. Wo schreiben
sonst heute in der westlichen Welt Menschen Bücher mit eigener Hand ab? Seit den 1960er Jahren sind verschiedene
„Books of Shadow" angesehener Vorreiterinnen und Vorrei-
ter der Bewegung (anfänglich unter heftigen Protesten von
Wicca-Anhängern, die hierin einen Verrat sahen) publiziert
worden, z. B. auch dasjenige Gerald Gardners, oder 1972
dasjenige der „Lady Sheba" („The Grimoire of Lady Sheba",
Neuausgabe St. Paul, MN 2001). Am einflußreichsten wurde
wohl Janet und Stewart Ferrar, „A Witches' Bible. The Com-
plete Witches' Handbook" (Custer, Washington 1996; zuerst London 1981–84 unter anderem Titel). Stewart Farrar
(1916–2000) war einer der Vordenker einer modernen Form
von Wicca: sein Werk vermeidet bereits unverifizierbare Geschichtsmythen und verbindet Gardners Rituale (die in „A
Witches' Bible" vollständig enthalten sind) mit an C. G. Jung
orientierten tiefenpsychologischen Interpretationen. Die
publizierten Fassungen des *Schattenbuches* werden dabei als
Inspiration zur Gestaltung des je eigenen und persönlichen
„Book of Shadows" interpretiert. Vertreter von Wicca be-
handeln diese Bücher mit tiefem Respekt, lassen sie niemals
in fremde Hände geraten und betrachten sie in hohem Maße
als Träger von „Macht". Eben weil sie mit eigener Hand ab-
geschrieben sind, können sie als Vehikel sehr persönlicher
Erfahrungen dienen.

Die Hexe wurde zu einer Identifikationsfigur für breitere
Bevölkerungsgruppen in den 1960er Jahren, als etwa italienische Kämpferinnen für das Recht auf Schwangerschaftsab-
bruch skandierten „Tremate, tremate, le streghe son torna-

te" („zittert, zittert, die Hexen sind zurückgekehrt"). Diese emanzipatorischen Impulse konnten sich rasch mit einem neuen Blick auf eine Geschichte „von unten", aus Opfer- oder Frauenperspektive u. ä. verbinden. Wicca ist nur eine Variante dieser Neuentdeckung der Hexe als Identifikationsfigur. Offenbar ist Wicca dabei vor allem für Menschen mit einer Neigung zum Ritual interessant. Neben den großen Initiationsszenarien (die bereits bei Gardner ausgebildet wurden) haben sich im Feld der Wicca-Ahängerinnen und -Anhänger zahlreiche „kleine", oft sehr individuelle Riten herausgebildet, die meist einen naturmystischen Bezug haben. Während ehemals der Coven (die Ritualgruppe mit idealtypisch 13 Mitgliedern) die wichtigste Organisationsform war, dürften heute bei weitem einzelne Praktizierende („freifliegende Hexen") die Mehrheit bilden. Wichtigstes Kommunikationsmedium ist seit langem das Internet, wie bei vielen neuen religiösen Bewegungen („Online Religion"). Die ehemals bei allen Ritualen grundlegende Nacktheit (von Leland und Gardner sehr stark betont), die nicht mit sexualmagischen Riten verwechselt werden darf (die nur gelegentlich praktiziert werden, meist in nur symbolischer Form), spielt offenbar eine immer geringere Rolle, wohl auch, weil sie keinen so starken Tabubruch mehr wie noch in den 1950ern darstellt. Wicca als neopagane, neuheidnische Religion rechnet sich selbst zu den *Earth-Religions*, wie das Schlagwort für diese Religionen in den USA seit einiger Zeit heißt.

Erzählen wir zuletzt von einer lebenden Person. Susan (die nicht so heißt, aber sehr real ist) ist heute etwa 55 Jahre alt und stammt aus den USA. Seit etwa 20 Jahren praktiziert sie Dianic Witchcraft (als Verehrerin der Göttin Diana). Nach einer Trennung von ihrem Mann experimentierte sie einige Zeit mit einer lesbischen Beziehung, lebt aber heute wieder mit einem männlichen Partner. Zeitweise war sie in einem druidischen Zirkel tätig, hat also keltische Religion praktiziert. Heute ist sie „lone practitioner" von Wicca, also nicht in einer Gruppe aktiv, besucht aber gerne einschlägige Konferenzen und Seminare. Ein anderer wichtiger Bestandteil ihres Lebens ist politische Friedensarbeit, u.a. im Nahen

Osten. Das ist eine typische Hexenkarriere: Phasen im Leben sind von Bedeutung, es existiert kein Systemzwang, d.h. die rituellen Systeme werden oft mehrfach gewechselt, quasi ausprobiert, und die Entdeckung von Wicca geht nicht selten mit einer persönlichen Lebenskrise einher. Viele Frauen und einige Männer haben ihren Weg zur Wicca-Religion als eine Art Heimkommen beschrieben. „Ich habe Wicca nicht als etwas neues entdeckt, sondern als das, was ich eigentlich schon immer gesucht hatte, wo ich immer schon zuhause war, ich wusste es nur noch nicht" – das ist eine typische Aussage, wie man sie im Gespräch oft hören kann.

Literatur: Gerald Gardner, Witchcraft Today. London 1954 u.o. * Ders., The Meaning of Witchcraft. London 1959 u.o. Nachdruck (mit verschiedenen Beigaben) Lake Toxaway, North Carolina o. J. * Über Gardner grundlegend: Philip Heselton, Wiccan Roots: Gerald Gardner and the Modern Witchcraft Revival. Freshfields, Chieveley, Berks. 2000; ders., Gerald Gardner and the Cauldron of Inspiration. An Investigation into the Sources of Gardnerian Witchcraft. Milverton 2003 * Jack L. Bracelin, Gerald Gardner: Witch. London 1960 (tatsächlicher Autor: Idries Shah. Dieser legt ganz Gardners eigene Erinnerungen zugrunde, sodass der Band nahezu eine Autobiographie darstellt.) * Ronald Hutton, The Triumph of the Moon. The History of Modern Pagan Witchcraft. Oxford 1990 (Standardwerk) * Ben Whitmore, Trials of the Moon. Reopening the Case for Historical Witchcraft. Auckland, Neuseeland 2010 (kluge, differenzierte Kritik an Hutton) * W. E. Liddell, Michael Howard, The Pickingill Papers: the Origin of the Gardnerian Craft. Chieveley 1994 (Vorläufer von Wicca) * Howard Michael, Modern Wicca: A History from Gerald Gardner to the Present. Woodbury, MN 2009 * Prudence Jones, Nigel Pennick, A History of Pagan Europe. London 1997 * James R. Lewis (Hrg.), Magical Religion and Modern Witchcraft. Albany, NY 1996 * Gisela Graichen, Die neuen Hexen. Hamburg 1986 (Interviews) * Britta Rensing, Die Wicca-Religion: Theologie, Rituale, Ethik. Marburg 2008 * Raven Grimassi, Encyclopedia of Wicca and Witchcraft. Woodbury, MN 2007.

Anhang: Texte

a. Canidia und Erictho: zwei antike Hexen

Wir zitieren hier als Beispiel für das antike Hexenimaginarium zwei sehr makabre Texte in älteren Übersetzungen. Diese wirken auf uns wohl etwa, wie solche Texte auf frühneuzeitliche Menschen gewirkt haben mochten, und schufen damit einen „Bildungshintergrund" für Hexenfantasien. Man beachte, dass die Hexen hier ausschließlich böse Schadenszauberinnen sind. Im ersten Gedicht sind Canidia, Sagana und Veja die Hexen, die einen Knaben eingefangen haben, den sie zur Steigerung seiner „magischen Potenz" eingegraben einen Hungertod sterben lassen. Varus ist der Geliebte, den Canidia mit einem aus dem Leib des Knaben gewonnenen Zauber wiedergewinnen will.

Horaz, Epoden 5 „Auf die Giftmischerin Canidia"
(1. Jhdt. v. Chr.)

„O all' ihr Götter, deren Macht vom Himmel her
Erdkreis und Menschenstämme lenkt!
Was soll denn dieses Lärmen? was der stiere Blick
Aus jedem Aug' auf mich allein?
Bei deinen Kindern, wenn erfleht von Leibesfrucht
Wahrhaft Lucina dich entband,
Bei dieses Purpurs eitler Pracht beschwör' ich dich,
Bei Zeus, dem das nicht wohlgefällt!
Was droht mir dein Stiefmutterantlitz, was der Grimm,
Wie angeschossnes Raubgewilds?" –
Als so mit bebender Lippe laut wehklagend stand
Der Knab', enthüllt der edlen Tracht,
An Wuchs noch unreif, welcher selbst der Thracier
Unsanfte Herzen hätt' erweicht;

Canidia jetzt, mit kurzer Vipernbrut das Haar
Umwickelt und ihr wüstes Haupt,
Gebeut den wilden Feigenstrauch, dem Grab entdreht,
Gebeut cypressnes Totenholz.
Des düstern Uhus Federn auch und Eier mit
Der grausen Kröte Blut gefärbt,
Auch Kräuter, welch' Jolkos und Iberia
Aussendet, reich an Giftgewächs,
Und Knochen, einer nüchtern Hündin abgejagt,
Zu streu'n in Kolchis Zauberglut.
Doch Sagana rennt eilfertig durch das ganze Haus
Und sprengt Avernusflut umher,
Ihr borstig Haupthaar aufgesträubt, wie ein stachliger
Meerigel und die Bach' im Lauf.
Auch Veja, nie von Schuldbewußtsein abgeschreckt,
Mit hartgezahnter Karste Schwung
Höhlt tief den Grund aus, keuchend vor Mühseligkeit,
Allwo der eingesenkte Knab'
Am zwei- und dreimal umgetauschten Schaugericht
Den langen Tag hinsterben soll.
Vorragend nur sein Antlitz, wie am Wassersaum
Mit bloßem Kinne hängt ein Leib:
Daß ausgedörrte Leber und verbranntes Mark
Ein Liebestränklein kräftige,
Wenn auf das untersagte Mahl hinstarrend nun
Sein mählich brechend Aug' erlosch.
Nicht fehlte, voll mannhafter Ausgelassenheit,
Auch Folia von Ariminum,
So glaubt der stillen Ruhe Sitz Neapolis
Und alle Nachbarschaft umher:
Die mit thessalischem Banngetön' die Sterne samt
Dem Mond herab vom Himmel reißt.
Canidia jetzt, den unbeschnittnen Daum erboßt
Annagend mit dem gelben Zahn,
Was sprach sie? was verschwieg sie? „O ihr, meines Thuns
Nicht unbewährte Zeuginnen,
Nacht, und Diana, die herab Stillschweigen winkt
Geheimnisvollem Opferbrauch,

Nun, nun naht euch mir! nun auf Feindeswohnungen
Zorn und der Gottheit Macht gewandt!
Jetzt weil im schauerhaften Forst sich barg das Wild,
Vom süßen Schlummer hingestreckt,
Scheucht doch, zum Spotte aller, ihn, den verbuhlten Greis,
Mit Saburanerhunden fort,
Der Narde duftet, welche nie vollkommener
Durch meine Händ' erkünstelt ward. –
Was giebt's? wie wirket schwächer doch das grause Gift
Der Barbarin Medea hier,
Womit an Kreons Tochter sie, dem herrischen
Kebsweibe, Rach' ausübt und floh.
Als durch des Mantels pestgetränkte Gab' in Glut
Die Neuvermählte loderte?
Kein Kraut ist dennoch, keine wo am rauhen Ort
Versteckte Wurzel übersehn;
Er schläft auf Polstern, die mit aller Nebenfraun
Vergessenheit ich wohl gewürzt! –
Ah! ah! durch einer ausgelernten Zauberin
Bannspruch gelöset wandelt er! –
Von nicht gemeinem Wundertrank sollst, Varus, du,
O kläglich bald aufjammernder,
Zurück mir rennen; und dein hergelockter Sinn
Bleibt Marserstimmen unverlockt!
Noch voller misch' ich, voller noch dir eingeschenkt,
Biet' ich den Kelch dem ekelnden!
Eh' sinkt der Himmel unterhalb des Meers hinab,
Und oben breitet sich das Land,
Eh' du nicht so in meiner Lieb' aufloderst, wie
Erdharz in schwarzer Flamme brennt!" –
Nicht will der Knabe, wie zuvor, mit sanfter Red'
Anflehen der Verruchten Herz;
Nein, zweifelnd, wie ausbrechen soll sein stummer Mund,
Strömt er Thyestesverwünschungen.
„Banngift mag großes Recht und Unrecht zwar, doch nicht
Der Menschenhandlung Los verdrehn.
Mit grausen Furien jag' ich euch, der grause Fluch
Wird nie durch Opfer ausgesühnt.

Ja, sobald von Mörderhänden ich den Geist verhaucht,
Tob' ich, ein nächtlich Graun, hinan.
In das Antlitz fahr' ich Schatten euch mit krummen Klaun,
(Der Manen Gottheit hat die Macht)
Und stets ans unruhvolle Herz euch angeschmiegt,
Schreck' ich den bangen Schlaf hinweg!
Der Gassen Auflauf, dort und dorther steinigend,
Zermalmt euch, graues Ungetüm.
Die unbegrabnen Glieder dann zerzaust der Wölf'
Und Esquilinervögel Schwarm;
Und meinen Eltern, ach den überlebenden,
Wird solches Schauspiel nicht entgehn!"

Quelle: Horaz, Sämtliche Werke. Übersetzt von Johann Heinrich Voß. Leipzig 1893 * *Literatur:* Eduard Fraenkel, Horaz. Aus dem Englischen (Oxford 1957) von Gertrud und Erich Bayer. Darmstadt 1963, 6. Aufl. 1983 * Niklas Holzberg, Horaz. Dichter und Werk. München 2009 * Lindsay C. Watson, A Commentary on Horace's Epodes. Oxford 2003.

Lucan, Bellum civile 6, 506–555 (1. Jhdt. n. Chr.)

Es folgt eine etwas jüngere antike Hexenschilderung, geschrieben in der Regierungszeit des Kaisers Nero von einem Dichter, der sich an der Pisonischen Verschwörung beteiligte und dafür mit dem Leben bezahlte. Man achte darauf, dass die Hexe Erictho als Vertreterin einer Art Anti-Religion erscheint, eines Kultes der chthonischen (unterirdischen) Götter, die mit „Anti-Riten" verehrt werden. Ausführlich wird ihr Einsammeln von Knochen und Totenasche bei Leichenverbrennungen geschildert, die sie für ihre magischen Riten braucht. Überhaupt steht ihr respektloser, tabubrechender Umgang mit den Toten in einem Mittelpunkt der Hexenfantasie Lucans, die übrigens in einen dezidiert politischen Kontext eingebettet ist, den wir hier nicht nacherzählen können.

„Diese Frevelgebräuch' und Sprüche des schrecklichen Volkes
Hielt noch für allzu fromm und verwarf Erictho, die wilde,

Leitete die abscheuliche Kunst noch auf andere Weisen.

Nimmer vergönnt sie sich selber zu bergen in städtischem Obdach

Und bei den Laren das tödliche Haupt: in verlassenen Gräbern

Wohnt sie und Hügeln, aus denen zuvor sie verjagte die Schatten,

Hold des Erebus Göttern. Sie hört der Geister Versammlung,

Lernt das stygische Reich und des untern Herrschers Geheimnis,

Nicht des oberen, kennen im Leben schon. Mager und gräßlich

Ist der Verruchten Gesicht, und fremd dem heiteren Himmel.

Fürchterlich überzieht es unterweltliche Blässe;

Ungekämmt hinflattert ihr Haar. Wenn Sturm die Gestirne

Hüllt und schwarzes Gewölk, aus kahlen Gräbern dann schreitet

Das thessalische Weib und atmet die Lüfte der Nacht ein.

Keime gedeihlicher Saat versengt ihr grimmiger Fußtritt

Und die sonst nicht tödliche Luft vergiftet ihr Atem.

Nicht zu den Himmlischen betet sie, noch im flehenden Liede

Ruft sie Götter zu Hilfe. Sie kennt nicht glückliche Opfer.

Flammen vom Leichenbrand auf Altäre zu legen, erfreut sie,

Und Weihrauch, den hinweg sie geraubt von dem dampfenden Grabmal.

Jeden Frevel gewähren die Himmlischen ihr auf den ersten

Laut und es faßt sie ein Grau'n, die zweite Bitte zu hören.

Lebende Seelen, die noch in ihren Gliedern sich regen,

Gräbt in den Hügel sie ein; da Jahre das Schicksal noch schuldet,

Kommt unwillig der Tod. Im gewendeten Zug die Verstorbenen

Trägt sie vom Grabe zurück, es entfliehen der Bahre die Leichen,

Asche von Jünglingen, welche noch dampft und brennende
Knochen
Rafft sie vom Holzstoß mitten hinweg und die nämliche Fa-
ckel,
welche die Eltern hielten; vom Totenlager die Trümmer,
Wogend in schwarzem Rauch, und die wallenden Kleider
dann sammelt
Sie zu der Asche, die heiß noch duftet vom Brande der Glie-
der.
Sind sie in Felsen hierauf verwahrt, wo die innere Feuchte
Schwindet, nach ausgetrocknetem Mark hart werden die
Leiber,
Wütet mit grimmiger Gier sie gegen alle die Glieder,
Taucht in die Augen die Hand, frohlockt, die erkalteten Rin-
ge
Auszugraben, zerreißt den Strick um den Hals und die töd-
lichen Knoten
Mit dem eigenen Mund. Sie berupft die hängenden Leiber,
Kratzt an den Ritzen und die vom Regen erweichten Gedär-
me
Reißt sie heraus und das Mark, durchglüht von den Strahlen
der Sonne.
Auch wo ein Leichnam liegt auf bloßer Erde, da sitzt sie
Neben ihm früher als Vögel und Wild. Die Glieder zerflei-
schen
Will mit Stahl und Händen sie nicht. Auf die Bisse der Wölfe
wartet sie,
um das Fleisch aus dem trocknen Rachen zu reißen.
Mord auch fürchtet sie nicht, wenn ihr Opfer von Lebenden
Blut heischt ..."

Quelle: Markus Annäus Lukanus Pharsalia übersetzt ... von Julius Kraiß.
Stuttgart 1863 (leicht modernisiert) * *Literatur:* Martin Korenjak, Die Eric-
thoszene in Lukans Pharsalia. Einleitung, Text, Übersetzung, Kommentar.
Frankfurt a. M. 1996 * Nicola Hömke, Die Entgrenzung des Schreckens:
Lucans Erictho-Episode aus Sicht moderner Phantastik-Konzeptionen. In:
Dies., Manuel Baumbach (Hrg.), Fremde Wirklichkeiten. Literarische Phan-
tastik und antike Literatur. Heidelberg 2006, 161–185

b. Der Canon episcopi

Kein anderer mittelalterlicher Text zum Thema Hexen wird in der Literatur häufiger zitiert als der sogenannte Canon episcopi. Er hat lange Zeit mäßigend auf die Hexereiverdächtigungen eingewirkt, und erst als breite Kreise der Gebildeten begannen, sich von seiner Theologie zu distanzieren, kommt es zu den großen epidemischen Verfolgungen und den fantastisch-paranoiden Hexenbildern des 14.–17. Jhdts. Es handelt sich um einen kirchenrechtlichen Text, der zuerst im „Sendhandbuch" des Abtes Regino von Prüm (um 906) in Erscheinung tritt. Burchard von Worms (gest. 1025), Ivo von Chartres (gest. 1115/1116) und der große Kanoniker (Kirchenrechtler) Gratian (um 1140) zitieren den Text dann ebenfalls und verschaffen ihm weiteste Verbreitung. In der Erzbischof Hatto von Mainz (bekannt als Bischof des „Binger Mäuseturms"!) gewidmeten Kirchenrechtssammlung des Regino von Prüm „Libellus de ecclesiasticis disciplinis et religione Christiana" wird der Kanon eingeführt, als stamme er aus den Beschlüssen des Konzils von Ankyra (314 n. Chr.). Das trifft jedoch nicht zu, wenn der Text dadurch auch weitere Autorität gewann. Vermutlich stammt er aus karolingischen Kirchenrechtsquellen (oder gar von Regino selbst?). Inhaltlich wendet sich der Canon episcopi (ein „Canon" ist hier eine kirchenrechtliche Regelung, oft ein Konzilsbeschluss) an die Bischöfe, Archidiakone und Archipresbyter, die dazu aufgefordert sind, den Kampf gegen Heidentum, Magie, Wahrsagung und alles „Dämonische" zu führen. Die Vorstellung mancher Frauen allerdings, sie würden des Nachts im Gefolge der Göttin Diana auf wilder Jagd durch die Luft reisen, wird als illusionärer Aberglauben zurückgewiesen. (Streng genommen ist allerdings eher von einem Ritt auf Tieren durch die Nacht die Rede, aber es ist wohl doch eigentlich der Hexenflug gemeint, den ja bereits die Antike kennt, wenn auch eher als Tierverwandlung). Erst im 15. Jhdt. setzt sich die Vorstellung des Hexensabbats als einer realen Sache gegen den Canon episcopi durch. Ursprünglich ist der Text offenbar gegen pagane Relikte in der Karolinger- und Ottonenzeit gerichtet. Man hat Zusammenhänge mit dem späteren Strigen-, Perchten- und Feenglauben sehen wollen. Auch zur „wilden Jagd" bestehen Bezüge, die aber sonst eher kriegerisch-maskuline Assoziationen hat (eine berühmte hochmittelalterliche Schilderung steht bei Walter Map, De nugis curialium 1, 11 aus dem 12. Jhdt.). In der Antike wird man daran denken, dass Artemis-Diana eine Göttin des „Draußen", der wilden Natur und der Jagd ist. Allerdings wird Diana hier ohne Frage mit germanischen und keltischen Gottheiten identifiziert, wenn wir auch nicht genau wissen, mit welchen (dazu s. oben). Der latein. Text in der Fassung des Burchard von Worms steht in dessen Decretorum libri viginti 10, 1 (Migne Patrologia Latina 140, 831ff.):

„Die Bischöfe und deren Diener sollen mit allen Kräften darauf hinarbeiten, daß sie die schändliche und vom Teufel erfundene böse Zauberei aus ihren Gemeinden völlig auslöschen, und wenn sie einen Mann oder eine Frau in der Nachfolge eines derartigen Verbrechens finden, sollen sie den schändlich Entehrten aus den Pfarreien hinauswerfen … Auch jenes darf nicht übergangen werden, daß gewisse verbrecherische Frauen, wenn sie sich wieder dem Satan zugewandt haben und durch Täuschungen und Trugbilder der Dämonen verleiten ließen, glauben und beteuern, sie ritten zu nächtlicher Stunde mit der heidnischen Göttin Diana (oder mit Herodias) und einer unzähligen Menge von Weibern auf gewissen Tieren und durchmessen im Schweigen der tiefen Nacht viele Räume der Erde. – Sie gehorchten Dianas Befehlen wie einer Herrin und würden in bestimmten Nächten zu deren Dienst berufen. Aber wenn diese nur alleine in ihrer Untreue zugrunde gegangen wären und nicht noch viele Menschen mit sich in den Untergang des Unglaubens gezerrt hätten. Denn eine ungezählte Menge meint – durch diese falsche Meinung getäuscht – dies sei wahr, und weicht, indem sie dies glaubt, vom Weg des wahren Glaubens ab und fällt in den Irrtum der Heiden zurück, weil sie meint, es gebe etwas Göttliches oder eine Wundermacht außerhalb des einen Gottes. Deshalb müssen die Priester in den ihnen anvertrauten Gemeinden dem Volk mit allem Nachdruck predigen, daß sie erkennen, daß dies in jeglicher Weise falsch sei, und daß nicht vom göttlichen, sondern von einem bösen Geist solche Trugbilder den Gläubigen aufgedrängt würden. Wenn aber Satan selbst, der sich in Gestalt eines Lichtengels verwandelt, den Sinn jeglichen Weibchens in Beschlag genommen und diese sich durch tiefsten Unglauben unterjocht hat, dann wandelt er sich sofort in die Erscheinung und Ähnlichkeit verschiedener Personen und führt den Gefangenen durch jegliche Abwege, indem er ihn im Schlaf verspottet, bald Heiteres, bald Trauriges zeigt, bald bekannte, bald unbekannte Personen. Und wenn er das zuläßt, vermutet der Ungläubige, dies geschehe nicht im geistigen, sondern im körperlichen Bereich. Denn wer wird nicht im Schlaf und durch nächtliche Gesichte außerhalb seiner selbst geführt, und sieht vieles im Schlaf, was er im Wachsein nie gesehen hat? Wer aber ist so dumm und abgestumpft, daß er glaubt, dies alles, was allein im geistigen Bereich geschieht, gehe auch körperlich vor sich? Zumal der Prophet Ezechiel die Erscheinungen des Herrn im Geiste, nicht im Körper sieht, und der Apostel Johannes sieht und hört, wie er selbst sagt, die apokalyptischen Zeichen im Geiste, nicht körperlich: „Sogleich war ich im Geiste". Und Paulus wagt nicht zu sagen, er sei im Körper entrückt worden."

Die Erwähnung der Herodias scheint textgeschichtlich sekundär zu sein. *Quelle:* Wolfgang Behringer (Hrg.), Hexen und Hexenprozesse in Deutschland. München 2. Aufl. 1993, 60f. * *Literatur:* Wilfried Hartmann (Hrg., Übers.), Das Sendhandbuch des Regino von Prüm. Darmstadt 2004, 244–245. 420–423 * Dieter R. Bauer, Wolfgang Behringer (Hrg.), Fliegen und Schweben. Annäherung an eine menschliche Sensation. München 1997 * Edward Peters, Art. Canon episcopi. In: Richard M. Golden (Hrg.), Encyclopedia of Witchcraft. The Western Tradition 1. Santa Barbara, Calif. 2006, 164–165 * Martha Rampton, Burchard of Worms and the Female Magical Ritual. In: Joëlle Rollo-Koster (Hrg.), Medieval and Early Modern Ritual. Formalized Behavior in Europe, China and Japan. Leiden 2002, 7–34 * Josef Steinruck, Zauberei, Hexen- und Dämonenglaube im Sendhandbuch des Regino von Prüm. In: Gunther Franz, Franz Irsigler (Hrg.), Hexenglaube und Hexenprozesse im Raum Rhein-Mosel-Saar. Trier 1995, 3–18 * Werner Tschacher, Art. Canon episcopi. In: Gudrun Gersmann, Katrin Moeller und

Jürgen-Michael Schmidt (Hrg.), Lexikon zur Geschichte der Hexenverfolgung. In: historicum.net (www.historicum.net/no_cache/persistent/artikel/5851/ vom 2. 6. 2012).

c. Jean Bodin, Johan Fischart, „Vom Ausgelaßnen Wütigen Teuffelsheer / der Unsinnigen Rasenden Hexen und Hexenmeister / der Verzauberten Unholden / Teuffelsbeschwerer / Schwartzkünstler / Vergiffter / vergauckler / und sonst allerley Zauberer geschlecht" (Straßburg 1591) (Auszüge)

Jean Bodin (1529–1596), Professor des Rechts, Richter und ein politisch ausgesprochen fortschrittlicher (monarchiekritischer) Denker, gehört leider auch zu den einflussreichen unheilvollen Gestalten in den Legitimationen der Hexenverfolgungen. Dabei war Bodin ein kluger und problembewusster Mann, alles andere als ein Fanatiker, in manchen Fragen ein innovativer Geist – nur eben zum Hexenthema in einem wahnhaften Denksystem befangen. Sein Werk „De le Démonomanie des sorciers" (Paris 1580) fasste den „Wissensstand" der Zeit zum Thema zusammen. Dabei war Bodin in religiösen Dingen ausgesprochen tolerant, weshalb sein Buch auch von Protestanten geachtet wurde. Die Inquisition hielt seine Bücher für verdächtig; während der Bartholomäusnacht wurde er fast ermordet. Aber wenn es um Hexerei ging, so rechtfertigte er jede Brutalität, die Folter (auch von Kindern und Behinderten) und sah keine Alternative zur physischen Vernichtung der Hexen. In seinen politischen Schriften durchaus rational, wird er extrem leichtgläubig, wenn es um Tierverwandlungen, Schadenzauber und ähnliches geht. Ja, er vertritt sogar die Meinung, Richter, die gegenüber Hexen zu nachlässig seien, hätten selbst die Todesstrafe verdient. Er verkörpert für uns daher das Psychogramm der Verfolgungsideologie in besonders erschreckender, weil eben „intelligenter" Form. Man beachte besonders, wie er sich gegenüber den „Hexen" als stark in der Defensive erlebt: allenthalben werde das Thema durch Betreiben des Teufels nicht ernst genug genommen. Straßburg 1591 erschien eine recht freie deutsche Übersetzung von Johan Fischart (1546–1591), der als grobianischer Knittelversautor Berühmtheit erlangt hatte, Eulenspiegelsagen, aber auch Rabelais bearbeitete und ein scharfer Kritiker des Papsttums und der Jesuiten war. Wir bringen aus dieser Gesamtdarstellung in ihrer deutschen Fassung ein längeres Zitat aus dem Vorwort. Als Einführung in die Denkwelt hexereigläubiger Intellektueller ist Bodin eine bleibende Mahnung, dass Intelligenz und Ideologieverhaftung sich leider überhaupt nicht ausschließen müssen. Dabei werden Sprache und Orthographie hier modernisiert. Anmerkungen in Klammer stammen vom Herausgeber (MF).

Bodin beginnt sein Vorwort damit, dass er einen konkreten Fall schildert, der in vieler Hinsicht als „typisch" gelten kann: „Das Urteil, welches unlängst wider eine Hexe oder Zauberin gefasst ward, und dazu ich letzten April des vergangenen Jahres 1578 auch (als Richter) berufen wurde, hat mir Anlass und Ursache gegeben, die Feder in die Hand zu nehmen, und die Materie von den Hexen und Unholden, die heutigentags jedermann so befremdlich findet und die bei vielen nur wenig Glauben gewinnt, nun ausführlich zu erklären.

Die Hexe, von deren Urteil wir gerade sprachen, hieß mit Namen Johanna Hartwilerin, geboren in Verberie (Compiègne). Die war verklagt worden, dass sie viele Menschen und viel Vieh getötet hätte, wie sie das ohne Folter bekannt hat, obwohl sie es doch vorher halsstarrig geleugnet hatte. Sie bekannte auch, dass sie von ihrer Mutter, als sie nur zwölf Jahre alt war, dem Teufel präsentiert und für eigen hingegeben und überliefert wurde. Dieser war in Gestalt eines schwarzen Manns in gewaltiger Körpergröße und in schwarzer Kleidung erschienen. Er erinnerte die unmenschliche Mutter daran, dass sie das Töchterlein gleich als es geboren wurde diesem, dem Teufel, zu seinem Eigen versprochen habe. Dieser habe ihr hinwieder verheißen, sie immer in Wohlstand zu halten und ihr viel Glück bei ihren Geschäften zu verleihen.

Sie hat demnach Gott von der Zeit an verleugnet, und dem Teufel zu dienen versprochen. Und alsbald hat sie auch mit dem Teufel fleischliche Vermischung gepflegt. Und so habe sie es getrieben von ihrem zwölften Jahr bis zu ihren jetzigen ungefähr fünfzig Jahren. Sie sagt auch, dass der Teufel sich ihr oft erzeigt habe und zu ihr käme wenn immer sie wollte, und zwar allezeit in der Gestalt, Form und Wesen, wie er sich auch erstmals bei ihr habe sehen lassen: nämlich gestiefelt und gespornt, mit der Waffe an der Seite, und einem Pferd, das er an der Haustüre angebunden habe, aber nur sie habe es sehen können. Auch pflegte er ihr bisweilen so beizuwohnen, dass es selbst ihr neben ihr liegender Mann nicht habe wahrnehmen können.

Wiewohl sie nun als eine große Hexe verschrien war, und es kaum noch möglich war, sie vor dem Land- und Bauernvolk zu schützen, war das Volk in Sorge, sie möchte entkommen, und versuchte gar, sie ohne Justiz und Gericht eigenmächtig dem Feuer zu überantworten. Jedoch um in der Sache nach Gebühr zu verfahren, hat man vor einer Verurteilung doch die Ordnung einhalten wollen, und schickte nach Verberich, wo sie gebürtig war, und in andere Dörfer, um nach ihrer Lebensweise und ihrem Verhalten Nachfrage zu halten. Als nun solches geschehen war, hat sich herausgestellt, dass sie schon einmal vor dreißig Jahren wegen dieser Übeltat mit Ruten gepeitscht und ihre Mutter lebendig verbrannt worden sei. Das war dem Parlament (dem Gericht von Paris) aktenkundig, und der Rat zu Senlis hat das Urteil bestätigt. Es hat sich auch gefunden, dass sie den Brauch hatte, ihren Namen, Ort und Wohnung öfter zu wechseln, dadurch ihre Händel heimlich und verschlagen zu halten, und allenthalben sei sie als eine Hexe angesehen worden.

Als sie aber sah, dass sie den rauen Weg werde gehen müssen (den Weg zur Richtstätte), habe sie Gnade begehrt und sich angestellt als ob sie wegen der bösen Sachen große Reue empfunden. Doch immer noch habe sie vielerlei Übeltaten und böse Stücke geleugnet, die sie doch begangen und auch schon bekannt hatte. Endlich aber bekannte sie auch den letzten von ihr begangenen Mord. Sie hatte nämlich einem, der ihre Tochter geschlagen hatte, ein besonderes Pulver auf den Weg gestreut, wo dieser gewöhnlich langzugehen pflegte. Dieses habe ihr der Teufel zubereitet. Es sei aber dann ein anderer, dem sie gar nichts Böses gewollt habe, auf diesem Weg gegangen, und habe alsbald Schmerzen und Stechen im ganzen Leib empfunden. Und alle Nachbarn hatten sie in jenem Ort gesehen, wo sie das Zauberstücklein hingeworfen hatte, und darüber wahrgenommen, wie dieser arme Mensch von plötzlicher Krankheit ergriffen und überfallen worden sei. Und da ist ein Geschrei aufgekommen, dass sie diese Zauberei zugerichtet habe. Sie versprach zwar ihm wiederum zu helfen, und dazu wachte und wartete sie dem Kranken selbst auf, solange die Schmerzen andauerten. Und sie bekannte auch, am Mittwoch vor ihrer Verhaftung den Teufel selbst gebeten zu haben, den Kranken doch wieder zu heilen. Aber das habe ihr der böse Geist ganz abgeschlagen und angezeigt, solches wäre gänzlich unmöglich. Darauf habe sie den Teufel zurückgewiesen, der sie doch stets betrüge, und ihm gesagt, er solle sie nicht mehr besuchen. Er habe ihr darauf zugesagt, sie wohl nicht mehr aufzusuchen. Der Kranke aber sei nach zwei Tagen gestorben. Sie aber habe sich in einer Scheune versteckt, darin man sie dann auch gefunden und gefangen genommen habe.

Die Schöffen des Gerichts waren wohl alle einmütig, dass sie den Tod wohl verdient habe. Aber welchen Tod sie sterben sollte, darüber waren die Meinungen sehr ungleich. Etliche, die von Natur aus eher mild und barmherzig waren, meinten, es sei genug, sie am Galgen aufzuhängen. Die anderen aber bedachten ihre abscheulichen Laster und Mordtaten, auch was göttliche und menschliche Gesetze dergleichen Übeltäterinnen auferlegten, und besonders den allgemeinen Brauch der Christenheit, welcher doch von alters her in diesem Königreich üblich sei, und kamen zu dem Schluss, dass man sie lebendig verbrennen solle. So wurde es dann auch erkannt und ausgesprochen.

Da eine Apellation an ein anderes Gericht nicht möglich war, wurde das Urteil am letzten Tag des April durch M. Claudius Dofay, königlichen Procurator in Ribemont, auch wirklich vollzogen. Als sie aber ihre unvermeidliche Verurteilung kommen sah, da fing sie dann doch an zu bekennen, wie sie oft und viel vom Teufel zur Versammlung oder Wallfahrt der Hexen geführt und getragen worden sei, wann immer sie eine gewisse Salbe gebraucht habe, die ihr der Teufel jedesmal dazu gegeben habe. Solche Hexenfahrt zur Versammlung der teuflischen Unholde sei aber unsäglich geschwinde vor sich gegangen, und sie sei darüber jedesmal ganz müde und matt geworden. Auch hätten sich bei demselben Hexenreichstag allezeit eine große Zahl an Leuten eingefunden. Diese hätten alle einen Schwarzen Mann angebetet, welchen sie Beelzebub nannten und der ungefähr dreißig Jahre alt gewesen sei und an einem erhöhten Ort gestanden habe. Diesen Schein dreißigjährigen Alters hat der Satan deshalb erwählt, weil unser Erlöser mit dreißig Jahren sein Messiasamt angefangen hat zu zeigen, und er ihn mit Spott nachahmen wollte. Und nach dieser beelzebubischen Andacht hätten sie sogleich angefangen, sich (sexuell) zu vermischen. Und nach all diesem habe ihr schwarzer Herzog eine stattliche Rede und Ermahnung gehalten, dass sie sich immer auf ihn verlassen sollten, und er sie an ihren Feinden rächen und überall ganz glücklich machen wolle. Darauf wurde sie befragt, ob (bei dieser Gelegenheit) auch Geld ausgeteilt werde, und sie habe geantwortet: Nein. Und sie verwies auf einen Hirten und Decker im Orte Genlis, dass diese auch Zauberer und Hexenmeister seien. Ihrer Verbrechen bekannte sie sich aller schuldig, und bat mit großer Reue Gott um Gnade, und es stand nur noch ihr wohlverdientes Urteil aus.

Da aber viele sich heftig über diesen Fall wunderten, und viele ihn schlicht für unglaubhaft hielten, habe ich mit mir selbst Rat gehalten, diesen Traktat zu schreiben. Und zwar mit seinem Titel DAEMONOMANIA, das meint: vom ausgelassenen und wütigen (Unheil treibenden) Teufelsheer, der unsinnigen rasenden (widervernünftigen und orgiastischen) Hexen und Unholde. Dahinter stand die Erwägung, dass man ja heute die größte Widervernunft und Teufelssucht täglich sehen kann, und so viele höllenbrünstig dem leidigen Teufel nachhängen und nachlaufen. Und jedermann soll es zur Warnung dienen, zur Vorsicht und Erhellung, dass nämlich kaum abscheulichere Laster und Übeltaten als dieses Hexen- und Zauberwerk aufzufinden seien, und keine anderen so schwere Strafen verdient hätten. Damit sollte auch denjenigen entgegengetreten werden, die sich bemühen durch gedruckte Bücher die Hexen und Zaubereigenossen auf allerlei Weise geradezu zu entschuldigen und freizusprechen. Es scheint ja fast so, als ob solche Schreiberlinge vom Satan selbst am Seil geführt würden, und auf seine Einblasung (Inspiration) hin solche ärgerlichen Bücher und Verlängerungen seines höllischen Reichs schrieben. Einer von diesen ist Petrus von Apona, ein Arzt. Dieser wollte gar beweisen, dass es keine Geister gäbe: aber es stellte sich heraus, dass er einer der allergrößten Hexenmeister in Italien gewesen war.

Und damit dieses nicht zu befremdlich scheine, wenn ich sage, dass der Teufel sein Fußvolk habe, welches schreibt, lehrt und publiziert, ja vorgibt, dass es nichts zu bedeuten habe, was von Hexen und Unholden gesagt und geklagt werde. So will ich denn ein gewichtiges Exempel erzählen, das Petrus Marmor schon in seinem kleinen Büchlein von den Hexen aufgezeichnet und beschrieben hat. Und zwar ist die Rede von einem Doktor der Theologie mit Namen Meister Wilhelm von Line. Dieser ist als Hexenmeister am 12. Dezember 1457 angeklagt und dann verurteilt worden. Dieser pflichtvergessene Theologe, als er zuletzt seine bösen Taten bereute, bekannte unverhohlen, dass er oft des Nachts mit anderen Hexen und Hexenmeistern hinweggeführt wurde, einen Teufel anzubeten, der sich zuzeiten in Gestalt eines Menschen, dann wieder eines Bocks sehen lasse. Auch habe er aller Religion abschwören müssen, und daneben habe ihm der Satan eine besondere Pflicht auferlegt. Er müsse nämlich zu allen Zeiten öffentlich predigen, dass alles, was man von den Hexen sage, nur Fabelwerk und eine unmögliche Sache sei, und man keinen Glauben daran setzen solle. Damals hätten daher die Hexen und Hexenmeister kräftig an Zahl zugenommen, und sogar die Richter hätten auf dieses Doktors Predigten hin nichts Ernsthaftes gegen die Hexen vorgenommen. Dieses Exempel beweist deutlich, dass der Satan seine getreuen Untertanen aus allen Ständen erwählt. Wie denn auch Kardinal Benno und der päpstliche Hofhistoriker Platina bezeugen, dass es selbst unter Päpsten, Kaisern, Königen und Prälaten, Fürsten und Potentaten manche gegeben habe, die sich mit dem Hexenwerk eingelassen hätten, zu verführten Narren geworden seien, und schließlich vom Satan jämmerlich zu Fall gebracht wurden.

Und besonders in Toledo in Spanien ist seit alters eine ganze Schule von Zauberern und Hexenmeistern gewesen. Man hätte nicht gedacht, dass solche Leute (aus den höheren Ständen) auch mit im Spiel gewesen seien. Als man nun im Ernst anfing, die Händel der Hexen vor Gericht zu bringen, da fingen diese ein großes Gelächter an, und brachten auch andere mit ihren witzigen Reden zum Lachen, und bestanden darauf, dies alles sei Fabelwerk und ganz unmöglich. Damit erweichten sie manches Richterherz (wie sogar den hochberühmten Juristen Andreas Alciatus zu seiner Zeit, sehr zum Verdruss eines Inquisitors, der doch in Piemont mehr als hundert Hexen verbrannt hatte), und alle Hexen gingen straflos aus und entkamen."

Quelle: Jean Bodin, Vom ausgelasnen wütigen Teuffelsheer. Übersetzt von Johann Fischart. Vorwort von Hans Biedermann. Graz 1973 (Faksimile der Ausgabe Straßburg 1591).

d. *„Wenn alle mich für eine Hexe halten, warum sollte ich keine werden?": „The Witch of Edmonton" (1621) (Auszug)*

„The Witch of Edmonton" ist ein britisches Theaterstück, eine Gemeinschaftarbeit von William Rowley, Thomas Dekker und John Ford aus dem Jahr 1621. Erzählt wird u. a. (neben manchem häuslichem Drama) die Geschichte der alten Elisabeth Sawyer, die, von allen verachtet und geschlagen und als Hexe beschimpft, beschließt, genau das zu werden: eine Hexe. Der Text ist in all seiner theatralischen Schlichtheit doch ein Meisterwerk subtiler Psychologie. Wir bringen jenen Ausschnitt, in dem Elisabeth Sawyer zum ersten Mal dem Teufel begegnet. Um den Effekt von Fremdheit zu erhalten, den das Stück auf heutige englischsprachige Leser hat, wählen wir eine ältere Übersetzung.

„Zweiter Akt. Erste Szene.
Feld bei Edmonton.
Elisabeth Sawyer (Reisig sammelnd):
Warum wählt lästern mich, und gerade mich / Die tückische Welt zum Ziele ihrer Bosheit? / Weil ich arm bin, unwissend, mißgestaltet / Und krummgebeugt wie ein gespannter Bogen, / Durch Leute die viel schlechter sind als ich? / Soll man mich darum zur Kloake machen, / Drin jede Zunge ihren Abhub wirft? / Man schilt mich Hexe, und mich gar nicht kennend / Belehrt man mich, will man mich mit Gewalt / Zur Hexe machen. Einige sagen mir, / Daß meine böse Zunge (bös durch sie) / Ihr Vieh bespricht, ihr Korn behext, sie selber, / Samt ihren Kindern, Ammen und Gesinde. / All' des beschuldigt man mich, macht mich teilweis / Selbst das verbreiten. Dort kommt einer, der / Zu meinen schlimmsten Feinden zählt.
Bank: Ha, alte Hexe!
Elisabeth Sawyer: Nennst Du mich eine Hexe?
Banks: Ja, und würde Dir noch schlimmern Namen geben, / wenn ich einen wüßte. Was tust Du auf meinem Grund / und Boden?
Elisabeth Sawyer: Ich sammle etwas Reisig, um mich zu wärmen.
Banks: Wirf weg, was Du gesammelt, auf der Stelle! Ich werde / Dir sonst die Knochen in Deiner welken Haut krachen machen.
Elisabeth Sawyer: Das wirst Du nicht, elender, schmutziger Geizhals! Da / Hast Du Dein dürres Holz wieder (wirft es zur Erde); ich wollte, / daß es Dir durch Zwerchfell, Gurgel, Magen und Eingeweide / führe!
Banks: Das wagst Du mir zu sagen, alte Hexe? Fort von meinem Felde! (Schlägt zu) …

Elisabeth Sawyer: Mich schlagen! Mögen Arm und Hand verwelken / Die schlagend mich gelähmt! – ja, mögen sie / Abfallen wie ein fauler Zweig vom Stamme! / O Schimpf, mich schlagen und mich Hexe schelten! / Wodurch verdien' ich das? Durch welche Kunst, / Durch welchen Zauber oder Anrufungen / Läßt sich das Ding, das Hausgeist, heißt, erwerben? ... Man haßt mich, weicht mir aus wie einer Seuche / Und Alt und Jung treibt seinen Spott mit mir. / Ich habe alte Mütterchen schwatzen hören / Von Hauskobolden in Gestalt von Mäusen, / Von Ratten, Frettchen, Wieseln und dergleichen, / Die sich blutsaugend an die Menschen hingen; / Doch wie sie dies Gelichter kennen lernten, / Begreif' ich nicht. Ich wollte, eine Macht, / Gleichviel ob eine böse oder gute, / Belehrte mich, wie ich mich rächen könnte, / An diesem Filz; ich würde, wenn es ginge, / Ganz Furie werden und mein besseres Selbst / Ausziehn aus dieser altersmorschen Wohnung, / Abschwören würd' ich alle Menschengüte / Und fluchen statt zu beten, mich nur üben / In gotteslästerlichen Anrufungen, / Beschwörungen und allen bösen Dingen, / Bloß um an diesem Schurken mich zu rächen, / An diesem Geizhals, diesem schwarzen Hunde, / Der bellt und mir das Blut aussaugt, / Und meinen guten Namen untergräbt. / Hexe zu sein, oder dafür zu gelten, / Kommt ganz auf Eins heraus. Ich will mich rächen! / Schmach und Verderben soll den Schurken treffen!
(Ein schwarzer Hund erscheint.)
Hund: Treff' ich Dich fluchend an? Nun bist Du mein!
Elisabeth Sawyer: Dein? Wer bist Du?
Hund: Den Du so oft belästigt / Dir zu erscheinen, Weib. Ich bin der Teufel.
Elisabeth Sawyer: Der Teufel? Gott sei bei mir!
Hund: Fürchte nicht. / Ich liebe Dich viel zu sehr, Dich zu erschrecken, / Oder Dir gar ein Leides anzutun; / Furchtbar bin ich für die nur, die mich hassen; / Von Dir weiß ich, daß Deine Liebe zu mir / Aufrichtig ist; ich hab' all das Unrecht / Gesehn, daß man Dir zugefügt und fühle / Mitleid für Dich; aus reiner Liebe komm ich, / Daß Du Dich rächst an Deinen Feinden.

Elisabeth Sawyer: Darf ich Dir trau´n?

Hund: Um Dich zu überzeugen, / Wünsch einem Menschen oder Tiere Böses, / Was es auch sei, sofort werd´ ich´s vollzieh´n, / Doch unter der Bedingung nur, daß Du / Freiwillig Leib und Seele mir verschreibst. /

Elisabeth Sawyer: Wie? Leib und Seele sollt´ ich Dir verschreiben?

Hund: Hier, auf der Stelle, und mit Deinem Blut / Besiegelt. Tust Du´s nicht, zerreiß´ ich Dich / In tausend Stücke."

Quelle: Shakespeare´s Zeitgenossen und ihre Werke. 2. Band. John Ford. In Charakteristiken und Übersetzungen von Friedrich Bodenstedt. Berlin 1860 * Englische Ausgabe: William Rowley, Thomas Dekker a. John Ford, The Witch of Edmonton. Edited by Peter Corbin and Douglas Sedge. Manchester u. New York 1999.

e. Ch. G. Leland, „Aradia, or, The Gospel of the Witches" (1899) (Auszüge)

Aus Lelands „Aradia" bringen wir einige kleinere Ausschnitte als ein Beispiel des Paradigmenwechsels zwischen der „bösen" und der „guten" Hexe. Diese Entwicklung ist hier genau im Akt des Wechsels zu greifen. Die „Hexe" übt Rache und manipulativen Zauber, ist selbst aber Sachwalterin der Armen und Unterdrückten; ein proto-feministisches Motiv ist sehr deutlich. In den ersten Zeilen wird die Mythologie des weiblichen „Hexen-Messias" Aradia (Herodias) entfaltet. Der Text gibt sich als mittelalterliches Erbe; ob und in welchem Umfang er eher aus dem 19. Jhdt. stammt, ist bis heute durchaus offen. Von Leland selbst kann der Text nicht stammen, u. a. wegen seiner Diffamierung der „Zigeuner", die Leland hoch schätzte und erforschte (er war erster Präsident der Gypsy Lore Society), und antisemitischer Züge, von denen Leland ebenfalls durchaus frei war.

„Dies ist das Evangelium (Vangelo) der Hexen. Diana liebte sehr ihren Bruder Lucifer, den Gott der Sonne und des Mondes, den Gott des Lichtes (Glanzes), der sehr stolz auf seine Schönheit war. Wegen dieses Stolzes war er aus dem

Paradies vertrieben worden. Von ihrem Bruder empfing Diana eine Tochter, der sie den Namen Aradia gab. In jenen Tagen gab es auf der Erde viele Reiche und viele Arme. Die Reichen machten aus den Armen ihre Sklaven. Viele Sklaven gab es damals, und sie wurden grausam behandelt. In jedem Palast wurde gefoltert, in jedem Schloss gab es Gefangene. Viele Sklaven konnten entfliehen. Sie flohen ins freie Land, dort wurden sie zu Dieben und bösem Volk. Anstatt des Nachts zu schlafen, planten sie die Flucht und bestahlen ihre Herren, und dann töteten sie sie. So wohnten sie im Gebirge und in den Wäldern als Räuber und Wegelagerer, um der Sklaverei zu entgehen.

Eines Tages sagte Diana zu ihrer Tochter Aradia: Zwar bist Du ein Geist / Doch sollst Du eine Sterbliche werden. / Du musst auf die Erde hinabsteigen, / um für Frauen und Männer eine Lehrerin zu sein. / So gerne wollten sie die Hexenkunst lernen in Deiner Schule. / Nie aber sollst Du wie eine der Töchter Kains sein, / noch wie das Volk, das aus langem Leiden / böse und infam geworden ist, / wie die Juden und die wandernden Zingari (Zigeuner), / sind sie doch alle Diebe und böse Schelme, / ihnen gleich sollst Du nicht werden. / Als die erste Hexe wirst Du bekannt werden, / die erste in der ganzen Welt. / Die Kunst der Gifte wirst du lehren, / den großen Herren zum Verderben. / Du sollst sie zu Tode bringen in ihren Palästen, / und die Seelen der Unterdrücker sollst Du machtvoll binden. / Findest Du aber ein Landvolk, das zu Geld gekommen ist, / sollst Du die Hexe, Deine Schülerin, lehren, / die Frucht ihres Feldes mit Unwetter zu strafen, / mit Blitz und schrecklichem Donner / und Hagel und Sturm…/

Und wenn ein Priester Dir Schaden beibringt / Mit seinen Segenssprüchen, sollst Du ihm / Zweimal das Übel zurückgeben, und das in meinem Namen, / im Namen Dianas, der Königin der Hexen. / Und wenn Priester und die adligen Herren / Sagen, Dein Glaube solle dem Vater und dem Sohn und Maria gelten, / dann antworte: Euer Gott, der Vater, und Maria sind drei Teufel. / Denn der wahre Vater gehört euch nicht / Bin ich doch gekommen, die Bösen wegzufegen / die

Missetäter, und sie alle werde ich vernichten! / Aber Ihr, die Ihr von Hunger geplagt / im Elend Euer Tagwerk tut / Ihr im Gefängnis / Habt doch eine Seele, und um all eures Schmerzes willen / werdet Ihr selig sein in jener anderen Welt / Und ein böses Geschick wird die Missetäter einholen!

Als nun Aradia die Hexenkunst gelernt hatte, das böse Volk (der Unterdrücker) zu zerstören, begann sie (ihr Wissen ihren Schülern mitzuteilen) und sprach zu ihnen:

Wenn ich aus dieser Welt geschieden bin / wann immer Ihr Bedarf an einer Sache habt / einmal im Monat, wenn der Mond voll ist / trefft euch an einem öden Ort / oder in einem Wald / den machtvollen Geist eurer Königin zu ehren / meiner Mutter, der großen Diana. Und wer um jeden Preis / alle Zauberkunst erlernen will / und doch ihre tiefsten Geheimnisse noch nicht kennt – meine Mutter wird sie lehren, alle Dinge, die jetzt noch verborgen sind. / Alle werdet ihr frei des Sklavenloses sein / und frei in allem / und als Zeichen eurer Freiheit / werdet ihr eure Riten nackt begehen, Männer / und auch Frauen, und so wird es sein / bis der letzte eurer Unterdrücker tot ist. / Und ihr werdet das große Spiel von Benevento begehen / und alle Lichter löschen, und dann / werdet Ihr Mahl halten wie folgt: /

Der Sabbat: Treguenda, das Hexen-Treffen – wie das Mahl zu konsekrieren ist. Es folgt hier das Mahl, woraus es zu bestehen hat, was dabei zu sprechen ist, und was zu tun ist, um es Diana zu weihen. Du benötigst Fleisch und Salz, Honig und Wasser, und du sollst diesen Zauberspruch sprechen:

Beschwörung des Fleisches

Ich beschwöre Dich, Fleisch / Das Du unser eigener Körper bist / Denn ohne dich könnten wir nicht leben / Zuerst als Same / Bevor Du blühtest, warst Du in der Erde / Dort wo sich alle tiefen Geheimnisse verbergen / dann tanztest Du, Staub im Wind, und trugst doch / in dir derweilen flüchtige, seltsame Geheimnisse. (…) Es folgt die Beschwörung des Salzes. (…) Es folgt die Beschwörung des Kain.

Die Beschwörung des Kain. / Ich beschwöre Dich, Kain, der Du nie Frieden haben wirst / Vor der Sonne in der Du gefangen bist (Leland: gemeint ist der Mond), / in raschem

Lauf, in die Hände klatschend: / Ich bitte Dich: Lass mich mein Geschick wissen, / und wenn es ein übles ist, ändere seinen Lauf! / Wenn Du diese Gunst erweist, werde ich es / Deutlich sehen können im Glanz der Sonne, die sich im Wasser spiegelt, / Und Du, Kain, wirst mit dem Wort des Mundes sagen, / was immer mein Geschick sein wird. / Und bis Du das erfüllt hast, / sollst Du weder Frieden noch Glück finden.

Dann soll die Beschwörung der Diana folgen. / Mache Kuchen aus Fleisch, Wein, Salz und Honig, geformt wie ein (gehörnter) Mond, / und lege sie in den Backofen und sprich: Beschwörung der Diana / Das Brot backe ich nicht, noch Salz mit ihm, / und koche den Honig nicht mit Wein, / vielmehr backe ich Blut und Seele / die Seele der (großen) Diana, auf daß sie weder Ruhe noch Frieden findet / in grausamem Schmerz bis Sie den Wunsch erfüllt, / den ich begehre, den ich am meisten begehre / mit ganzem Herzen erbitte ich das von ihr! / Und wenn die Gunst gewährt wird, O Diana! / wird dies Fest zu Deinen Ehren gefeiert. / Ich werde feiern und den Kelch tief austrinken. / Wir werden tanzen und wild springen, / Und wenn Du die Gunst erweist, um die ich bitte, / wenn der Tanz am wildesten ist, / werden wir alle Lampen löschen und frei uns lieben.

Und so soll es geschehen: alle sollen sich niedersetzen zum Mahl, nackt, Männer und Frauen, und wenn das Mahl vorbei ist, sollen sie tanzen, und lieben im Dunkeln, mit allen Lichtern gelöscht: Ist es doch Dianas Geist, der sie auslöscht, und sie werden tanzen und Musik machen zu ihrem Preis.

Und Diana, nachdem ihre Tochter ihre Mission erfüllt hatte und ihre Zeit auf der Erde unter den Sterblichen vollbracht hatte, rief ihre Tochter zurück, und gab ihr Macht, auf Beschwörungen zu reagieren, und auf eine gute Tat, sie gab ihr Macht, denen, die sie beschwören, Wünsche zu erfüllen, Erfolg oder Liebe: Freund und Feind mit Kraft zu segnen oder zu verfluchen / mit Geistern Umgang zu halten / verborgne Schätze in alten Ruinen zu finden / Priesterseelen zu beschwören, die im Tod Schätze zurückließen / die Stimme des Windes zu verstehen / Wasser in Wein zu wandeln / mit Karten zu wahrsagen / die Geheimnisse der Hand zu erkunden (Leland: die Handlesekunst) / Krankheiten zu heilen / die Häßlichen schön zu machen / wilde Tiere zu zähmen.

Was immer von Aradias Geist erbeten würde, würde denen gegeben, die ihre Gunst verdienten. Und so sei sie zu beschwören: So suche ich Aradia! Aradia! Aradia! Zur Mitternacht, zur Mitternacht geh´ ich aufs Feld, und mit mir trage ich Wasser, Wein und Salz, und meinen Talisman, meinen Talisman – meinen Talisman, und einen kleinen roten Beutel, den ich immer in der Hand halte … mit Salz darin, darin. Mit Wasser und Wein segne ich mich selbst, segne ich mit Verehrung um eine Gunst von Aradia zu erflehen, von Aradia.

Beschwörung der Aradia … Und wenn du dies gewährst, gib eines dieser drei Zeichen klar und deutlich: das Zischen einer Schlange, das Leuchten eines Glühwürmchens, den Laut eines Frosches. …"

Quelle: Charles G. Leland, Aradia or the Gospel of the Witches. A New Translation by Mario Pazzaglini and Dina Pazzaglini with Additional Material by Chas S. Clifton, Robert Mathiesen, Robert Chartovich. Blaine, Washington 1998 (Übersetzung: MF).